职业彩民丛书

快乐8彩票

精准选号技巧揭秘

刘大军 著

企业管理出版社
ENTERPRISE MANAGEMENT PUBLISHING HOUSE

图书在版编目（CIP）数据

快乐 8 彩票精准选号技巧揭秘 / 刘大军著 . — 北京：企业管理出版社，2021.9（2025.7 重印）
ISBN 978-7-5164-2422-3

Ⅰ . ①快… Ⅱ . ①刘… Ⅲ . ①社会福利—彩票—基本知识—中国 Ⅳ . ① F832.5

中国版本图书馆 CIP 数据核字（2021）第 125084 号

书　　名：快乐 8 彩票精准选号技巧揭秘
作　　者：刘大军
责任编辑：侯春霞
书　　号：ISBN 978-7-5164-2422-3
出版发行：企业管理出版社
地　　址：北京市海淀区紫竹院南路 17 号　　邮编：100048
网　　址：http://www.emph.cn
电　　话：编辑部 18501123296　　发行部（010）68701816
电子信箱：pingyaohouchunxia@163.com
印　　刷：北京厚诚则铭印刷科技有限公司
经　　销：新华书店
规　　格：710 毫米 ×1000 毫米　　16 开本　　17 印张　　250 千字
版　　次：2021 年 9 月第 1 版　　2025 年 7 月第 7 次印刷
定　　价：68.00 元

序：时常中奖不是梦

中奖，是每个彩民的梦想。

时常中奖，虽说有点不可思议，但确确实实是每个彩民心中的终极梦想。

中奖号码预测是指通过某种方法预先知道当期中奖号码或其范围，它是一门科学，因此离不开原理和方法。

授人以鱼不如授人以渔。

本书在讲解如何利用均衡规律、出号规律和相似规律对快乐 8 走势图进行分析研判的基础上，提出精准选号的“六步中奖法”。如果我们能熟练掌握该方法并在实战中融会贯通地加以运用，那么时常中奖不再只是梦想。

只要严格地遵循“六步中奖法”原理和步骤进行学习和领悟，不断地模拟实战和复盘训练，那么中奖乃至时常中奖就是轻而易举的事情，到那时，你就是快乐 8 彩票中奖高手，你就是超一流的快乐 8 彩票操盘手。

彩票是智者的游戏，不是愚者的赌局。

不要幻想一夜暴富，更不要孤注一掷。

我衷心地希望一如既往地支持我的读者们都能够理性地看待购彩行为，提高技术和思想认识，做一名聪明的玩家。只有成为这样的玩家，实现财富梦想的概率才会更大。

相见即是缘分，希望缘分的开始就是幸运的起点。

福彩快乐 8，让我们一起向快乐出发吧！

彩民的朋友　刘大军

2021 年 6 月 18 日

目　录

第一章　快乐 8 快速入门

本章主要向彩民朋友介绍快乐 8 彩票游戏的历史、基本游戏规则以及值得玩的七大理由，从而让新老彩民朋友对快乐 8 游戏的规则和特点有一个详细的了解和新的认识。

第一节　基诺彩票的前世今生

一、什么是基诺彩票

“基诺”一词是“Keno”的音译。

基诺彩票是一种数字型彩票，是从 M 个号码中任选 1 到 N 个号码（$1<N<M$）作为投注号码，最终摇出 L 个号码（$M>L>N$）作为中奖号码的赔率计奖与奖池相结合、定期开奖的短周期彩票游戏。

国际上，通常采用 10/20/80 的数字矩阵，即从 80 个数字中投注 10 个数字，摇出 20 个中奖数字，根据所选数字和中奖数字的匹配个数决定奖金数额。因此，它有两个特点：一是可选号码多，一般为 80 个，相比之下，双色球只有 33 个数字，大乐透只有 35 个数字；二是开奖号码个数多于投注号码个数。

基诺彩票是现在风行于世界各地的电脑彩票，目前我国福彩中心发行的开乐彩、快乐 8 同属于基诺彩票。

二、基诺彩票是谁发明的

基诺彩票是中国人发明的，而且发明的年代距今非常久远。

相传西方一份古老的档案记载，基诺游戏起源于2000多年前的中国。一个名叫梁张（音译）的人为了拯救自己的城市发明了这种机会游戏。梁张的城市多年征战，因为城里的居民拒绝给战争提供任何财政支持，军队很快用尽了所有供给，城市陷入危机。梁张发明的数字游戏给军队带来收入和必需品，城市因此得救了。在随后的一年里，这种游戏迅速传遍中国，并且为修建长城募集到充足的资金。在中国，这一游戏被称为“白鸽票”，因人们用信鸽将中奖号码从大城市传递到农村而得名。

我国对于白鸽票的记载略有不同。

作为中国最早的自选数字彩票，白鸽票起源于早期赌鸽。赛鸽时每只鸽子按中国启蒙读本《千字文》中的“天、地、玄、黄、宇、宙、洪、荒”等80个字顺序编号，然后把鸽子放飞，让人们猜测哪只赛鸽能够获胜。赌鸽时所猜字号若与比赛结果相同，则为赢家。随着时间的推移，白鸽票的玩法逐渐产生变化。再后来，彩票公司将《千字文》前面的80个字印在彩票上，让每个投注的彩民在彩票上各圈10个字，然后彩票公司开出底字20个，相当于中奖号码。彩民所圈的10个字中，若有5个字以上相符，便是中奖。

后来，随着一些中国人移民到美国，将白鸽票也就是现在的基诺彩票传入北美地区。尽管最初是非法经营，但基诺在中国移民中仍然相当流行。在旧金山等城市，基诺被称为“中国彩票”（Chinese Lottery）。但因为当时基诺仍使用中国汉字作为下注号码，它没能很快融入美国的主流文化。直到19世纪汉字被相应的数字代替，基诺才有了进一步的发展。

1931年，美国内华达州立法机关将部分赌博合法化，但是这其中不包括彩票。为了使基诺能够继续发展，“中国彩票”被改名为“赛马基诺”（Horse Race Keno），假装彩票上的数字是赛马的号码，而彩民是在赌哪匹马会赢。后来当政府通过一项法律开始对赛马的场外下注征税时，内华达州又将“赛马基诺”的名字改了，变为我们现在所说的“基诺”。[①]

① 资料来源：百度百科。

截至2020年，全球已经有28个国家和地区的彩票机构发行基诺彩票。

三、基诺彩票在中国的现状

我国早在2004年就陆续在北京、上海和深圳开始尝试销售基诺彩票。

2004年7月，福彩快乐8游戏在北京上市销售；2005年5月，上海基诺上市；2005年10月，深圳也开通了快乐8游戏。由于最早北京的快乐8游戏是采用8/20/80的选号模式，因此起名叫快乐8。

中国福利彩票快乐8游戏是中国福利彩票发行管理中心在全面梳理全球28个国家和地区发行的总计70款基诺彩票游戏的基础上，经过缜密科学的设计、改进和创新而形成的一种符合中国国情的基诺彩票游戏，是继双色球游戏、七乐彩游戏之后又一款全国联合销售、统一奖池、统一开奖的福彩主力游戏，同时，也是第一款全国统一系统销售、统一渠道管理和营销宣传的福利彩票游戏。该彩票上市后，围绕“快乐”这一核心理念，打造了福利彩票全新的娱乐化游戏产品。

全国联网快乐8与地方玩法快乐8虽然从游戏机理上看同属基诺彩票，但全国联网快乐8有其自身的特点，主要是：①开奖频率不同，从5分钟一开变为每日一开；②开奖方式不同，由电子开奖改为物理开奖；③销售区域不同，由地方型游戏变为奖池共享的全国联销游戏。除此之外，当然还有其他一些不同之处，如返奖比率不同、奖级和奖金设置不同等。

第二节　快乐8游戏介绍

中国福利彩票快乐8是一款基诺彩票游戏，是集玩法多样、中奖体验好、中奖概率高、返奖率超高等优点于一身的全国联合销售、全国统一奖池的电脑彩票游戏，凭借“天天有机会中500万”“号码全错也中奖”的独特魅力，2020年10月28日一经上市便获得了广大彩友的青睐。

快乐8游戏有10种玩法任你选择，返奖率高达58%，中奖率可达25%，单注最高奖金可达500万元。全中有大奖，不全中也有奖，全不中可能还有奖，天天开奖惊喜不断。“福彩快乐 8，向快乐出发！”是快乐 8 游戏的经典宣传语，可谓名副其实。

想快速了解快乐 8 游戏规则，我们一定要记住 80、20、10、3、2、1 这六个数字。

这六个数字分别代表游戏一共有 80 个备选号码、每次摇出 20 个开奖号码、从“选一”到“选十”有 10 种投注玩法、有“单式”“复式”“胆拖”3 种投注方式、2 元一注彩票、每天开奖 1 次。

一、什么是快乐 8 游戏

快乐 8 游戏是指从 1 至 80 共 80 个号码中任意选择 1 至 10 个号码进行投注，每一组 1 个至 10 个号码的组合称为一注彩票，每注金额为人民币 2 元。

投注号码可以自选也可以机选。自选号码投注是指以购买者指定的号码进行投注；机选号码投注是指以投注机随机产生的号码进行投注。

二、快乐 8 游戏有几种玩法

快乐 8 游戏包括“选一”“选二”“选三”“选四”“选五”“选六”“选七”“选八”“选九”和“选十”共 10 种玩法。

三、快乐 8 游戏如何开奖

快乐 8 游戏由中国福利彩票发行管理中心统一开奖，每天开奖一次。开奖采用专用摇奖设备，每期开奖时从 1 至 80 共 80 个号码中随机摇出 20 个号码作为当期开奖号码。

快乐 8 游戏每日 21：30 现场开奖，每期开奖后，可在中国福彩网和中国福利彩票微信公众号查询开奖号码、当期销售总额、各玩法不同奖级中奖情况及奖池资金余额等信息。

四、如何观看快乐 8 游戏开奖

快乐 8 游戏开奖节目于每日 21:30 在中国福彩网、新华网、新浪网、搜狐网、中彩网同步直播。用手机扫描图 1-1 所示的二维码，即可查看中国福利彩票开奖直播。

图 1-1　中国福利彩票开奖直播

五、快乐 8 游戏如何中奖

快乐 8 游戏根据购买者所选玩法的单式投注号码（复式和胆拖投注按其包括的每一注单式投注计）与当期开奖号码的相符情况（顺序不限），确定相应的中奖资格及中奖奖金。具体奖金设置结构如表 1-1 所示。

表 1-1　快乐 8 游戏投注方式及奖金对照表

玩法	投注方式	匹配开奖号码个数	奖金（元）
“选十”	从 1 至 80 共 80 个号码中任意选择 10 个号码投注	中 10	浮动，最高 500 万
		中 9	8000
		中 8	800
		中 7	80
		中 6	5
		中 5	3
		中 0	2
“选九”	从 1 至 80 共 80 个号码中任意选择 9 个号码投注	中 9	300000
		中 8	2000
		中 7	200
		中 6	20
		中 5	5
		中 4	3
		中 0	2

续表

玩法	投注方式	匹配开奖号码个数	奖金（元）
“选八”	从1至80共80个号码中任意选择8个号码投注	中8	50000
		中7	800
		中6	88
		中5	10
		中4	3
		中0	2
“选七”	从1至80共80个号码中任意选择7个号码投注	中7	10000
		中6	288
		中5	28
		中4	4
		中0	2
“选六”	从1至80共80个号码中任意选择6个号码投注	中6	3000
		中5	30
		中4	10
		中3	3
“选五”	从1至80共80个号码中任意选择5个号码投注	中5	1000
		中4	21
		中3	3
“选四”	从1至80共80个号码中任意选择4个号码投注	中4	100
		中3	5
		中2	3
“选三”	从1至80共80个号码中任意选择3个号码投注	中3	53
		中2	3
“选二”	从1至80共80个号码中任意选择2个号码投注	中2	19
“选一”	从1至80共80个号码中任意选择1个号码投注	中1	4.6

第三节　快乐8游戏值得玩的七大理由

快乐8游戏究竟凭什么牢牢吸引了我们？

为什么一定要玩快乐8游戏呢？

一、玩法丰富，中奖机会多

快乐8游戏玩法丰富，中奖体验好，中奖机会更多。

彩民可从1至80共80个号码中任意选择10个号码进行投注，每注金额为人民币2元。快乐8游戏包括“选一”到“选十”10种玩法，有“单式”“复式”“胆拖”3种投注方式。每期开奖时，从1至80共80个号码中随机摇出20个号码作为当期开奖号码。

如表1-1所示，快乐8游戏按照不同的玩法设奖，“选十”玩法中“选十中十”奖等采用浮动奖金设奖，其他玩法及奖等均采用固定奖金设奖。每个玩法设有不同的奖级，对应不同金额的奖金。只要我们投注的号码在摇出的开奖号码里达到匹配个数就一定中奖并获得对应的奖金。

快乐8游戏包括的10种玩法共计有39种中奖方式，中奖机会多多，即使冲击大奖不成，还有机会小赚或保本。

二、大奖500万元，固定奖金最高

快乐8游戏“选十中十”，单注最高奖金为500万元；“选九中九”，固定奖金为30万元，是我们国内大奖型彩票游戏中固定奖金最高的。

快乐8游戏的“选十”玩法中，“选十中十”的单注最高奖金可达500万元，含金量丝毫不逊色于双色球。双色球一等奖的中奖概率为1/17721088，奖金最高为1000万元；而快乐8游戏“选十中十”的概率为1/8911711，奖金最高为500万元，完全可以与双色球媲美。

快乐8游戏的“选九”玩法中，“选九中九”的固定奖金为30万元，更是完全超过双色球二等奖的浮动奖金。在理论中奖概率相差无几的情况下，双色球二等奖是浮动奖金，一般在10万~20万元之间，如果遇到当期二等奖井喷的情况，奖金会低至几万元或几千元不等；而快乐8游戏的“选九中九”是固定奖金30万元，奖金优势极其明显。

快乐8游戏的“选八”玩法中，“选八中八”的固定奖金为5万元，同样也是双色球三等奖的固定奖金3000元无法比拟的。

三、中奖率最高的全国联销游戏

快乐8游戏“选一”玩法的中奖概率为25%，“选四”玩法的中奖概率高达25.8%。

以快乐8游戏的“选十”玩法为例，“选十中十”的号码组合数为184756注，换言之，有超过18万种号码组合可能中一等奖。彩民在单式投注之外，还可采取复式和胆拖投注，大幅增加中奖机会。复式或胆拖投注有机会同时中得多注一等奖，从而实现投入少、中奖机会多的效果。

如表1-2所示，我们通过对比三种全国联销彩票游戏的中奖概率及奖金能清楚地看到，如果想中500万大奖，选择快乐8游戏的“选十”玩法是明智之举。快乐8游戏“选九中九”和“选八中八”的固定奖金也完全超过了双色球和大乐透游戏二等奖、三等奖的奖金额度。因此，从中奖概率和奖金维度上看，快乐8游戏是真正值得彩民参与的大奖型彩票游戏。

表1-2　三种全国联销彩票游戏中奖概率及奖金对比

彩票种类	一等奖金		二等奖金		三等奖金	
	中奖概率	奖金	中奖概率	奖金	中奖概率	奖金
快乐8	1/8911711	“选十中十”，浮动奖金，单注最高500万元	1/1380688	“选九中九”，固定奖金30万元	1/230115	“选八中八”，固定奖金5万元

续表

彩票种类	一等奖金		二等奖金		三等奖金	
	中奖概率	奖金	中奖概率	奖金	中奖概率	奖金
双色球	1/17721088	浮动奖金，单注最高 1000 万元，通常在 500 万 ~800 万元之间	1/1181406	浮动奖金，通常在 10 万 ~20 万元之间，如中奖注数过多，奖金会低至几万元或几千元	1/109389	固定奖金 3000 元
大乐透	1/21425712	浮动奖金，单注最高 1000 万元，通常在 500 万 ~1000 万元之间	1/1071286	浮动奖金，通常在 5 万 ~20 万元之间，极少数情况下会因一等奖未中出而奖金高达百万元	1/476127	固定奖金 1 万元

四、返奖率高达 58% 的全国联销游戏

如表 1–3 所示，快乐 8 游戏资金构成比例为：彩票奖金 58%、公益金 30%、发行费 12%。彩票奖金分为当期奖金和调节基金，其中，57.5% 为当期奖金，0.5% 为调节基金。

快乐 8 游戏的返奖率高达 58%，是全国联销电脑票游戏中最高的。

同为全国联销游戏的双色球的返奖率是 50%，超级大乐透的返奖率是 51%。返奖率越高，意味着会从该游戏奖池中拿出更多的奖金来回报给投注的彩民，这也提示我们，返奖率越高的彩票游戏才是最适合、最值得彩民参与的游戏。

表 1-3　快乐 8 游戏资金构成比例

彩票奖金	57.5%（当期奖金）
	0.5%（调节基金）
公益金	30%
发行费	12%

五、一个号码不中也有奖

如表 1-1 所示，“全猜不中也有奖”是快乐 8 游戏的一大特点。在“选七”“选八”“选九”和“选十”4 种玩法中，若选择的投注号码与所有开奖号码全部不同，也同样中奖，奖金为 2 元。这种新奇的玩法带给彩民“一个不中也有奖”的玩彩新体验，备受彩民的推崇。

快乐 8 游戏集公益性、娱乐性、趣味性于一体，真正实现了全中有大奖、不全中也有奖、全不中还有奖。

六、双奖池设计，天天有机会中 500 万

如表 1-4 所示，快乐 8 游戏针对不同的玩法设立两个奖池，分别为“选一”至“选九”玩法的共用奖池和“选十”玩法奖池。

“选一”“选二”为单奖级玩法，号码完全一致才能中奖；“选三”“选四”“选五”“选六”为多奖级玩法，部分号码一致就有中奖机会；“选七”“选八”“选九”“选十”同样是多奖级玩法，在部分号码一致就中奖的基础上，“选七”至“选十”全不中也有奖。

“选十”玩法单独设置奖池，最高奖等“选十中十”采用浮动奖金设奖，最高奖金为 500 万元，每天开奖一次。全国联销加上浮动设奖让彩民每天都有中得 500 万元惊喜大奖的机会。

表 1-4 快乐 8 游戏奖池设计

奖池分类	玩法	奖池说明	备注
共用奖池	“选一”至“选九”玩法	奖池奖金 = 当期计提奖金 - 实际中出奖金	当期实际中出奖金小于当期计提奖金时，余额进入奖池
“选十”奖池	“选十”玩法	“选十中十”单注奖金 = 当期计提奖金 - 当期实际中出固定奖金 + “选十”奖池资金	当期实际中出奖金超过当期计提奖金时，差额由奖池资金补足。当奖池资金总额不足时，由调节基金补足，调节基金不足时，用彩票兑奖周转金垫支

七、不同的号码，同样可中一等奖

快乐 8 游戏具有“开奖号码冗余”的巨大优势，因此即使投注不一样的号码，也有可能同样中得一等奖。

快乐 8 游戏采用基诺彩票原理进行设计，在乐透型彩票的基础上引入“开奖冗余”的概念，即开奖号码比投注号码更多，因此中奖号码不唯一，投注方式多样，容错率高，中奖体验好。该原理使快乐 8 游戏中奖概率大幅提高，且每个玩法、每个奖等都对应多组中奖号码，即多种号码组合均可中得同样奖金，使快乐 8 游戏简单易玩，富有趣味。

另外，由于多种号码组合均可中得同样奖金，快乐 8 游戏还在投注方式上提供了多种选择，即在单式投注之外，还可采取复式和胆拖投注，趣味性更强。

第二章 快乐 8 选号技巧

本章重点讲解如何利用均衡规律、出号规律和相似规律对快乐 8 走势图进行分析研判，并提出精准选号的“六步中奖法”。如果能够熟练掌握并在实战中融会贯通地加以运用，那么时常中奖不再只是梦想。

我们只要严格地遵循“六步中奖法”原理和步骤进行学习和领悟，不断地模拟实战和复盘训练，那么中奖乃至时常中奖就是轻而易举的事情。到那时，我们一定能成为快乐 8 中奖高手。

第一节 快乐 8 走势图入门

一、快乐 8 走势图简介

但凡玩彩票的彩民，对彩票走势图都不会陌生，因为彩票投注站墙上一般都有，而且投注站会根据每期开奖结果添加最新数据。最重要的是，很大一部分去投注站购彩的玩家，都会通过精心研究投注站墙上的走势图来选择心仪的号码。

彩票走势图是彩民的必备选号工具之一，它是根据历史开奖号码运行的轨迹而制作的各种分布趋势图。彩票走势图的统计数据不但可以清晰地展示出开奖号码在历史开奖号码中的走势状态和分布规律，还能帮助我们“以史为鉴”地总结规律和应用规律，从而高效分析和选择当期的投注号码，最终达到提高中奖率的目的。

通常根据彩票种类的不同对彩票走势图进行分类，例如，快乐 8 走势图、双色球走势图、福彩 3D 走势图等，每个彩票种类的走势图又包括很多不同的分类走势图。

本着“千招会不如一招精”的原则，本书只介绍最常见、最简单、最实用、最高效的快乐 8 号码分布走势图（见图 2–1），专门讲解如何使用它高效分析和精准选择当期的中奖号码。

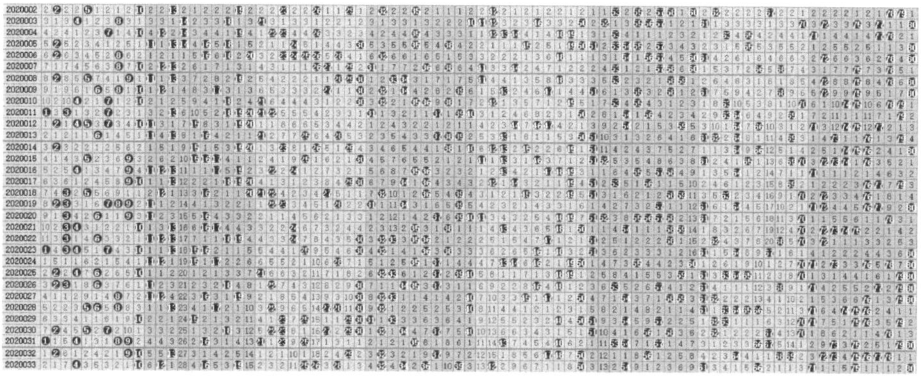

图 2-1　快乐 8 号码分布走势图

快乐 8 走势图在实战中具有以下两个作用。

第一，统计开奖数据，帮助我们了解中奖号码的历史分布及揭示未来趋势。

第二，便于我们总结、掌握并运用走势图规律，如每期精选 1 至 15 个号码作为当期快乐 8 游戏的备选投注号码，科学组号后进行单式投注、复式投注或胆拖投注。

二、最常见的关系码

快乐 8 走势图中频繁出现的相互之间有关联的中奖号码，称为关系码。例如，重号、斜连号、连号、对望号、三角号、跟随号、平行号、同尾号和跳号等，都属于关系码的范畴。

关系码应该说概括了开奖号码中号码之间关系的多种情况，因而开奖号码里没有关系码出现几乎是不可能的。因此，每期中奖号码中必定出现关系码，这是关系码的第一大特性。

每期快乐 8 游戏的开奖号码中出现 10 多个属于关系码的中奖号码，是常有的事。因此，关系码旺出是关系码所具有的第二大特性。

快乐 8 走势图内最常见的关系码包括重号、斜连号和连号，其他关系码由于出现频率不高、规律性不强或实用价值不高，因此不在本书中展开说明。

1. 重号

重号是指本期与上期重复出现的号码或连续多期重复出现的号码。重号也称为重叠码、直落码等。例如，上期开奖号码开出 27，本期开奖号码里 27 继续出现，那么号码 27 就称为重号。

如图 2–2 所示，图中方框内的号码均为重号。我们仔细观察图 2–2 还可以发现一个重号的出号规律，即在走势图内 2 重号、3 重号出现得非常频繁。

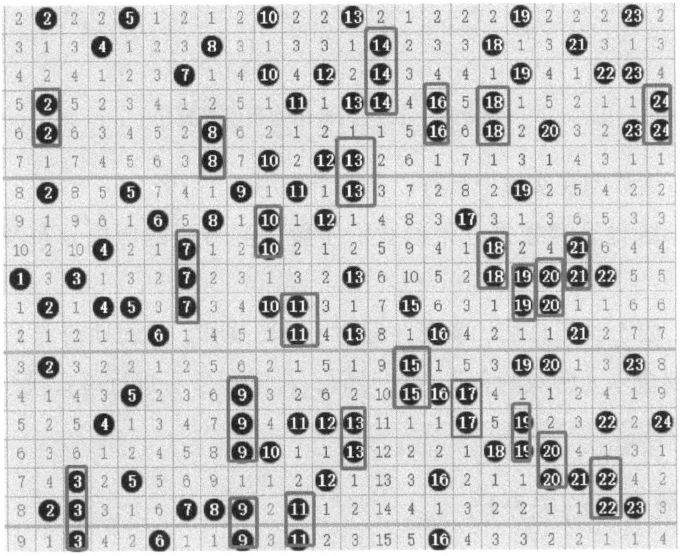

图 2–2　重号示例图

我们对大量的快乐 8 开奖数据进行观察统计后发现，重号具有高频、遗传及聚集三大特性。在实战中如果我们能利用好重号的三大特性，不但可以轻松选号，还可以极大地提高选号的准确率。

2. 斜连号

在快乐 8 走势图中，与历期中奖号码构成斜连形状的号码称为斜连号。

最常见的斜连号形式包括 2 斜连、3 斜连、4 斜连等。如图 2-3 所示，图中方框里的号码均构成斜连形状。

严格地讲，必须由 3 期以上的各 1 个号码构成斜连形状，才会产生斜连号。如图 2-3 所示，2020030 期号码 7、2020031 期号码 8 和 2020032 期号码 9 构成斜连形状，号码 9 就称为斜连号。本书从实用角度出发，将与上期开奖号码相减结果为 ±1 的号码也称为斜连号。

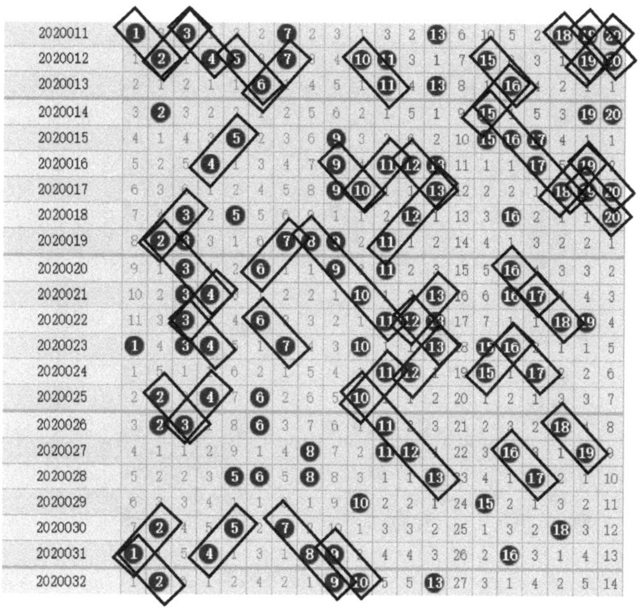

图 2-3　斜连号示例图

斜连号包括左斜连号和右斜连号，一般简称左斜号和右斜号。

左斜号是指比上期某个开奖号码的值小 1 的号码。例如，上期出现的号码为 6，则下期出现的号码 5 为它的左斜号。

右斜号是指比上期某个开奖号码的值大 1 的号码。例如，上期出现的号码为 17，则下期出现的号码 18 为它的右斜号。

通过对快乐 8 开奖数据进行观察统计后发现，斜连号也具有高频、遗传及聚集三大特性。在实战中如果我们利用好斜连号的三大特性，也将在轻松选号的同时，极大地提高选号的准确率。

3. 连号

连号是指开奖号码中出现的相连号码。连号的形式包括 2 连号、3 连号等。例如，号码 10、11 称为 2 连号，号码 28、29、30 称为 3 连号。在快乐 8 走势图中，2 连号、3 连号、4 连号最为常见。

如图 2-4 所示，图中方框内的号码均为连号。

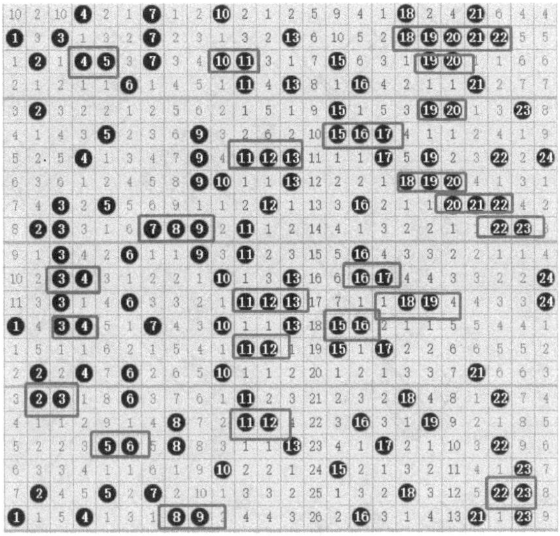

图 2-4　连号示例图

连号也具有高频、遗传及聚集三大特性，只是在强度上与重号、斜连号相比稍微逊色一点而已。在实战中如能利用好连号的特性，同样可以实现轻松选号，并提高选号的准确率。

第二节　快乐 8 走势图规律

历史的经验告诉我们，懂得“以史为鉴”的道理才能科学地分析和总结事物发展规律，从而更好地在现实中应用规律，帮助我们正确地解决问题。

利用走势图对号码进行统计，就是把“以史为鉴”应用到彩票选号中，让我们了解号码的历史走势，从而总结出走势规律，并在实战中应用规律，准确地研判每期中奖号码的趋势。

“以史为鉴”最终要达到的目的就是帮助彩民精准选择中奖号码。

一、均衡规律

我们通过观察走势图中每个号码的走势，会发现普遍存在以下有趣的现象：短期走势与分布呈现出非对称、非等量的特征，在理论概率的作用下，最终表现出“求均衡”的特征。

每个中奖号码在走势图中都有一个分布规律：不管在任何期间，号码总是以偏态开始，以均态结束。

在这一规律中，其实包含了每个中奖号码分布的三个基本规律，即非对称规律、非等量规律和求均衡规律。这三个基本规律广泛存在于所有彩票游戏中，我们统称为均衡规律。

可以说，中奖号码的非对称、非等量、求均衡三大规律是帮助彩民把握中奖号码趋势，最终达到精准选号目的的核心秘密。

1. 非对称规律

非对称是指中奖号码（或关系码）在走势图内的出现频率、次数、遗漏间隔等是不对称的。

每个中奖号码都是独立的号码个体，在走势图中对称现象是可以见到的。比如号码 68 在走势图中的遗漏间隔非常有规律：号码 68—遗漏 1 期—号码 68—遗漏 1 期—号码 68—遗漏 1 期—号码 68。

如果出现了这种情况，则根据规律往往会惯性地判断号码 68 出现后还会遗漏1期，形成遗漏间隔对称。这种分析思路有没有理论依据呢？答案是否定的。

如图2–5所示，号码4—遗漏1期—号码4—遗漏1期—号码4—遗漏1期，遗漏1期后，接下来号码4还会出吗？图2–5中的号码10也是如此。

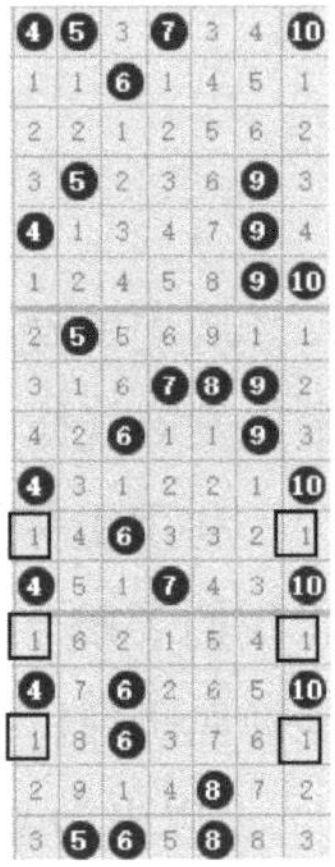

图2–5 非对称规律示例

实际上，判断号码4和10会继续出现只是在追求一种巧合。从历史统计数据看，在走势图中号码出现非对称现象的次数比出现对称现象的次数要多得多。

在走势图中我们还会经常看到这样一种情况，那就是某个号码遗漏1期后出现，接下来连续遗漏2期后又出现，之后连续遗漏3期后，这个号码再次出现，遗漏间隔形成1—2—3的递增排列。那么，如果接下来连续遗漏了4期，在第5期时这个号码能不能继续出现呢？也就是能不能形成1—2—3—4的遗漏间隔排列呢？

我们认为，该号码遗漏4期后在第5期很难再次出现，为什么呢？因为此时的遗漏1期、遗漏2期、遗漏3期是对称的递增现象，根据号码的非对称规律，遗漏4期后该号码再次出现的可能性极小。实际上，大多数情况下这种排列格局是不会存在的，号码以这种遗漏间隔出现1~2次后就会在某一期打破这种所谓的“完美”格局。

如图2–6所示，号码64的遗漏间隔呈现1—2—3—4的递增走势，但一般极其少见。

同理，如果号码每次出现的状态完全相同，便是对称的等距现象，也完全可以排除。如图2–7所示，号码51、51、51—遗漏1期—51、51。同一个号码连续出现3期的情况已经在短期内出现1次，遗漏1期后该号码再次连续出现2期，但此时号码51再出现的可能性就很低了。

所以，尽管在实际开奖中，对称性发展是存在的，但是这种状态出现的可能性比非对称要小很多。我们不能因为某阶段内某个号码呈对称性发展状态，就一味地在所有号码的预测中去追寻这种对称。

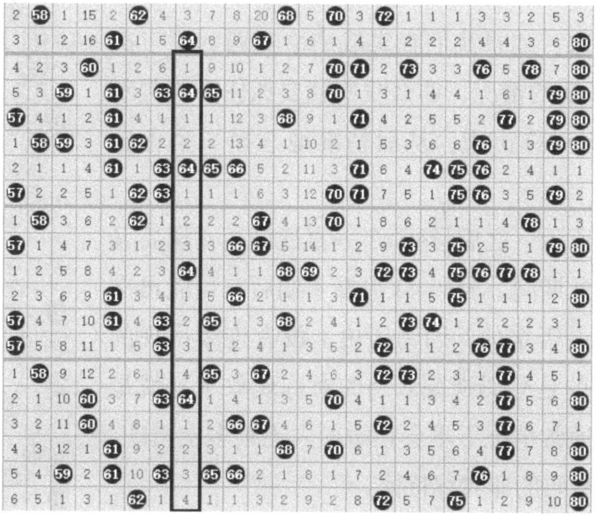

图 2-6　号码遗漏间隔递增示例

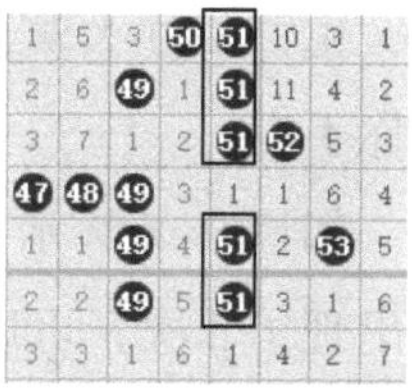

图 2-7　非对称规律示例

从总体上说，规律形态的出现概率比非规律形态的出现概率要小得多。走势图中号码的非规律形态分布就是最大的规律。

走势图中号码出现或遗漏的递增、递减、对称、相似、交替、关联等属于对称范畴的现象如果出现并进行 3 次或 3 次以上的对称性发展，那么一定要坚信这种状况不会继续出现，这通过观察历史数据的统计结果就能知道。

对于实战应用来说，固执地在每期选号的过程中都根据对称特征去选择号码肯定是错误的，尤其是不能因为某个号码已经出现 3 次以上的对称性发展而认为该号码会延续对称特征。但是，由于走势图中对称现象的出现不是个例以及购彩的实质是“机会主义”，因此在实战中根据实际情况寻找并抓住对称带来的机会往往会达到独辟蹊径、出其不意的效果。换句话说，在走势图中关注和寻找对称现象并抓住时机介入，有利于我们精准选择一个备选号码。

例如，观察同一个号码历史上再现遗漏间隔的情况，如果当前机会恰好出现，这个时候就很有必要好好把握时机，从而有可能获得意想不到的惊喜。

如图 2-8 所示，号码 43 遗漏 4 期就出现的对称情况发生了 3 次，如果我们在实战中恰巧遇到第三次号码 43 遗漏 4 期的情况，那么我们就要抓住时机判断号码 43 会再次对称出现，从而精准地选择一个备选号码。

如图 2-8 所示，之后号码 43 一直遗漏了 6 期后又一次出现。在此期间，号码 43 遗漏 4 期后有可能再次出现吗？答案是否定的，因为历史上没有连续出现的情况，最关键的是号码遗漏 4 期的对称现象本身就是小概率事件，通常情况下不会在短期内连续多次出现，这才真正符合号码的非对称特征。

又如，观察同一个号码历史上再次连续出现的情况，如果当前机会出现，这个时候必须把握住大好时机，也许一注大奖就因为这个号码的正确选择而诞生在你手中。

图 2-8　利用对称现象选号示例

如图 2-8 所示，号码 46 连续出现 4 期的对称现象出现了 3 次，可以说号码 46 对这种对称的中出方式“情有独钟”，这样的号码、这样的中出方式往往为我们在实战中精准选号提供了极大的便利和机会。由于号码 46 频频对称出现，我们可以多次精准地选择它作为一个备选投注号码，还可以将其作为胆码进行胆拖投注，其实战价值极其巨大。

如图 2-8 所示，号码 42 亦属于这种情况。我们仔细观察走势图可知，这种情况屡见不鲜，给我们提供了非常多的机会。我们在实战中必须密切关注这种情况并抓住时机及时介入，这样才能达到最佳效果。

彩民无数，每期中大奖的人却极少。我们要清醒地认识到，平时特别看好的号码往往不是中奖号码，绝大多数人都看好的号码也更不可能是中奖号码，独辟蹊径有时候才是最好的选择。

其实，彩民购彩中奖，不是彩民与彩票中心之间的博弈，而是无数彩民之间的相互博弈。终归每期大奖就几注，不可能很多彩民都中大奖，这时候自己所选号码与他人所选号码的重复率越低，就越有可能中得大奖。

2. 非等量规律

非等量是指走势图里中奖号码在一个阶段平衡分布后，接下来就会出现一种偏态状况。

众所周知，在统计上，随着样本数据的增大，走势图中每个号码的出现概率将约等于理论概率。每个号码从长期来看，总会有均衡表现，但在一个特定期间内，往往呈现出非均衡的状态。

非等量现象只会在一段时期内、一个特定区间内发生，如果把数据样本量适度扩大，非等量现象就会被另一个现象即均衡所替代。也就是说，随着样本的扩大，实际上每个号码的出现次数大致相等，达到一个平衡的状态。

举个例子，号码 1 和 80 出现的理论概率都是 25%，在 10 期内这两个号码可能一个出现 6 次，也可能一个出现 1 次，也可能两个均未出现，这就是号码 1 和 80 在短期内正常的非均衡状态。但如果把统计数据量放大到 1000 期，号码 1 和 80 都大约会出现 240~250 次，若统计 10000 期则号码 1 和 80 都大约会出现 2500 次，这就是号码长期的均衡状态。

在快乐 8 游戏中，一个号码出现的理论概率是 25%，也就是说，10 期开奖中每个号码理论上会出现 2.5 次。通过大数据统计可知，一个号码长期的实际出现概率都稳定在理论概率左右，但是在某个阶段区间内，实际出现概率完全可以超过理论概率并且接近 300% 或更多，这就是非等量作用的结果。

在非等量作用下，阶段内有的号码出现次数多，有些号码出现次数少。号码出现次数多，处于热态，这样的号码也称为热号；号码出现次数少，处于冷态，这样的号码也称为冷号。在实战中为了更准确地判断某个号码是处于热态还是处于冷态，我们可用标准的量化数据来进行衡量和研判。

我们对热号的判断标准是这样的：热号是指近 10 期内出现次数大于 3 次且当前遗漏 4 期以内的号码。

根据号码的活跃程度，我们通常认为其处于四个不同的状态：休眠状态、复苏状态、活跃状态、衰退状态。处于活跃状态的号码是指那些在一段时间内每隔几期就出现一次（最大间隔一般不超过 4 期）或者连续出现的号码，其中热号就是处于活跃状态的号码，也是我们在实战中必须重点关注的对象和备选号码。

如图 2-9 所示，快乐 8 走势图中大多数情况下每期热号会有 10~20 个，其中会出现 2~5 个中奖号码，因此热号是我们在选择备选号码时一定要重点关注的。

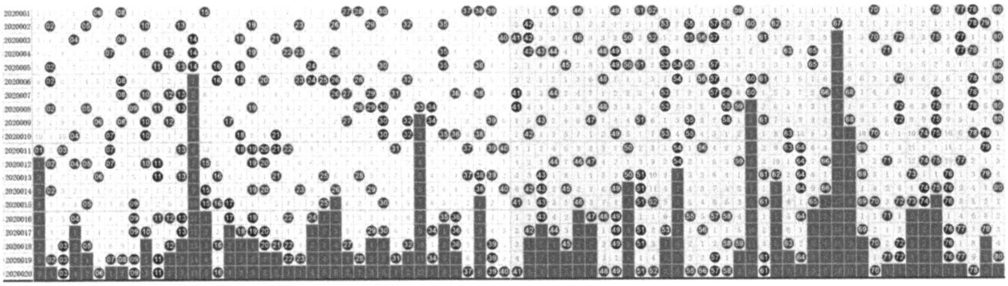

图 2-9　快乐 8 走势图

我们对冷号的判断标准是这样的：冷号是指近 10 期内出现次数小于 2 次或当前遗漏 8 期以上的号码。一般冷号的遗漏间隔在 9~18 期之间，极少数冷号的遗漏间隔可达 20 期以上。冷号的遗漏期数没有底线，所以实战中绝不可贸然追逐冷号，否则一旦遇到冰封冷号会损失惨重。

处于衰退状态的号码有开始转冷的趋势，处于休眠状态的号码可谓正式进入冷的状态。

在通常情况下，冷号每期出现 20 个左右，其中会出现 0~3 个中奖号码。冷号在间隔 9~15 期时开出的概率较大，这时可对某一个冷号进行关注。如果某个冷号在间隔 9~15 期还没有开出，则对这样的冷号完全可以放弃。

实战中，我们在选择备选号码时应该完全放下对冷号的关注或防守。我们知道，快乐 8 游戏每期开奖号码固定有 20 个，可每期中奖号码最多只有 10 个，在快乐 8 游戏开奖号码冗余的巨大优势下，就算开出了几个冷号也不影响中得快乐 8 大奖。如果期期投注号码中包括冷号而冷号一直休眠，就会导致期期与大奖无缘。

在实战中，我们根据冷热号码的判断标准，完全可以快速地识别走势图内的每一个号码是热号还是冷号。如果是冷号，则短期内坚决不予关注；如果是热号，就要重点关注并研判最近 4 期内是否会出现。

号码的非等量现象还存在两种极端表现形式：一种为“热者恒热”，另一种为“冷者恒冷”。前者更利于我们精准选择号码，后者更便于我们快速排除号码。

号码“热者恒热，冷者恒冷”的状态在走势图中经常可以见到，这也是“号码总是以偏态开始，以均态结束”的另一种外在表现形式。与此同时，这也揭示了选择号码时“追热避冷”的科学性和重要性。

“热者恒热”通常称为“强者恒强”，是指某个号码短期内连续或反复出现的现象。如图 2–10 所示，走势图内号码 32 在阶段内连续出现 4 期，遗漏 2 期后又连续出现 3 期，形成了该号码短期内大热的奇特现象。

8	2	6	32	33	6	1	2	37	2	39	40	5	8
9	30	7	1	1	34	35	3	37	3	1	1	6	9
10	30	8	32	33	1	1	4	1	4	2	40	7	10
11	30	9	32	1	2	2	5	2	5	3	40	8	11
29	30	31	1	33	3	3	6	3	6	4	1	9	12
29	30	1	32	1	34	4	7	37	7	5	40	10	13
1	1	2	1	2	1	35	8	1	8	6	1	11	14
29	2	3	32	3	2	1	9	37	9	7	2	12	15
1	3	4	32	4	34	2	36	1	10	39	3	13	42
2	30	5	32	5	1	35	1	2	11	1	4	14	42
3	30	6	32	6	2	1	2	3	12	2	40	15	1
4	1	7	1	7	3	2	3	4	13	3	40	41	2
5	2	8	2	33	34	3	36	5	14	39	40	41	3
6	30	9	32	33	1	4	1	6	15	1	1	1	42
7	1	10	32	1	34	5	2	7	38	2	40	2	42
8	2	11	32	33	1	6	3	37	1	3	1	41	42
9	30	12	1	1	2	7	4	37	38	39	2	41	42

图 2–10　号码“强者恒强”示例

走势图中号码“强者恒强”的现象经常出现。例如，某些号码最近多次出现，但在下面的几期中还会频繁出现，稍微休息两三期之后，又会强劲登场；某些号码在近期常常出现，但是我们预测它该出现转折的时候，它就是不转折，还是一路高歌。

我们在实战中完全可利用号码“强者恒强”的固有特性，精准地选择某个号码。如图 2-10 所示，对于走势图中的号码 30、32 和 42，每个号码最起码有 2 次以上的机会可以精确选择该号码作为当期的备选号码。

“冷者恒冷”通常称为“弱者恒弱”，是指某个号码在多期内没有出现或极少出现的现象，这属于典型的遗漏偏态。

如图 2-10 所示，走势图里号码 31 在阶段内连续 12 期没有出现。我们根据号码的冷热判断标准可以清楚地知道，这时号码 31 表现出“弱者恒弱”的趋势。同样，号码 29 在阶段内连续 9 期没有出现，也表现出“弱者恒弱”的趋势。

如果走势图内某个号码出现了这种趋势，我们千万要避开这个冷态号码，因为该号码极有可能继续呈现冷态。假设一个号码呈现“弱者恒弱”的状态，完全可以期期排除该号码，即使当期出现了也只是出现一次错误而已，可以从头分析；但是如果期期追冷，只会导致多次错误，即使正确也只是一次而已，完全违背了精准选号的宗旨。

“强者恒强”和“弱者恒弱”是相反相成的两个方面。用哲学的话语来说，它们之间既有斗争性又有统一性。斗争性是指它们处于完全相反的两个方向，一个热到沸点，一个冷到冰点；统一性是指它们都是因为某一号码连续出现或连续遗漏所形成的一种极致状态。如果我们在实战中遇到或预测到号码会呈现这两种状态的某一种，那么完全可以遵循它们特定的规律，从而精准选择或者排除某个号码，这也从另一个层面揭示了实战中必须谨记的选号铁律：追热避冷。

追热避冷永远是号码选择的不二法则。多少人因为追冷而家破财散，这绝不是危言耸听。号码或条件的偏态永远没有尽头，一切都有可能发生。博彩中，必须有极强的控制风险的意识，否则必败无疑。

就算有些彩民喜欢追冷，也要有技巧。冷态经过微冷、强冷或深冷后定会有解冻的时刻，也就是说，冷的号码或条件一旦出现一次后，在均衡原理作用下会继续调偏回补。冷态号码的出现是解冻的信号，是调偏回补的前奏，接下来冷态号码会在短期内多次出现，这时才是捕捉某个号码的最佳时机。

但是要记住，双冷或三冷在某个阶段也可能出现，因此做好计划、控制风险是永远要做的工作。

追热避冷是彩民在选择号码时必须铭记的铁律，它会让大家在购彩的路上不断受益。

3. 求均衡规律

求均衡是指如果某一个号码在一个期间长期不出现，总会在另一个期间进行回补。均衡是随机游戏的一个重要特征。

既然号码以偏态开始，又以均态结束，那么我们在实战中就需要在偏态发生后，在另一个期间去求均衡。在发生周期非等量现象之后，号码会短间隔反复遗漏或出现，完成一个调偏或回补的过程。号码阶段性发生调偏是我们精准排除该号码的好机会，号码阶段性发生回补是我们精准选择该号码的大好时机。

走势图中每个号码出现的可能性均有很大差异，即非等量现象始终存在。例如，当某个号码已经连续 3 期都没有出现，即遗漏 3 期时，那它继续遗漏的可能性有多大呢？只有在充分了解了号码的非对称、非等量特征之后，才能运用求均衡的理论来判断可能出现的变化。

如果一个号码在短期内表现为多次出现的惯性状态，其出现概率远远超出了理论概率，呈现一种偏态，那么在随后的一个期间里，我们完全可以预知该号码的出现概率一定会回归到理论概率左右，即接下来该号码出现的情况会相对减少，通过调偏以求均衡。

如图 2–11 所示，在走势图中号码 21、25、36 在短期内出现了 4 次以上并且包含连续出现 3~4 次的情况，呈现一种偏态，这就是号码的非等量现象。随后号码在中长期出于求均衡的需要，进入了号码热态的调偏过程中，接下来在短期内分别连续遗漏了 8 期、12 期、10 期。

如果一个号码在短期内表现为多次未出现的遗漏状态，即也呈现一种偏态，那么在随后的一个期间里，该号码往往会连续或多次出现，进行回补以求均衡。此时，该号码处于“冷热相互转化”的过渡状态，这同样是我们精准选择号码的好时机。

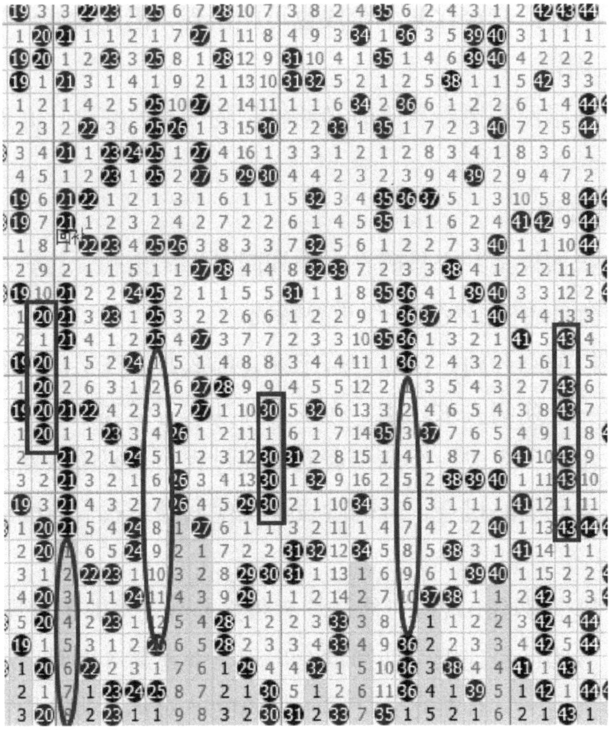

图 2-11　号码调偏和回补示例

如图 2-11 所示，走势图中号码 20、30、36 和 43 均在阶段内经过 9 期或以上的连续遗漏，呈现一种偏态，随后号码在中长期出于求均衡的需要，进入了回补的过程中，接下来在短期内频繁出现了数次。

如图 2-11 所示，走势图中号码 21、25、36 经历了“强者恒强”的火热状态后，必然要通过调偏进行降温，而号码 20、30、43 经历了“弱者恒弱”的冰封状态后，回补就是必然的趋势，此时是我们精准选择号码 20、30、43 作为当期备选号码的大好时机，千万不能轻易错过。

非等量的“强者恒强”或“弱者恒弱”的现象发生之后，还往往表现出另一种特异的求均衡现象——“强后之缓”和“弱后之补”。

什么是“强后之缓”呢？“强后之缓”就是指某个号码处于因惯性而缓冲的状态。打个比方，在奥运会上的百米赛跑中，运动员以每秒 10 多米的速度向终点冲刺，到达终点后，因为巨大的惯性，运动员不可能一下子停下来，总会再缓冲出一段距离后才能停下来。

同样的道理，“强后之缓”，关键在于一个“缓”字。而这个“缓”就体现求均衡的原理，我们据此可判断当期某个号码是否能够出现。例如，某个号码已经连续出现5期，表现为典型的“强者恒强”，之后仅遗漏1期就来个“强后之缓”，即再次出现。这个“缓”不仅提示我们当期应抓住时机选择该号码作为备选号码，而且提示我们这个号码接下来进入冷态的可能性很高，即告诉我们在接下来的选号中不用重点关注这个号码或可以完全排除这个号码。

一般而言，当某个号码在一个时期内多次出现，接下来出现的概率就比较小了。如果该号码以“强后之缓”的高姿态出现，那么我们就可以很有把握地认为这个号码已经由热转冷，接下来的阶段内可以放心去选择其他号码了。

“弱后之补”则比较好理解。就像行走于沙漠中的人，在奄奄一息之时突然遇到水源，狂饮数口之后，喘口气还要再喝。“弱后之补”关键在一个“补”字。例如，某个号码已经连续遗漏了8期，相当于沙漠里奄奄一息的那个人的状态；紧接着该号码回补了2期，就好比口渴之人看到水源后狂饮了两大口；该号码以惯性状态出现2期后又连续遗漏了2期，就像狂饮了两口水后需要喘口气停顿一下；该号码在随后的7期内连续出现，这就是“久旱逢甘露”，连续狂饮了。“弱后之补”同样是一个非常好的选择备选号码的机会。

如图2-11所示，号码20在走势图中连续遗漏了10期，说它“弱者恒弱”一点也不夸张。号码20在遗漏10期后再次出现，接着遗漏1期后连续出现4期，达到最高峰，并在后面进行了多次回补以求均衡。这是“弱后之补”的经典案例。

4. 精准选号的五大机会

综观均衡规律可知，非对称、非等量和求均衡是号码常见的发展趋势，其中“对称现象”“强者恒强”“强后之缓”“弱后之补”是精准选择中奖号码的机会，而求均衡作用所带来的调偏和回补，更是精准选择中奖号码的绝佳时机。

下面总结了精准选号的五大机会，我们只有结合号码在走势图中的表现状态进行揣摩领悟和模拟训练，实现举一反三、融会贯通，才能逐渐驾驭均衡规律，从而精准选号。也只有这样，才可以成为时常与中奖号码“约会”的幸运儿。

机会一：对称现象

走势图中号码出现或遗漏的递增、递减、对称、相似、交替、关联等属于对称范畴的现象如果出现并进行3次或以上的对称性发展，那么一定要坚信这种状况不会继续出现。

对于实战应用来说，固执地在每期选号的过程中都根据对称特征去选择号码肯定是错误的，尤其是不能因为某个号码已经出现3次以上的对称性发展而认为该号码会延续对称特征。但是，由于走势图中对称现象的出现不是个例以及购彩的实质是“机会主义”，因此在实战中根据实际情况寻找并抓住对称现象带来的机会往往会达到出其不意的效果。

在走势图中关注和寻找对称现象并抓住时机介入，有利于我们精准选择备选号码。

例如，观察同一个号码历史上再现遗漏间隔的情况，如果当前机会恰好出现，这个时候就很有必要好好把握时机，从而有可能获得意想不到的惊喜。

又如，观察同一个号码在历史上再次连续出现的情况，如果当前机会出现，这个时候必须把握住大好时机。

机会二：强者恒强

走势图中号码“强者恒强”的现象经常出现。例如，某些号码最近多次出现，但在下面的几期中还会频繁出现，稍微休息两三期之后，又会强劲登场；某些号码在近期常常出现，但是我们预测它该出现转折的时候，它就是不转折，还是一路高歌。

我们在实战中完全可利用号码“强者恒强”的固有特性，精准地选择某个号码。

机会三：强后之缓

“强后之缓”，关键在于一个“缓”字。而这个“缓”就体现求均衡的原理，我们据此可判断当期某个号码是否能够出现。例如，某个号码已经连续出现5期，表现为典型的“强者恒强”，之后仅遗漏1期就来个“强后之缓”，即再次出现。这个“缓”不仅提示我们当期应抓住时机选择该号码作为备选号码，而且提示我们这个号码接下来进入冷态的可能性很高，即告诉我们在接下来的选号中不需要重点关注这个号码或可以完全排除这个号码。

机会四：弱后之补

“弱后之补”关键在一个“补”字。例如，某个号码已经连续遗漏了8期，相当于沙漠里因缺水而奄奄一息的人的状态；紧接着该号码回补了2期，就好比口渴之人看到水源后狂饮了两大口；该号码以惯性状态出现2期后又连续遗漏了2期，就像狂饮了两口水后需要喘口气停顿一下；该号码在随后的7期内连续出现，这就是“久旱逢甘露”，连续狂饮了。“弱后之补”同样是一个非常好的选择备选号码的机会。

机会五：调偏回补

如果某一个号码在一个期间长期不出现，总会在另一个期间进行回补。

既然号码以偏态开始，又以均态结束，那么我们在实战中就需要在偏态发生后，在另一个期间去求均衡。在发生周期非等量现象之后，号码会短间隔反复遗漏或出现，完成一个调偏或回补的过程。号码阶段性发生调偏是我们精准排除该号码的好机会，号码阶段性发生回补是我们精准选择该号码的大好时机。

物极必反，否极泰来。走势图内号码在求均衡规律的作用下，前面如有大的热态，后面就有大的调偏；前面如有大的冷态，后面就有大的回补。如果一个号码不冷不热，势必不会涉及调偏或回补。号码只会遵循非等量规律发展，一旦出现大热或大冷，势必就要调偏或回补。

二、出号规律

1. 区间出号规律

如图2-12所示，我们把快乐8游戏的80个号码划分为4个区间，每个区间包括20个号码。第一区间的号码为1—20，第二区间的号码为21—40，第三区间的号码为 41—60，第四区间的号码为 61—80。

通过统计快乐 8 走势图中每个区间每期号码出现的个数，我们发现一个区间出号规律：每个区间在每期开奖中平均会开出 4~6 个中奖号码。我们将这个范围称为区间范围。

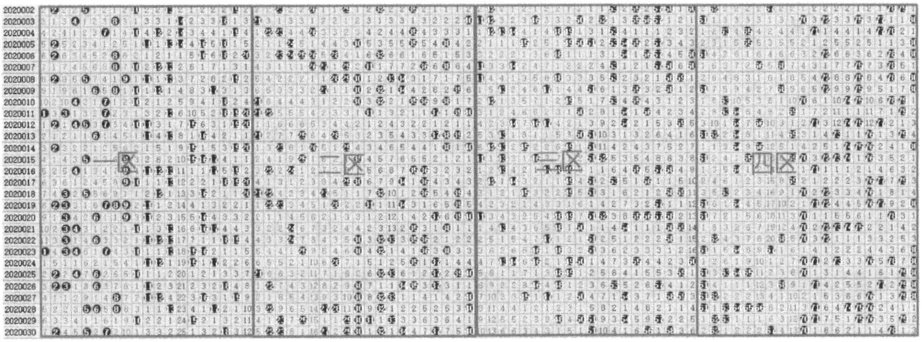

图 2-12　快乐 8 走势图分区

这个规律也直接告诉我们一个非常实用的选号经验：每个区间精选 4~6 个号码作为备选号码才是最明智的做法。

知晓了区间出号规律，我们在实战中就会有的放矢，通常在一个区间内只选择 4~6 个号码作为备选投注号码。对统计结果观察发现，当某个区间的出号个数不在常态范围内时，往往该区间的出号个数会立即反弹，回归到常态轨道。当某个区间的号码频繁出现时，往往该区间的出号态势不会马上变冷，一般会再持续几期，我们不妨在此区间内多选几个备选号码。

不同区间的号码分布也有强弱变化的趋势，如某个区间内号码旺出形似满头浓发，某个区间内号码衰微状如斑秃。我们如能根据均衡规律判断某个区间号码出现的旺与衰，那么我们就能在这个区间内有意识地多选或少选备选号码。

利用区间出号规律和区间出号旺衰对每个区间的出号个数进行大势判断是一种很实用的选号方法。我们在实战中可以对短期内每个区间的出号个数进行统计分析，研判每个区间的出号个数，再利用其他规律选择对应数量的号码，只有这样才能极大地提高中奖概率。

2. 热号出号规律

热号是指近 10 期内出现次数大于 3 次且当前遗漏 4 期以内的号码。通过观察走势图，发现热号具有如下出号规律。

第一，80 个号码中几乎每期都会有 10~20 个号码属于热号。

第二，每期均会有 2~5 个热号成为中奖号码。

第三，号码经历大冷后通过回补转为大热的概率很高，这时要顺势而为。

第四，热号“强者恒强”是精准选号的大好时机，不可错失（见图 2–13）。

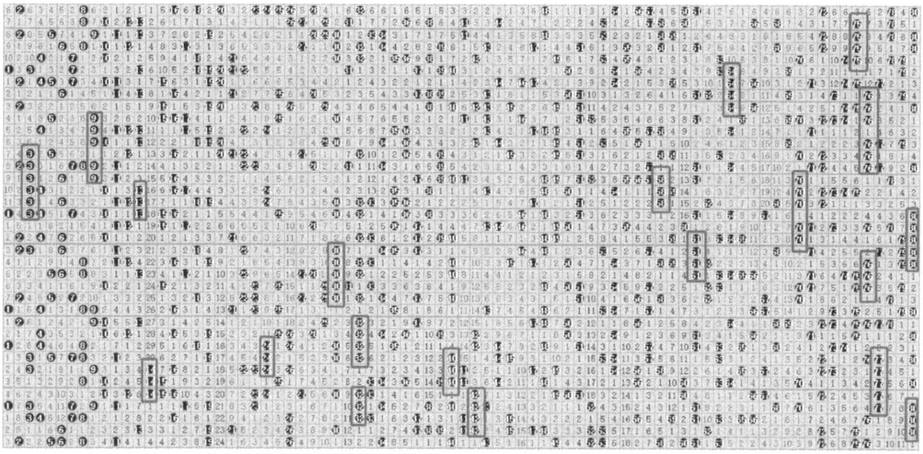

图 2-13 “强者恒强”示例

3. 重号出号规律

仔细观察快乐 8 走势图可以发现一个不争的事实：开奖号码中出现重号是一种常态，重号几乎每期都会出现，具有极强的高频性、遗传性和聚集性（见图 2–14）。

通过大量统计数据，可知一个重号出号规律：快乐 8 开奖号码中，平均每期出现 3~8 个重号是一种常态。

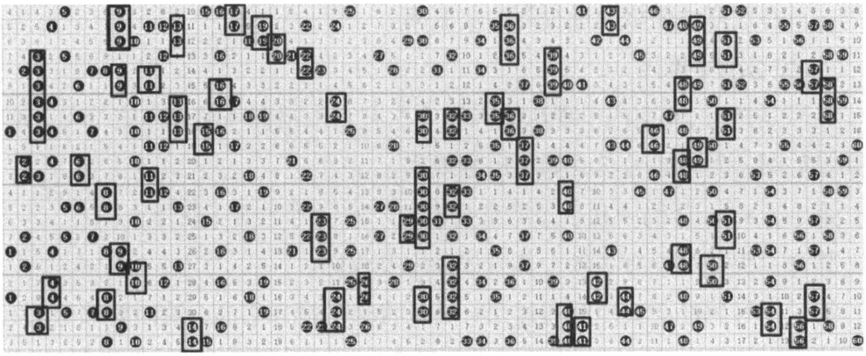

图 2-14 重号出号规律示例

在上期 20 个开奖号码中，平均会有 3~8 个号码在下一期继续成为中奖号码，该出号规律可以帮助我们降低选号难度，同时提高选号的准确率，有利于我们达到精准选号的目的。因此，在实战中一定要从上期开奖号码中精心挑选 3~8 个号码作为备选号码。

4. 斜连号出号规律

如图 2-15 所示，在走势图中斜连号具有如下四个显著的出号规律。

第一，出现频率高。

观察走势图可以看到，斜连号出现频率非常高，几乎每期开奖中均会出现。虽然图 2-15 只是走势图的一部分，但几乎每一期都至少有一个斜连号开出，整个图几乎被框框圈满。由此可见，斜连号出号是非常频繁的。

第二，出现个数多。

通过统计发现，通常情况下每期中奖号码中均会有 5~10 个斜连号。

第三，聚集性强。

通过观察大量数据可以发现，斜连号的出现具有很强的聚集性。

第四，伴随性强。

通过观察发现，很多斜连号在出现时常常伴随着重号和连号，它们联袂出场的情况很常见。如图 2-15 所示，重号和斜连号同时出现的情况很多。若上期出现 2 连号或 3 连号，下期在连号左右出现斜连号的情况也是屡见不鲜。

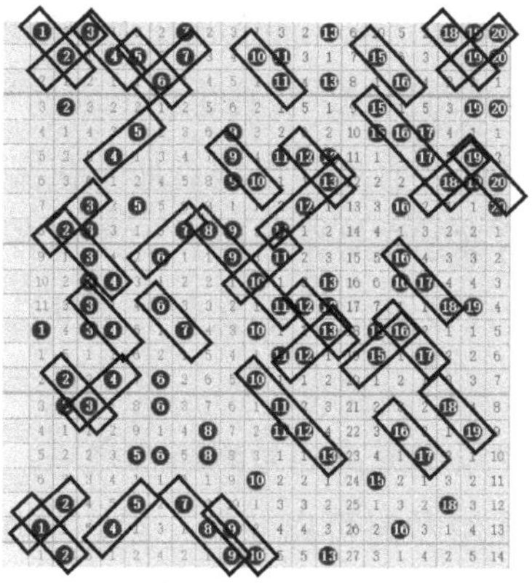

图 2-15　斜连号出号规律示例

因为斜连号出现频率高，每期出现 5~10 个，聚集性强，所以极大地降低了实战中选择斜连号的难度，并提高了中奖概率。同时，因为斜连号的伴随性极强，所以有助于我们在实战中精准选择斜连号。如果实战中根据上期的 20 个开奖号码能研判当期会大概率出现的 5~10 个斜连号，那么当期就能精准选择 5~10 个号码作为备选号码。

5. 连号出号规律

如图 2-16 所示，在走势图中连号具有如下四个出号规律。

第一，几乎每期开奖号码里都有 3~5 组连号，其中 2 连号、3 连号出现得最为频繁。

第二，连号最常见的出现形式为多个 2 连号组合或多个 2 连号与 3 连号组合。

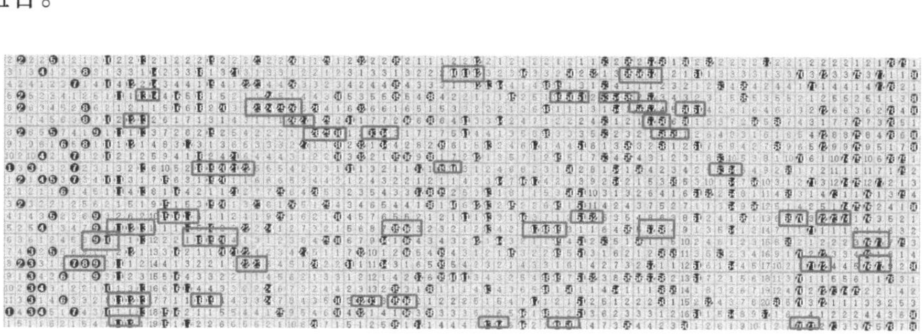

图 2-16　连号出号规律示例

第三，连号特别喜欢聚集出现，如常常在上期出现连号的区域附近出现。

第四，在重号或斜连号出现时，往往也会出现连号。

每期开奖号码中几乎都会有连号出现。如果在实战中能正确判断一组连号的出现，那么至少能精准锁定 2 个号码作为当期备选号码；如果能判断多个连号组合的出现，如 2+2+2 组合，那么就能精准选择 6 个号码作为当期备选号码。

连号是走势图中出现频率最高的号码组合之一，我们在实战中应当运用好连号出号规律，尤其在组号时可以使用一组连号作为胆码进行胆拖投注，从而节省投注资金，并且还能有机会夺得头彩。

三、相似规律

观察走势图我们会发现一个有趣的现象：走势图内号码或关系码的分布轨迹在一定周期内会“历史再现”，而且非常普遍。通常，我们把这种“历史再现”的特性称为相似规律。

相似规律的表现形式如下。

（1）走势图内重号、斜连号和连号高频出现，这是相似规律的一种典型表现，如图 2–17 所示。

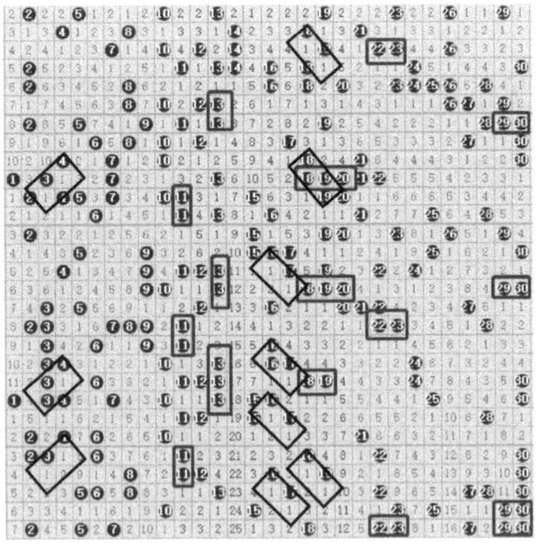

图 2–17　相似规律示例

（2）走势图内某个号码的遗漏数值也喜欢“历史再现”，如图 2–18 所示。

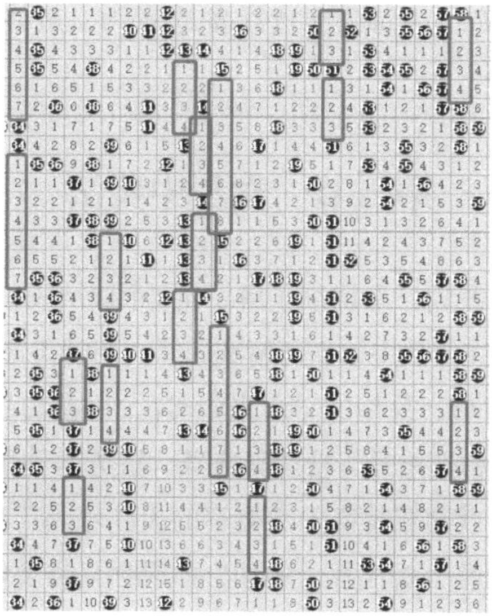

图 2-18　遗漏数值相似规律示例

（3）同期内的 2 个中奖号码（俗称跟随号）经常会在其他期以“历史再现”的形式多次出现，如图 2–19 所示。

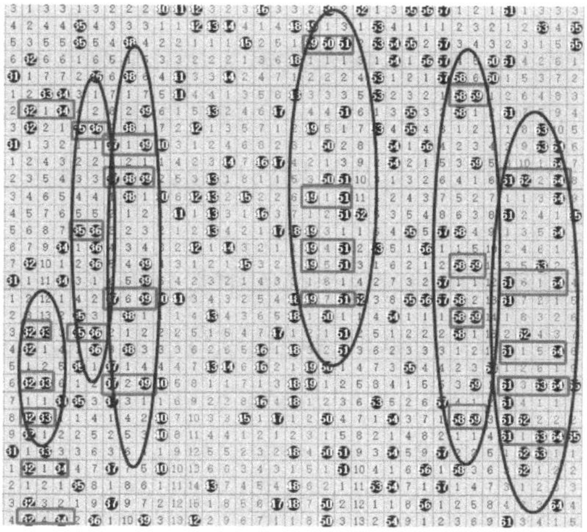

图 2-19　跟随号相似规律示例

既然号码在走势图中呈现出相似规律，那么在实战中就可以利用这一规律分析号码趋势，从而精准选择备选号码，最终达到提高中奖率的目的。

第三节 六步中奖法

通过本章第二节我们已经详细了解了走势图中号码的均衡规律、出号规律和相似规律，那么在实战中该如何精准选择当期的备选投注号码呢?

本书总结出了简单、易用的“六步中奖法”。在实战中只要按照选择区间范围、精选热号、精选重号、精选斜连号、精选连号和分级定胆六个步骤，对走势图进行分析，就会获得高中奖概率的投注号码。当然，也可以根据自己的实际需求自行调整分析流程。例如，如果你只需要定1个胆，那么重点分析重号、斜连号即可。

接下来我们将按照“六步中奖法”选号技术流程，以选择2020021期备选投注号码为例进行实战操盘详解。

一、选择区间范围

根据区间出号规律，每个区间大概率会开出4~6个中奖号码，这是实战中非常实用的区间范围。有的区间出号个数可能多一点，有的区间出号个数可能少一些，各个区间出号个数在短期内可能会此消彼长，但长期来看几乎相差无几。

区间范围不但能帮助我们对每个区间中奖号码的个数进行判断，还能帮助我们对某个区间备选号码个数的合理性进行检验，这也是区间出号规律的最大应用价值。

假设我们判断第一区间会出现4个中奖号码，可选号结束后发现，我们在第一区间的备选号码达到了7个，不符合之前对第一区间范围的判断。显然，这种情况不常见，更不合理，这时我们就要反复检验该区间备选号码的选择是否有问题并及时进行修正。

实战中，如果某个区间备选号码的个数低于该区间范围，那么没有问题；反之，就说明该区间的备选号码中一定包括无效的号码，若利用这个区间的备选号码组号，会极大地降低中大奖的可能性。

本书建议四个区间的备选号码之和不超过 20 个，选择 10~15 个备选号码最佳。开奖号码是 20 个，如果备选号码超过 20 个，百分之百会有号码绝对不是中奖号码，但是我们不知道哪个号码不是中奖号码，所以会不可避免地在组号时使用到不是中奖号码的号码，从而必然会降低中奖概率。如果组号投注时选择胆拖投注的话，可以扩大备选号码的范围，因为增加号码数量就会提高中奖概率，这是事实。

无规矩不成方圆，只有确定好每个区间的出号个数，才能为后面每个区间备选号码的选择建立标准，才能有的放矢地进行选号。

1. 区间出号规律

根据区间出号规律可知，实战中在每个区间精选 4~6 个号码作为备选号码才是最明智的做法。

2. 如何确定区间出号个数

在实战操作中，我们要根据每个区间的出号个数制作一个 20 期短期数据统计表，再利用均衡规律对统计数据进行分析，获得一个精确范围，作为每个区间选择备选号码的标准，这样做更利于我们在小范围内精选备选号码。

3. 实操范例

我们基于图 2-20 所示的快乐 8 走势图（2020001 期—2020020 期），示范如何确定 2020021 期每个区间的出号个数。

实战中只需要使用基于近 20~30 期开奖数据的短期走势图进行分析即可，因为近期走势图更能真实地反映每个号码近期的变化趋势。如果使用近 10 期的开奖数据进行分析，则数据量太少，不具有说服力。如果使用 50 期及以上的开奖数据进行分析，则可能会发现某个号码在趋势上已经发生翻天覆地的变化，对当前分析的指导意义不是很大。

实战经验表明，使用近 20 期的开奖数据进行短期分析刚刚好，既能观察到某个号码近期的变化趋势，又能捕捉号码接下来变化的细微动作，从而达到精准选号的目的。

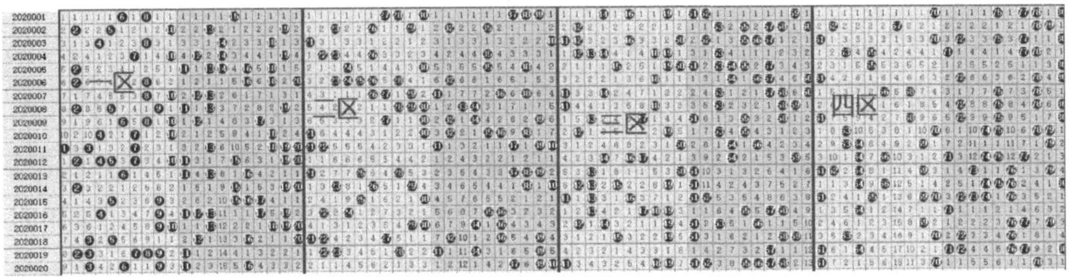

图 2-20　快乐 8 走势图（2020001 期—2020020 期）

（1）确定一区出号个数。我们对图 2-21 所示走势图一区的出号个数进行统计，得到一区出号个数统计表（见表 2-1）。

通过表 2-1 可以看到，一区的出号个数绝大部分在 4~6 个之间。即便 2020012 期出号 9 个、2020016 期出号 7 个，下一期出号个数也会回归到常见区间范围内，整体而言一直趋向于稳定态势。本期保守判断一区会出号 5 个，也就是说，本区的备选号码最多为 5 个。

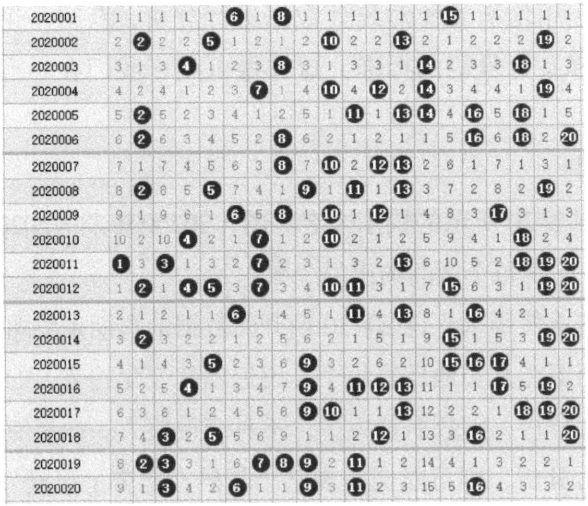

图 2-21　走势图一区

表 2-1　一区出号个数统计表

期号	一区出号个数	期号	一区出号个数
2020001	3	2020011	7
2020002	5	2020012	9
2020003	4	2020013	4
2020004	5	2020014	4
2020005	6	2020015	5
2020006	5	2020016	7
2020007	4	2020017	6
2020008	6	2020018	5
2020009	5	2020019	6
2020010	4	2020020	5

（2）确定二区出号个数。我们对图 2-22 所示走势图二区的出号个数进行统计，得到二区出号个数统计表（见表 2-2）。

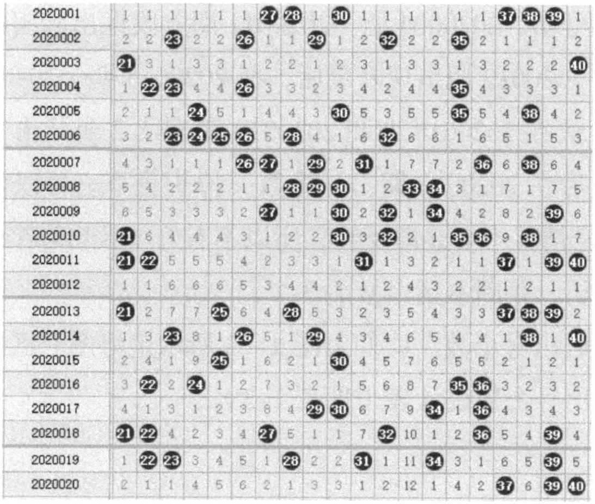

图 2-22　走势图二区

表 2-2　二区出号个数统计表

期号	二区出号个数	期号	二区出号个数
2020001	6	2020011	6
2020002	5	2020012	0
2020003	2	2020013	6
2020004	4	2020014	5
2020005	4	2020015	2
2020006	6	2020016	4
2020007	6	2020017	4
2020008	5	2020018	6
2020009	5	2020019	6
2020010	6	2020020	3

根据均衡规律，每个号码在走势图内均有冷热之分，每个区间的出号态势同样也有冷热之分。与一区的出号态势相比，二区的出号态势显得比较弱一些。

通过表 2-2 可知，2020004 期—2020011 期阶段性出号密集，之后呈现疲软状态。尤其在 2020012 期出现断层后，在 2020015 期—2020017 期出号个数又出现下滑。虽然在 2020018 期和 2020019 期连续 2 期开出 6 个号码，进行两次回补，但之后在 2020020 期出号个数又掉头直下。可以说，在接下来的 1~2 期，本区出号情况不会立即反转，所以不看好本区出号个数会增加。

基于以上分析，判断本区出号 2~3 个。

（3）确定三区出号个数。我们对图 2-23 所示走势图三区的出号个数进行统计，得到三区出号个数统计表（见表 2-3）。

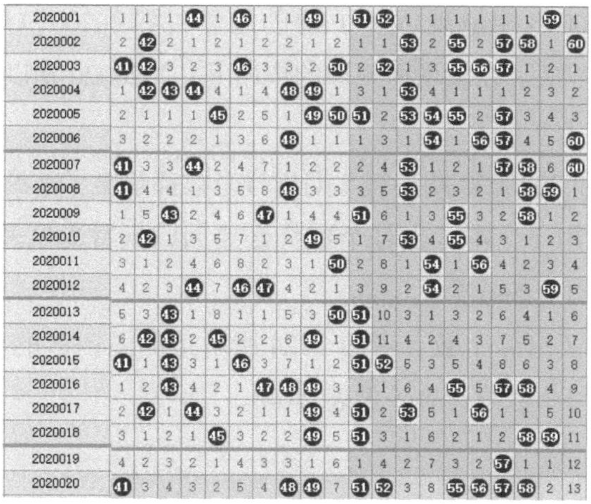

图 2-23　走势图三区

表 2-3　三区出号个数统计表

期号	三区出号个数	期号	三区出号个数
2020001	6	2020011	3
2020002	6	2020012	5
2020003	8	2020013	3
2020004	6	2020014	5
2020005	8	2020015	5
2020006	5	2020016	7
2020007	6	2020017	6
2020008	5	2020018	5
2020009	5	2020019	1
2020010	4	2020020	9

通过表 2-3 可以看到，三区中规中矩的出号态势中蕴藏着规律的强弱变化。2020001 期—2020005 期经过了一波强势出号，之后在 2020008 期—2020015 期放缓了出号的脚步，接下来在 2020016 期开出 7 个号码，然后在

2020017期、2020018期呈现逐步下滑的趋势，到2020019期只开出1个号码，快速下滑到谷底。在求均衡规律的作用下，2020020期以开出9个号码快速地完成了回补。

2020019期和2020020期连续2期出号个数都超出了常见的区间范围，在求均衡规律的作用下，本区出号个数势必要回归到常见区间范围内的高点，因此判断本区会出号5~6个。

（4）确定四区出号个数。对图2–24所示走势图四区的出号个数进行统计，得到四区出号个数统计表（见表2–4）。

2020001	1	1	1	1	1	1	1	1	1	70	1	1	1	1	75	1	77	78	1	80
2020002	2	62	2	2	2	2	67	2	2	1	2	2	2	2	1	2	1	78	79	1
2020003	61	1	3	3	3	3	1	3	3	70	3	72	3	3	75	3	77	1	1	80
2020004	1	2	63	4	65	4	2	4	4	1	71	1	4	4	1	4	77	78	2	1
2020005	2	3	1	5	65	5	3	5	5	2	1	2	5	5	2	5	1	1	3	80
2020006	61	4	2	6	1	6	4	6	6	3	2	72	6	6	3	6	2	78	4	80
2020007	1	5	3	7	2	66	5	68	7	4	3	1	7	7	75	7	3	78	5	1
2020008	2	6	4	8	3	1	6	1	8	5	4	72	8	8	75	8	4	78	6	80
2020009	61	7	5	9	4	2	7	68	9	6	5	72	9	9	75	9	5	1	7	80
2020010	1	8	63	10	5	3	8	1	10	70	6	1	10	74	75	10	6	78	79	1
2020011	2	9	63	64	6	4	9	2	69	1	7	2	11	1	1	11	7	1	79	2
2020012	3	10	1	64	7	66	10	3	1	2	71	3	12	74	75	12	77	2	1	3
2020013	61	62	2	64	8	1	11	4	69	3	1	4	73	1	1	76	1	3	79	4
2020014	1	1	3	64	9	66	12	5	1	4	2	5	1	74	75	76	2	4	1	80
2020015	61	2	4	1	65	1	13	6	69	70	3	72	73	74	1	76	3	5	2	1
2020016	1	3	5	64	1	2	14	7	1	1	71	1	1	1	2	1	4	6	3	2
2020017	2	4	6	1	2	3	15	8	69	2	1	2	2	2	3	76	77	7	79	3
2020018	3	5	63	2	3	4	16	9	1	70	2	72	3	3	4	76	1	8	1	4
2020019	61	6	1	64	4	5	17	10	2	1	71	72	4	4	5	76	77	9	2	80
2020020	61	7	2	1	5	6	18	11	3	70	1	1	5	5	6	1	1	78	3	1

图2–24　走势图四区

通过表2–4可以看到，本区上半场的出号态势趋于正常，但稍微偏弱，在2020013期、2020014期、2020015期开始发力，可事不过三，在2020016期直接跌落谷底。经过2020017期和2020018期两期的力量积蓄，终于在2020019期爬升到本阶段的峰顶，随后调偏在2020020期发生。可以看到，最近5期中有3期的出号个数在常见区间范围之外，在求均衡规律的作用下，本区出号个数必然要回归到正常轨道，因此研判本期出号范围大概率在4~6个之间，保守判断本区会出号5个。

表 2-4　四区出号个数统计表

期号	四区出号个数	期号	四区出号个数
2020001	5	2020011	4
2020002	4	2020012	6
2020003	6	2020013	7
2020004	5	2020014	6
2020005	2	2020015	8
2020006	4	2020016	2
2020007	4	2020017	4
2020008	4	2020018	4
2020009	5	2020019	7
2020010	6	2020020	3

事实胜于雄辩，开奖后本区确实出现 5 个号码。不论是一个号码分析还是实战案例分析，只要是有理有据的分析，开奖前分析与开奖后复盘的结果都应该趋于一致。只有这样我们才能举一反三，也只有这样才能通过不断训练和实战逐步提高自身的分析能力和中奖概率。

（5）汇总每区出号个数。经过对走势图四个区出号个数的分析，我们确定了每个区出号的个数，汇总如下：一区出号 5 个，二区出号 3 个，三区出号 6 个，四区出号 5 个。也就是说，本期最多可以选择 19 个备选号码。

这里要说明的是，在备选号码数量多的情况下通常会选择胆拖投注，因此选择 19 个备选号码甚至更多都没有问题。如果在实战中准备采取单式投注方式，则建议选择的备选号码越少越好。

二、精选热号

1. 热号出号规律

由热号出号规律可知，80 个号码中几乎每期都会有 10~20 个号码属于热号，其中会有 2~5 个成为中奖号码。因此，在每期的热号中只要精选 2~5 个号码作为备选号码即可，少选为佳，多选易错。

在实战操作中，我们也可以对热号出号个数进行统计分析，从而选择一个更小的范围作为精选备选号码的标准。

2. 如何精选热号

利用均衡规律对热号进行重点分析，遵循“追热避冷”的选号铁律，顺势而为地在热号中精选备选号码。

在精选热号的过程中，如果发现某个号码在走势图中出现“调偏回补”“强者恒强”以及“强后之缓”的趋势后，在 1~2 期内继续开出或短期内频繁出现，那么我们就要密切关注该号码，因为此时是我们在热号中精准选择某一个中奖号码的大好时机。

3. 实操范例

下面我们来示范如何确定 2020021 期热号出号个数以及如何在热号中精选备选号码。

（1）确定热号出号个数。我们对近 10 期每期热号个数以及成为中奖号码的热号个数进行统计，制作了热号出号个数统计表，如表 2–5 所示。

表 2–5　热号出号个数统计表

期号	热号个数	中奖号码个数	期号	热号个数	中奖号码个数
2020011	19	2	2020016	15	4
2020012	18	4	2020017	10	3
2020013	14	1	2020018	13	4
2020014	14	5	2020019	16	2
2020015	14	2	2020020	18	5

通过统计表可以看到，热号一般每期会出现 10~20 个，成为中奖号码的热号一般为 2~5 个。2020020 期热号中中奖号码的个数为 5 个，是常见范围的高点。在求均衡规律的作用下，下期热号中能成为中奖号码的不会太多，出

现2~3个比较合理。本着宁缺毋滥的原则，本期热号中中奖号码的个数应确定为2个。

（2）在热号中精选备选号码。根据热号的定义，本期的热号包括15个号码：3、9、11、13、16、19、20、39、43、49、51、61、64、69、76。我们在热号中精选出号码3和16作为备选号码，分析研判过程如下。

① 选择热号3。如图2–25所示，号码3在经历了10期的遗漏后仅仅出现了1次，之后销声匿迹了6期才出现，在2020001期—2020017期只出现1次，可谓冷到骨髓。在求均衡规律的作用下，号码3终于在2020018期出现，就此开始了回补之旅，连续开出了3期，可谓扬眉吐气。

2020001	1	1	1	1	1	6	1	8	1	1	1	1	1	1	15	1	1	1	1	1
2020002	2	2	2	2	5	1	2	1	2	10	2	2	13	2	1	2	2	2	19	2
2020003	3	1	3	4	1	2	3	8	3	1	3	3	1	14	2	3	3	18	1	3
2020004	4	2	4	1	2	3	7	1	4	10	4	12	2	14	3	4	4	1	19	4
2020005	5	2	5	2	3	4	1	2	5	1	11	1	13	14	4	16	5	18	1	5
2020006	6	2	6	3	4	5	2	8	6	2	1	2	1	1	5	16	6	18	2	20
2020007	7	1	7	4	5	6	3	8	7	10	2	12	13	2	6	1	7	1	3	1
2020008	8	2	8	5	5	7	4	1	9	1	11	1	13	3	7	2	8	2	19	2
2020009	9	1	9	6	1	6	5	8	1	10	1	12	1	4	8	3	17	3	1	3
2020010	10	2	10	4	2	1	7	1	2	10	2	1	2	5	9	4	1	18	2	4
2020011	1	3	3	1	3	2	7	2	3	1	3	2	13	6	10	5	2	18	19	20
2020012	1	2	1	4	5	3	7	3	4	10	11	3	1	7	15	6	3	1	19	20
2020013	2	1	2	1	1	6	1	4	5	1	11	4	13	8	1	16	4	2	1	1
2020014	3	2	3	2	2	1	2	5	6	2	1	5	1	9	15	1	5	3	19	20
2020015	4	1	4	3	5	2	3	6	9	3	2	6	2	10	15	16	17	4	1	1
2020016	5	2	5	4	1	3	4	7	9	4	11	12	13	11	1	1	17	5	19	2
2020017	6	3	6	1	2	4	5	8	9	10	1	1	13	12	2	2	1	18	19	20
2020018	7	4	3	2	5	5	6	9	1	1	2	12	1	13	3	16	2	1	1	20
2020019	8	2	3	3	1	6	7	8	9	2	11	1	2	14	4	1	3	2	2	1
2020020	9	1	3	4	2	6	1	1	9	3	11	2	3	15	5	16	4	3	3	2

图2–25　局部走势图（2020001期—2020020期）

物极必反，否极泰来。一口气“三连阳”的报复性回补会成为号码3强劲的动力，有理由相信号码3在巨大惯性的作用下绝不会就此止步不前，因此十分看好它还会继续有所表现。本期将选择号码3作为备选号码，期待它带给我们惊喜。

② 选择热号16。如图2–25所示，号码16在近10期内出现了4次，属于一枚热号。还能看到号码16在2020005期、2020006期连续出现2期，可近期的4次出现均是刚露脸就消失。事不过三，因为号码16最近热出，我们

判断它本期大概率会再现真身。所以，选择它作为本期备选号码中的一员。

③ 其他热号的价值。本着宁缺毋滥的原则，本期在热号中只精选了号码 3 和 16 作为备选号码，其他热号因各种原因没有被选中，但在后续的选号中可用于交叉印证，同样具有重要的实战意义。

三、精选重号

1. 确定重号出号个数

根据重号出号规律可知，上期 20 个开奖号码中，在下一期会有 3~8 个成为中奖号码。所以，每期应选择 3~8 个重号作为备选号码。

2. 如何选择重号

在实战中，我们要利用重号的高频特性及相似规律，关注某个号码出现重号之后“历史再现”的情况，从而精准选择重号。

我们还要利用均衡规律对重号进行分析，尤其要重点关注“强者恒强”“调偏回补”等机会，从而精准选择重号。

根据实战经验可以总结出“寻”“选”“找”“定”“防”精选重号五字诀，我们可以在实战中灵活运用。

第一，重中“寻”重。

重号不仅会连续开出 2~3 期，而且会连续开出 4 期，有时会“强者恒强”地连续开出 5 期甚至更多。如图 2–26 所示，号码 42 连续开出 4 期、号码 46 连续开出 4 期、号码 47 连续开出 6 期，说明号码在一定时期内凭借着惯性会连续出现。

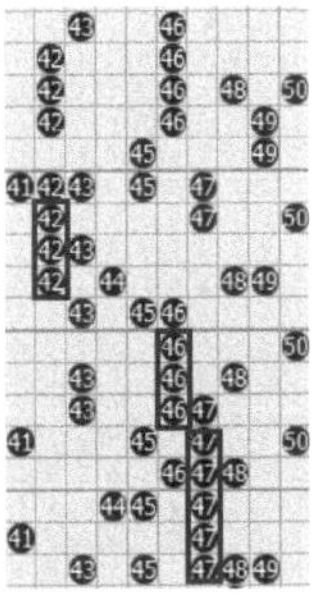

图 2–26 重中“寻”重示例

第二，连中“选”重。

重号从上期的连号中开出的概率较大。如图 2–27 所示，走势图中重号 17、18、21、24、25、28、29、30、32、33、39 均是上期连号中的号码。

第三，尾中“找”重。

重号从上期同尾号的号码中开出的概率较大。如图 2–28 所示，走势图中重号 46 就是从上期同尾号的号码 6 与 46 中开出的，以及重号 4 就是从上期同尾号的号码 4 与 14 中开出的。

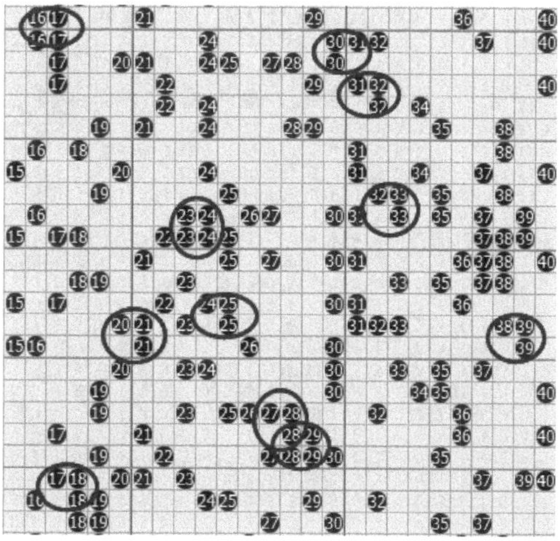

图 2-27　连中“选”重示例

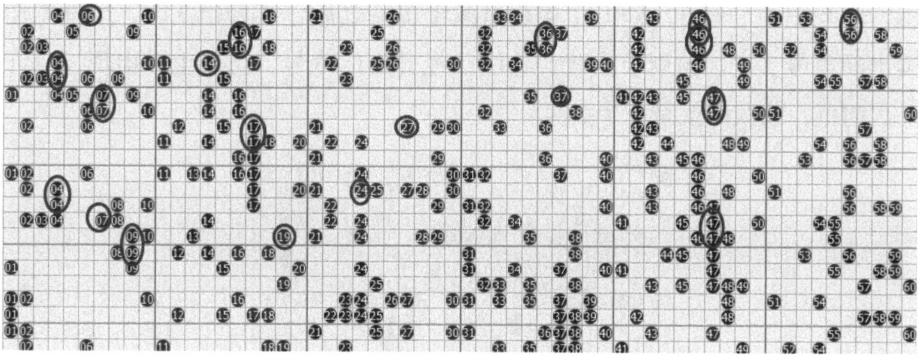

图 2-28　尾中“找”重示例

一般情况下，每期开奖号码中会出现 2~5 个同尾号的号码，那么可以在相邻的同尾号的号码（如号码 4 和 14 是相邻的同尾号的号码，以此类推）中选择 1 个号码作为重号，其成功率很高。

第四，热中“定”重。

如图 2-29 所示，走势图中号码 17、42、46、47 出现的次数非常多，重复度极大，因此我们在选择号码时要敢于热中取号。

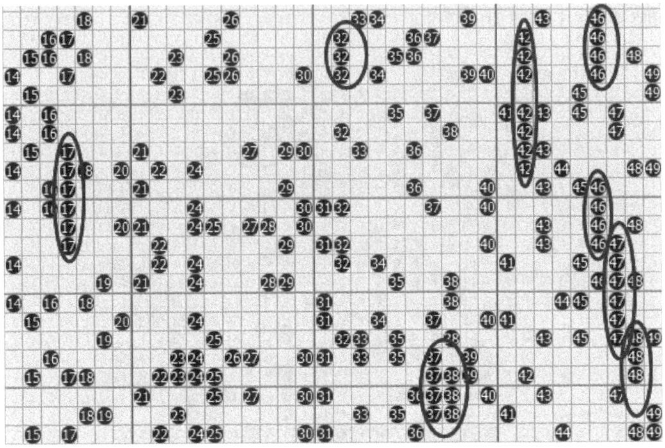

图 2-29 热中“定”重示例

第五，冷中“防”重。

如果一个号码遗漏期数较长，那么一旦开出就会迅速回补。如图 2-30 所示，走势图中号码 3、4 和 17 均在遗漏十多期之后连续开出 3 次，也就是连续出现重号 2 次。这就要求我们关注已经开出的冷号，防范重号出现。或许一次防范，收获的就是一个大奖。

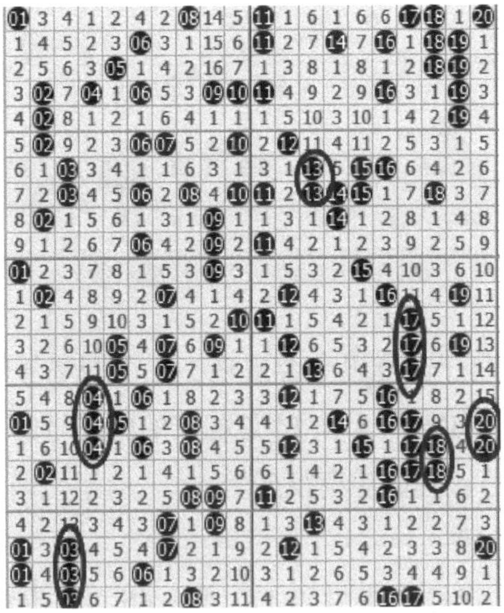

图 2-30 冷中“防”重示例

3. 实操范例

下面我们来示范如何确定 2020021 期重号出号个数以及如何精选重号作为备选号码。

（1）确定重号出号个数。我们统计了 2020002 期—2020020 期每期的重号出号个数，如表 2-6 所示。

表 2-6　重号出号个数统计表

期号	重号个数	期号	重号个数
2020002	1	2020012	5
2020003	3	2020013	2
2020004	3	2020014	5
2020005	5	2020015	5
2020006	7	2020016	3
2020007	5	2020017	5
2020008	7	2020018	5
2020009	6	2020019	5
2020010	5	2020020	6
2020011	5		

我们知道走势图中每期出现 3~8 个重号是常态，表 2-6 的统计数据也再次印证了重号的这一出号规律。通过表 2-6 可以看到，每期出现 2 个、3 个重号的为少数，大多数情况下会开出 5~7 个重号，尤其是近期重号出号个数比较平稳，所以本期继续看好开出 5 个左右的重号。

（2）精选重号作为备选号码。如图 2-31 所示，本着宁缺毋滥的原则，选择 3、16、58 和 70 共计 4 个号码作为本期重号入选备选号码，分析研判过程如下。

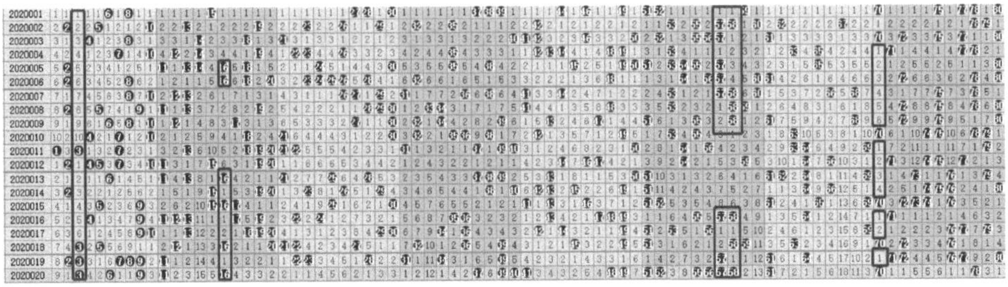

图 2-31　快乐 8 走势图（2020001 期—2020020 期）

① 根据热中“定”重和重中“寻”重技巧，判断号码 3 会继续出现。号码 3 在 2020001 期—2020010 期和 2020012 期—2020017 期经历 2 次比较大的遗漏，在求均衡规律的作用下回补意愿极其强烈，目前属于热号且具有“强者恒强”的趋势，因此号码 3 可以作为本期重点选择的备选号码。

② 根据热中“定”重技巧，判断号码 16 继续出现的概率极大。号码 16 历史上也出现过重号情况，根据相似规律，其再次出现重号的概率极大，因此选择该号码。

③ 根据连中“选”重技巧，我们看好号码 58 会继续出现。2020007 期开出连号 57 和 58 后，紧接着 2020008 期开出重号 58。当前 2020020 期开出 4 连号 55、56、57、58，因此我们很看好号码 58 会继续有所表现。

④ 根据热中“定”重技巧，我们还能锁定号码 70 作为当期重号。严格来说，号码 70 不属于热号，因为近 10 期内只开出 3 次。但如果仔细观察会发现，号码 70 先是遗漏 6 期后出现，接下来遗漏 4 期后再次出现，紧接着又分别遗漏 2 期和 1 期后再次出现。随着遗漏间隔越来越小，该号码出现得越来越频繁，所以有理由相信号码 70 在紧锣密鼓地走热，必须重点选择。

⑤ 其他具有重号潜质的号码因为各种考量最终未被选用。例如号码 49 和 51，因为之前走势不弱，近期又太热，所以不敢直接锁定。又如号码 78，虽然历史上屡屡出现重号情况，可是它经历了 9 期的遗漏才刚刚出现，怕它继续遗漏，所以不敢贸然选择它。其他号码不在热号之列，所以更要慎之又慎。总之，宁缺毋滥是我们选号的原则，千万不能忘记。

四、精选斜连号

1. 确定斜连号出号个数

由于每期开奖号码 20 个，因此理论上在下期最多会有 40 个斜连号出现。根据斜连号出号规律可知，每期斜连号中会有 5~10 个号码成为中奖号码。所以，在实战中每期选择 5~10 个斜连号作为备选号码是明智之举。

2. 如何选择斜连号

我们要利用斜连号的高频性、聚集性及相似规律，关注某个号码出现斜连号之后“历史再现”的情况，从而准确选择斜连号。我们精准选择斜连号的最佳途径有以下五条，可结合实战灵活采用。

（1）重点关注热号区域斜连号旺出的情况。热号区域也是斜连号出现的重要区域。如图 2-32 所示，我们要利用均衡规律对热号区域进行重点分析，尤其要重点关注“强者恒强”“调偏回补”等机会。

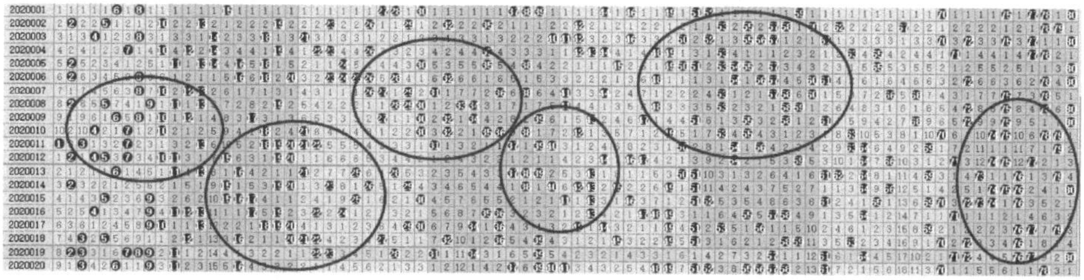

图 2-32 热号区域示例

（2）重点关注“重号 + 斜连号”组合出现的情况。如图 2-33 所示，根据斜连号的伴随特性，如果判断上期某个号码在本期会出现重号，那么在本期同时出现斜连号的可能性也极大，必须重点考虑。

（3）重点关注“连号 + 斜连号”组合出现的情况。如图 2-34 所示，根据斜连号的伴随特性，如果上期出现 2 连号、3 连号或 4 连号，那么连号左右两侧号码在下期出现斜连号的可能性也极高。遇到这种情况时，可以轻松选定斜连号。

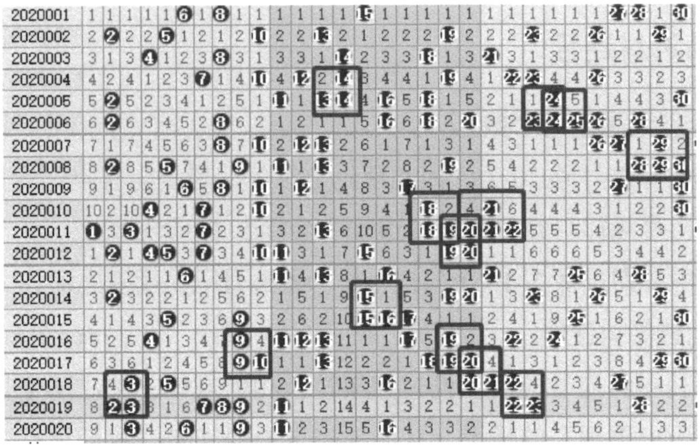

图 2-33 “重号 + 斜连号”组合出现示例

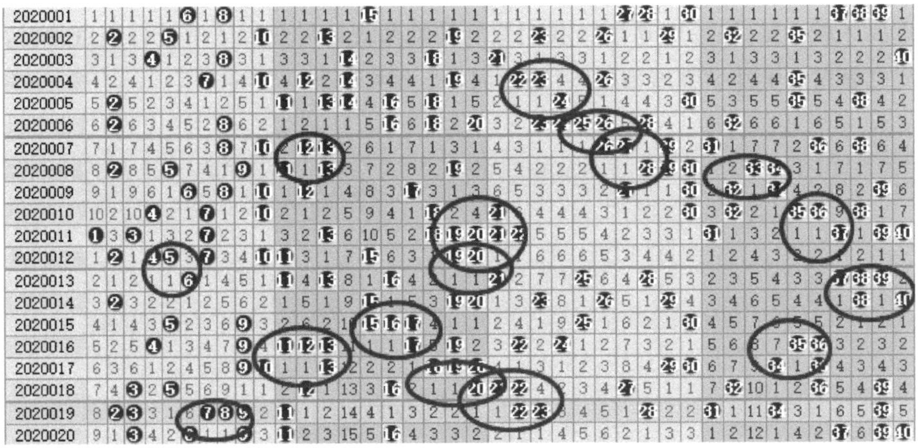

图 2-34 “连号 + 斜连号”组合出现示例

（4）重点关注号码隔 1 期出现之后出现斜连号的情况。仔细观察图 2-35 可以发现，某个号码遗漏 1 期后再次出现的下一期常常会出现斜连号，这一发现可以帮助我们在实战中精准选择 1 个号码作为备选号码。

（5）重点关注斜连号连续出现的情况。如图 2-36 所示，斜连号会经常连续出现，所以上期已经开出的斜连号不妨继续关注，这有助于我们精准选择斜连号。

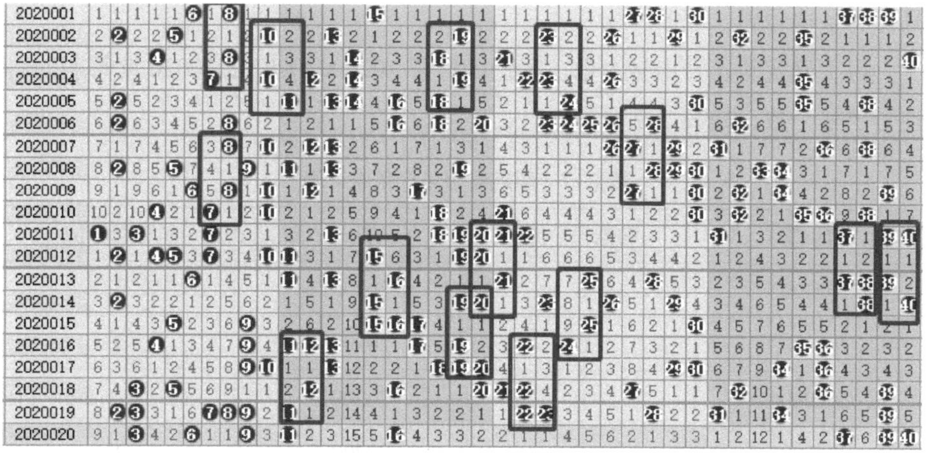

图 2-35　号码隔 1 期出现之后出现斜连号示例

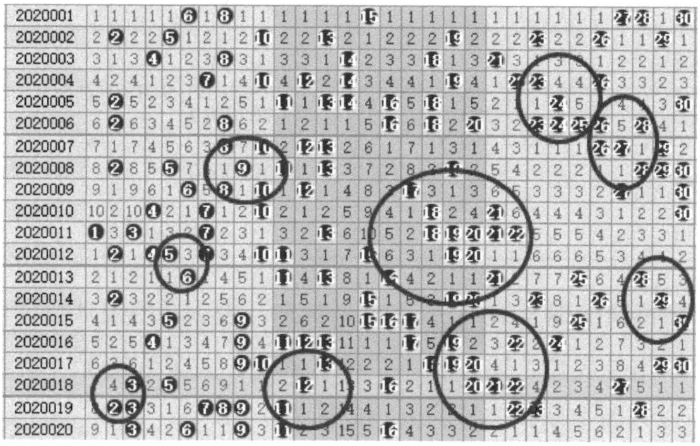

图 2-36　斜连号连续出现示例

斜连号最为活跃，每期都会出现它的身影，尤其是当区域内号码处于旺出周期时，斜连号更是极为活跃。斜连号受到了很多彩民的关注和追捧，有很多人因此而获益匪浅。斜连号疯狂弹出的当头，正是广大彩民放手一搏、收获大奖的好时机。

3. 实操范例

下面我们来示范如何确定 2020021 期斜连号出号个数以及如何精选斜连

号作为备选号码。

（1）确定斜连号出号个数。我们统计了 2020002 期—2020020 期每期的斜连号出号个数，如表 2-7 所示。

表 2-7 斜连号出号个数统计表

期号	斜连号个数	期号	斜连号个数
2020002	8	2020012	5
2020003	10	2020013	7
2020004	9	2020014	12
2020005	8	2020015	10
2020006	5	2020016	6
2020007	7	2020017	10
2020008	7	2020018	6
2020009	10	2020019	10
2020010	7	2020020	8
2020011	12		

走势图中每期出现 5~10 个斜连号是常态，表 2-7 的统计数据再次印证了斜连号的这一出号规律。通过表 2-7 可以看到，大多数情况下斜连号会出现 7~10 个，所以判断本期斜连号的出号范围为 7~10 个。

（2）精选斜连号作为备选号码。我们本着宁缺毋滥的原则选择了 10、17、38、54 和 59 共计 5 个号码作为本期斜连号入选备选号码，分析研判过程如下。

① 选择斜连号 10。如图 2-37 所示，号码 10 在短期内不属于热号，也不属于冷号，但是号码 9 或 11 出现后，号码 10 作为斜连号分别出现过 2 次。根据相似规律，本期斜连号 10 出现的概率极高，因此锁定斜连号 10 作为本期备选号码。

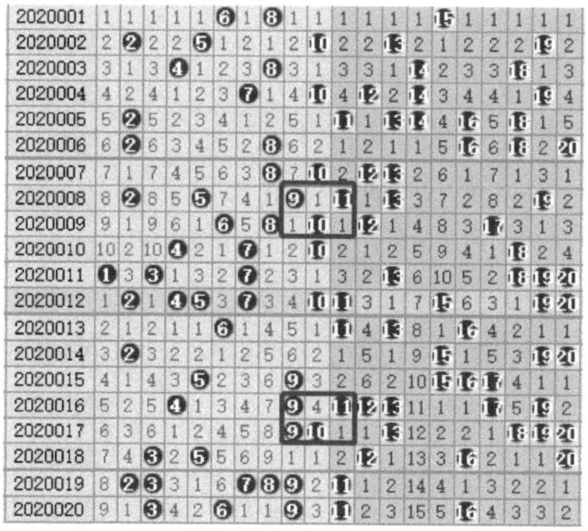

图 2-37　局部走势图（2020001 期—2020020 期）

② 选择斜连号 17。如图 2-38 所示，号码 16 开出后，斜连号 17 出现过 1 次。根据相似规律，上期开出号码 16，那么本期斜连号 17 出现的概率比较大。号码 17 在经历了 8 期和 5 期的遗漏后连续出现 2 期，截至目前又遗漏了 4 期。我们预测号码 17 的遗漏间隔会呈现逐渐缩小的趋势以回补之前的弱势，所以本期斜连号 17 出现的概率很大。

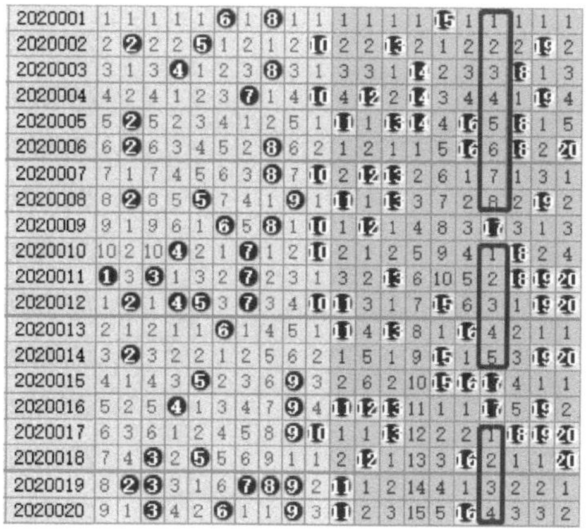

图 2-38　局部走势图（2020001 期—2020020 期）

③ 选择斜连号 38。如图 2-39 所示，号码 39 出现后，号码 38 作为斜连号出现过 2 次。根据相似规律，本期斜连号 38 出现的概率也很高，因此选择

斜连号 38 作为本期备选号码。

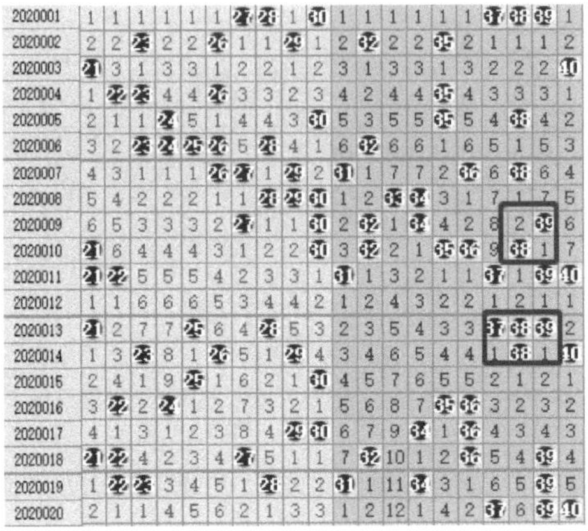

图 2-39　局部走势图（2020001 期—2020020 期）

④ 选择斜连号 54 和 59。如图 2-40 所示，号码 54 和 59 在历史上均作为斜连号出现过。根据相似规律，本期斜连号 54 和 59 出现的概率很大。同时，上期出现 4 连号 55、56、57 和 58，连号左右两侧号码在下期出现斜连号的可能性极大，因此选择斜连号 54 和 59 作为本期备选号码。

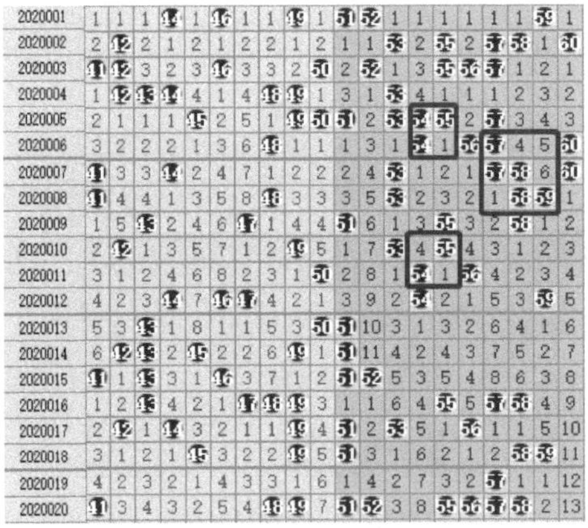

图 2-40　局部走势图（2020001 期—2020020 期）

五、精选连号

1. 确定连号出号组数

根据连号出号规律可知，几乎每期开奖号码里均会有2~5组连号，其中2连号、3连号出现得最为频繁。所以，实战中每期选择2~5组连号是明智之举。

在实战中选择连号时，通常2~3组2连号与0~2组3连号的组合最为合理。

2. 如何选择连号

我们要利用连号的高频性、聚集性及相似规律，关注某个号码出现连号之后“历史再现”的情况，从而精准选择连号。

根据连号出号规律可以总结出以下三条精准选择连号的实用经验，我们可以在实战中灵活运用以达到最佳效果。

（1）重点关注“重号＋相邻号”组合出现的情况。如图2–41所示，连号常常是以“重号＋相邻号”的组合形式出现。如果能准确选择重号的话，那么一定要考虑重号附近的相邻号。

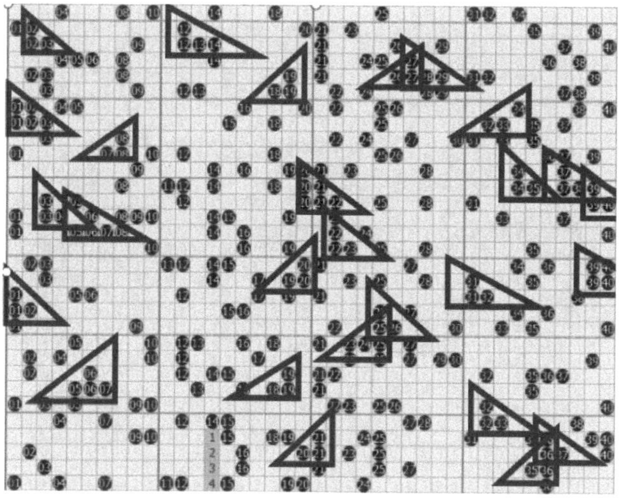

图2–41 “重号＋相邻号”组合出现示例

（2）重点关注“斜连号 + 相邻号”组合出现的情况。如图 2–42 所示，连号还常常以“斜连号 + 相邻号”的组合形式出现。如果能准确选择斜连号的话，那么一定要考虑斜连号附近的相邻号。

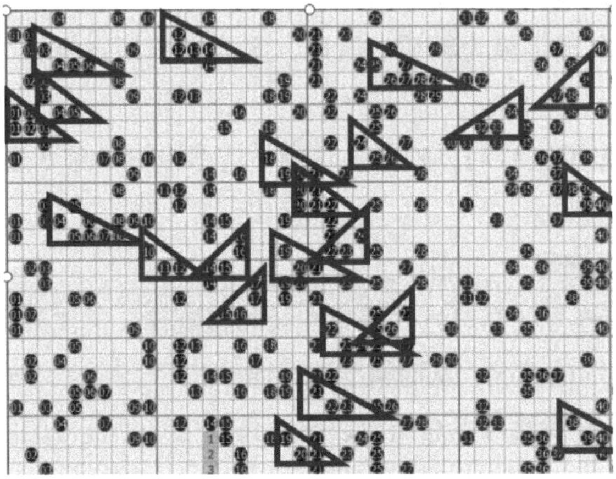

图 2–42 “斜连号 + 相邻号”组合出现示例

（3）重点关注连号聚集出现的情况。如图 2–43 所示，连号特别喜欢聚集出现。近期连号尤其是上期连号附近的区域要特别关注，因为连号有可能再次出现。

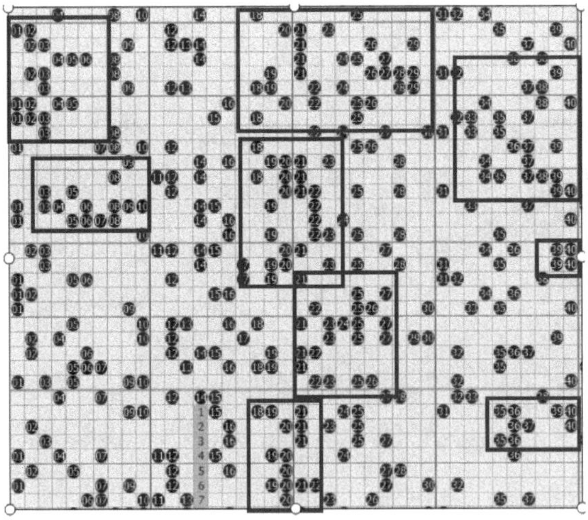

图 2–43 连号聚集出现示例

3. 实操范例

下面我们来示范如何确定 2020021 期连号出号组数以及如何选择连号。

（1）确定连号出号组数。表 2-8 统计了 2020001 期—2020020 期每期的连号出号组数。

表 2-8　连号出号组数统计表

期号	2 连号组数	3 连号组数	4 连号组数	总组数
2020001	3	1	0	4
2020002	2	0	0	2
2020003	0	2	0	2
2020004	3	1	0	4
2020005	1	2	0	3
2020006	2	0	1	3
2020007	3	0	0	3
2020008	2	1	0	3
2020009	0	0	0	0
2020010	3	0	0	3
2020011	2	0	1	3
2020012	5	0	0	5
2020013	2	1	0	3
2020014	2	1	0	3
2020015	2	2	0	4
2020016	2	2	0	4
2020017	3	1	0	4
2020018	1	1	0	2
2020019	4	1	0	5
2020020	2	1	1	4

走势图中每期出现 3~5 组连号是常态，表 2–8 的统计数据也再次印证了连号的这一出号规律。因此，保守判断本期会出现 4 组连号。

（2）选择连号。我们在前面热号和重号的选择中都选择了号码 16 作为备选号码。

如图 2–44 所示，根据“重点关注号码隔 1 期出现之后出现斜连号的情况”的提示，我们发现 2020018 期号码 16 开出，在间隔 1 期后的 2020020 期再次开出，那么在接下来的 2020021 期斜连号 17 很可能出现。最重要的是，这种形式已经在 2020016 期出现过，可见它会“历史再现”的可能性极高。

2020001	1	1	1	1	1	**6**	1	**8**	1	1	1	1	1	1	**15**	1	1	1	1	1
2020002	2	**2**	2	2	**5**	1	2	1	2	**10**	2	2	**13**	2	1	2	2	2	**19**	2
2020003	3	1	3	**4**	1	2	3	**8**	3	1	3	3	1	**14**	2	3	3	**18**	1	3
2020004	4	2	4	1	2	3	**7**	1	4	**10**	4	**12**	2	**14**	3	4	4	1	**19**	4
2020005	5	**2**	5	2	3	4	1	2	5	1	**11**	1	**13**	**14**	4	**16**	5	**18**	1	5
2020006	6	**2**	6	3	4	5	2	**8**	6	2	1	2	1	1	5	**16**	6	**18**	2	**20**
2020007	7	1	7	4	5	6	3	**8**	7	**10**	2	**12**	**13**	2	6	1	7	1	3	1
2020008	8	**2**	8	5	**5**	7	4	1	**9**	1	**11**	1	**13**	3	7	2	8	2	**19**	2
2020009	9	1	9	6	1	**6**	5	**8**	1	**10**	1	**12**	1	4	8	3	**17**	3	1	3
2020010	10	2	10	**4**	2	1	**7**	1	2	**10**	2	1	2	5	9	4	1	**18**	2	4
2020011	**1**	3	**3**	1	3	2	**7**	2	3	1	3	2	**13**	6	10	5	2	**18**	**19**	**20**
2020012	1	**2**	1	**4**	**5**	3	**7**	3	4	**10**	**11**	3	1	7	**15**	6	3	1	**19**	**20**
2020013	2	1	2	1	1	**6**	1	4	5	1	**11**	4	**13**	8	1	**16**	4	2	1	1
2020014	3	**2**	3	2	2	1	2	5	6	2	1	5	1	9	**15**	1	5	3	**19**	**20**
2020015	4	1	4	3	**5**	2	3	6	**9**	3	2	6	2	10	**15**	**16**	**17**	4	1	1
2020016	5	2	5	**4**	1	3	4	7	**9**	4	**11**	**12**	**13**	11	1	1	**17**	5	**19**	2
2020017	6	3	6	1	2	4	5	8	**9**	**10**	1	1	**13**	12	2	2	1	**18**	**19**	**20**
2020018	7	4	**3**	2	**5**	5	6	9	1	1	2	**12**	1	13	3	**16**	2	1	1	**20**
2020019	8	**2**	**3**	3	1	6	**7**	**8**	**9**	2	**11**	1	2	14	4	1	3	2	2	1
2020020	9	1	**3**	4	2	**6**	1	1	**9**	3	**11**	2	3	15	5	**16**	4	3	3	2

图 2–44　局部走势图（2020001 期—2020020 期）

我们还可以看到号码 16 和 17 已经作为连号出现过，根据相似规律，连号 16 和 17“历史再现”的概率极大。综上所述，判断号码 16 和 17 是本期的连号组合之一。

本期在选择重号的过程中精选了号码 58 作为备选号码，而且 2020020 期开出 4 连号 55、56、57、58，那么根据“重点关注‘连号 + 斜连号’组合出现的情况”的提示，号码 59 出现的可能性就极大。

如图 2–45 所示，号码 58、59 作为连号历史上出现过 2 次，如果本期我们非常看好重号 58 会出现，那么根据相似规律，连号 58、59 出现的概率又增大了许多，所以本期看好的另一组连号是 58、59。

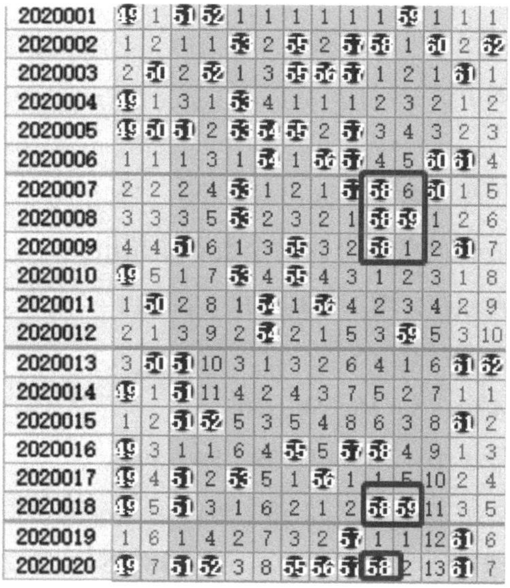

2020001	49	1	51	52	1	1	1	1	1	1	59	1	1	1
2020002	1	2	1	1	53	2	55	2	57	58	1	60	2	62
2020003	2	50	2	52	1	3	55	56	57	1	2	1	61	1
2020004	49	1	3	1	53	4	1	1	1	2	3	2	1	2
2020005	49	50	51	2	53	54	55	2	57	3	4	3	2	3
2020006	1	1	1	3	1	54	1	56	57	4	5	60	61	4
2020007	2	2	2	4	53	1	2	1	57	58	6	60	1	5
2020008	3	3	3	5	53	2	3	2	1	58	59	1	2	6
2020009	4	4	51	6	1	3	55	3	2	58	1	2	61	7
2020010	49	5	1	7	53	4	55	4	3	1	2	3	1	8
2020011	1	50	2	8	1	54	1	56	4	2	3	4	2	9
2020012	2	1	3	9	2	54	2	1	5	3	59	5	3	10
2020013	3	50	51	10	3	1	3	2	6	4	1	6	61	62
2020014	49	1	51	11	4	2	4	3	7	5	2	7	1	1
2020015	1	2	51	52	5	3	5	4	8	6	3	8	61	2
2020016	49	3	1	1	6	4	55	5	57	58	4	9	1	3
2020017	49	4	51	2	53	5	1	56	1	1	5	10	2	4
2020018	49	5	51	3	1	6	2	1	2	58	59	11	3	5
2020019	1	6	1	4	2	7	3	2	57	1	1	12	61	6
2020020	49	7	51	52	3	8	55	56	57	58	2	13	61	7

图 2–45　局部走势图（2020001 期—2020020 期）

本着宁缺毋滥的原则，本期只选择了 2 组连号，它们是：16、17 和 58、59。

六、分级定胆

本步骤是“六步中奖法”的最后一步，具体要做以下两项工作。

第一，数据汇总。

把前面每一步的分析结论依次列举出来，进行数据汇总。汇总后要注意查看各区间备选号码个数是否符合每个区出号个数的标准。如果某个区间备选号码的数量超出该区出号范围，要予以修正。如果不想排除超出区间范围的备选号码，则建议采取胆拖组号方式。

第二，号码分级和定胆。

把备选号码按照出现次数进行分级，出现次数最多的备选号码级别最高，其中出概率也最高，可作为当期胆码使用。级别越高的备选号码越重要，在组号投注时务必重点选用。如果出现备选号码过多的情况，则低级别备选号码因为出现概率相对较低可以弃用。

具体实操流程如下。

1. 数据汇总

（1）确定区间出号个数：一区出号 5 个，二区出号 3 个，三区出号 6 个，四区出号 5 个。对应区间备选号码的个数不能超出此区间范围，否则一定会有非中奖号码的号码存在，增加辨别难度，降低中奖概率。

（2）精选热号 2 个：3、16。

（3）精选重号 4 个：3、16、58、70。

（4）精选斜连号 5 个：10、17、38、54、59。

（5）精选连号 2 组：16、17 和 58、59。

我们获得的备选号码为 3、10、16、17、38、54、58、59、70 共 9 个，每个区间备选号码的个数均未超出本期确定的区间范围。

2. 号码分级和定胆

本期一共获得了 9 个备选号码，根据备选号码在选号中出现的次数进行分级，结果如下。

1 级备选号码：号码 16 出现 3 次，是本期最看好的胆码，将其视为重中之重。

2 级备选号码：号码 3、17、58 和 59 均出现 2 次，重要性仅次于前者。

3 级备选号码：号码 10、38、54、70。

3. 实操战果

2020021 期开奖摇出的 20 个中奖号码中包括我们运用“六步中奖法”选择的 9 个备选号码。也就是说，不论我们选择何种投注方案去组号投注，均可中奖并获得对应奖项的奖金。

第四节　走势图选号攻略

一、走势图分析周期

很多彩民在实战中使用走势图进行分析时，经常会遇到一个困惑：分析走势图时使用多少期数据好呢?

一般来说，分析走势图时有三种选择，第一种是分析短期走势图，第二种是分析中期走势图，第三种是分析长期走势图。

分析短期走势图，是指分析最近 20~30 期开奖号码的走势图。短期走势图主要用于分析各种号码特征（如重号、斜连号、连号等）的短期趋势，判断各种号码特征当前处于何种状态，是冷还是热，是多还是少，然后再根据各种号码特征当前的状态来选择号码。

分析中期走势图，是指分析 50~100 期开奖号码的走势图。中期走势图主要用于分析各种号码特征和区域特征的中期趋势，即根据各种号码特征及不同区域前一段时间的状态和当前的状态，来推测它们下一阶段可能的状态，然后根据这种判断来选择号码。

分析长期走势图，是指分析 200 期以上开奖号码的走势图。长期走势图主要用于分析各种号码特征的长期趋势，一般来讲，开奖期数越多越好。我们可以通过观察长期走势图内各种号码特征在时间段内的趋势状态，从而了解它们在不同阶段可能出现的状态，然后根据总结提炼的经验规律来选择号码。

通常情况下，长期走势分析只用于模拟训练，以观察了解和总结号码特征的出现规律。而在实战中，我们主要使用并分析中短期走势图，尤其是短期走势图，因为这样才能更好地掌握号码特征的当前趋势情况，便于我们更好地分析与研判。

二、走势图选号原则

技术决定战术，思路决定出路。精准选择号码还要靠正确的思路。

我们知道，不论是哪一类选号技巧，只要在实战中应用得法，都可以把中奖号码锁定在小的范围之内，以最小的投入换来最大化的收益。从另一方面来讲，只有提高了选择号码的准确率，才能降低投资风险、保证投资收益，也才能离大奖的目标更近一步。这时，技巧和号码的选用原则就显得极其重要。

每个技巧或号码的重要性是随统计数据的变化而变化的，我们必须对走势图加以综合分析，灵活选用，这就需要一个选择的指导思想。选号时究竟要遵循哪些原则呢?

1. 均衡第一

号码的均衡规律是指导我们高效分析号码走势、精准选择号码的真理，大道至简，亘古不变。我们如能很好地理解、掌握及运用非对称、非等量、求均衡三大规律，那么在实战中一定能够准确地选择号码，如鱼得水，笑傲彩界。

号码有冷也有热，有调偏也有回补，都是以偏态开始，以求均衡结束，往复循环，生生不息。偏态发生是常态，在求均衡规律的作用下，调偏是排除号码的指引，回补才是精准选号的良机，还要牢记选号铁律——追热避冷。

同样，走势图中号码分布区域的旺衰也遵循均衡之道，有冷有热，调偏回补亦异曲同工。因此，实战中我们必须根据均衡规律去观察和掌握各区域号码出现节奏的快慢、冷热间隔的长短，慢慢地感受，慢慢地学习，从而熟能生巧。只有这样才能让我们的思维与开奖结果逐渐协调到同步共振，才能达到购彩的最佳境界——时常中奖。

2. 主次分明

不论利用走势图选号的技巧有多少种，必须有主次之分，若无章无序，必会思路混乱，导致判断失误。

走势图的分析周期也有主次之分，按照其重要程度，依次为短期、中期和长期。

不论任何时候，我们通过走势图选号都要以选择热号、重号、斜连号为主，对连号的分析只能作为辅助。主次不分，乃兵家大忌。

冷号可以忽略，终归“追热避冷”才是选号之王道。如果换作其他种类的彩票，一旦遇到冷号开出，一定无法中得最大的奖项。而快乐 8 游戏则不然，开奖号码有 20 个，中奖号码却只有 10 个，开奖号码冗余，就算开出一个或几个冷号，也不会影响我们中得最大的奖项。

3. 审时度势

从某种程度上来说，审时度势原则的应用面很广，可用于研判整体和局部的趋势状态。实战中要真正做到审时度势，要下一番苦功夫：不但要熟悉历史数据中号码及常见关系码的趋势变化，还要不断地利用历史数据进行模拟训练与复盘训练。如果做到了这一点，对某个号码和关系码的研判和选择就完全可以做到运筹帷幄，中奖将是必然。

审时度势包括“三观两看”。“观”是指在宏观层面观察走势图中号码在不同阶段的趋势规律；“看”是指在微观层面观察近期号码冷热和分布旺衰的变化状态。

“三观”包括：观大势，观阶段，观局部。

观大势，就是仔细地观察某个号码的冷热、某个区域内号码分布的旺衰和常见关系码在走势图中长期的表现状态。通过从历史数据中观察其变化趋势以及在均衡规律作用下的互相转化，可以帮助我们更好地掌握每个号码、号码区域分布及常见关系码的整体情况。

观阶段，是指通过走势图观察最近 50 期内号码的冷热、分布和常见关系码的变化情况。

观局部，是指通过走势图观察最近 10 期内号码的冷热、分布和常见关系码的变化情况。

我们在实战中分析判断号码一般都是基于阶段内号码及常见关系码的趋势变化。在具体的实战中，只要对大势有过几次全面系统的了解就可以了，没有必要每期都把现有的几百上千期的历史开奖数据都翻看一遍。只要分析号码最近 30~50 期的趋势动态，最多不超过 100 期，我们就能获得非常有价值的信息。

"两看"包括：一看号码冷热，二看关系码。

一看号码冷热。

我们通过走势图主要观察号码出现概率（实际出现概率），观察号码当前状态和历史状态（当前遗漏期数和最大遗漏期数；当前连续出现期数和最大连续出现期数），快速判断阶段内号码冷热并计算短期内反转的可能性（遗漏反转率 = 当前遗漏期数 / 最大遗漏期数 ×100%；惯性反转率 = 当前连续出现期数 / 最大连续出现期数 ×100%）。

如果号码当前处于遗漏状态，那么就观察号码的当前遗漏期数和最大遗漏期数，计算出反转率；如果号码当前处于连续出现状态，那么就观察号码的当前连续出现期数和最大连续出现期数，计算出反转率。这样不但可以详细地了解号码当前的变化，还可以清楚地了解接下来该号码的趋势动态。

我们要根据均衡规律分析并判断哪些是热号，哪些是冷号，然后重点关注热号，冷号可完全忽略。对于"强者恒强"的号码、"弱后之补"的号码，以及在求均衡规律的作用下正在或即将回补的号码，必须重点关注。

二看关系码。

关系码是在走势图中形成某种特定关系的号码，因此了解和掌握走势图中关系码的特点及变化极其重要。

如果走势图中频繁地出现某种常见的关系码（如重号、斜连号、连号等），那么在实战中就降低了选号的难度，从而提高了选择中奖号码的概率。相反，如果是走势图中极少出现的关系码，那么在实战中就完全可以排除形成关系码的走势落点所对应的号码。

我们知道，每期出现斜连号是一种常态。假设通过走势图观察历史数据发现，号码 5 出现后下期开出斜连号 6 的情况经常出现，而刚好上期开出号码 5，那么我们就可以判断本期号码 6 出现的概率很大。如果还能分析出号码 6 属于热号之列，就更加印证了之前分析判断的可靠性，完全可以选择号码 6 作为本期的备选号码。

4. 宁缺毋滥

实战中，选号时使用的技巧或条件越少，精益求精，错误的概率才会越小，相应也就提高了中奖概率，反之结果亦相反。

一般在实战中，首先必须全面观察每个号码或关系码在走势图中的状态。如果走势图中某个号码在阶段内或局部遗漏、出现的状态表现得非常突出，那么就可以判断这个号码具有明显态势。

例如，一个号码已经连续遗漏了8期，该号码呈现出明显的冷态，实际出现概率远远低于它的理论出现概率，而且遗漏期数接近实战中的最大连续遗漏期数。在求均衡规律的作用下，该号码在接下来出现的概率非常大，应毫不犹豫地选择该号码。

同样，如果某个号码在近期内出现的次数呈现偏态，并且达到了极限，那么我们完全可以判定它继续出现的可能性极小，应该予以排除。例如，若某个号码已经连续出现了8期，接近该号码的最大连续出现期数，那么发生反转的概率也极高，所以我们完全可以排除该号码。

总之，对冷热号码的选择必须以走势图为基础，以统计的数据为准，结合号码的均衡规律来分析判断每个号码，从正反两方面来评判该号码的使用价值。一个号码或关系码在走势图中表现得越有规律，其使用价值越大。

如果某个号码在长期表现得很有规律，只是在近期表现得不尽如人意，则说明该号码有极大的潜力，往往能出其不意，屡立战功。

但是要清楚地知道，走势图中态势明显的号码不可能一起全部出现，可能会依次出现，或次态势明显的号码率先出现，掩护达到或超越极限的号码突围。

不同的号码在走势图中的表现各不相同，即使是相同的号码，在走势图中不同阶段的表现状态也有差异。有的如一团雾气，朦胧难辨；有的清晰可见，呼之欲出。因此，要想一击命中，就必须找最有规律、状态最明显的号码，那些表现不规律、状态不明显的号码则坚决不用。我们应永远记住选择号码的金科玉律——宁缺毋滥。

5. 相互印证

所谓相互印证，是指每次使用一种选号技巧选择号码时，可以同时使用其他选号技巧，将得到的结果进行相互参照。从不同的角度分析号码，看看其结果是否一致。如果一致，就证明之前的判断是可靠的；反之，就说明之前的分析可能存在问题，需要重新分析判断。相互印证实则是对选择结果的一种检验。

例如，在实战中，我们通过分析走势图，认为上期开奖号码 5 的斜连号 6 在本期会出现，同时还能确定号码 6 是目前需要重点关注的热号，那么我们就可以判断号码 6 在本期大概率会出现。这样，通过热号分析证明了之前斜连号 6 会出现的推断是可靠的。反之，如果号码 6 当前被判断为冷号，那就说明之前斜连号 6 会出现的推断有问题，要重新考虑，即使将其作为备选号码，也不能放在重要的胆码位置，必须慎之又慎。

但是我们要记住，必须以最先使用的选号技巧为主，以印证使用的选号技巧为次，主次分明，千万不能以使用次要的选号技巧获得的结果来绝对性地干扰之前的分析判断。

第三章　快乐 8 组号投注技巧

组号，是号码组合的简称，就是将利用选号技术选择的备选号码，通过固定的方式进行组合，从而获得当期的投注号码。

组号方式分为单式组号、复式组号、胆拖组号和矩阵组号。组号后获得的投注号码可能是一注，也可能是多注，主要取决于备选号码的数量以及我们选择的玩法。

“以小博大”是每个彩民的博彩宗旨，我们必须严格遵守。我们在实战中如何进行组号才能达到最佳效果？又该如何通过组号获得最少、最优的投注号码呢？只要认真阅读本章一定能获得满意的答案。

需要提醒读者注意的是，与单式组号、复式组号相比，胆拖组号和矩阵组号虽然属于非常规组号的范畴，但是非常高效，因为在组号的同时缩小了投注号码的范围，从而降低了投入资金，最终降低了每个彩民的投注风险和财务风险。

大家在实战中可以根据当期备选号码数量的多少，结合每种组号方式的优缺点，再综合考虑自身资金的实际情况来具体选择其中一种方式进行组号。

第一节　常规组号

一、单式组号

单式组号是按照对应玩法要求的号码个数在备选号码中选出一个或多个号码组合成一注彩票的组号方式，投注时我们称为单式投注。

例如，我们选择了20个备选号码，准备采取快乐8游戏的“选十”玩法，那么在备选号码里挑选出最看好的10个号码组合成一注去投注即可。

如果当期开奖的20个号码中包括我们投注的10个号码，那么投入2元即可中得一等奖。当然，以上只是假设，这是最好的结果。即使投注的10个号码不完全在开奖号码中，也会根据中奖号码的个数中得对应的奖项。

二、复式组号

复式组号是指选出超过对应玩法单式投注号码个数的号码组合为多注彩票的组号方式，投注时我们称为复式投注。

如表3-1所示，假设我们采取“选十”玩法，在备选号码里最少要选择11个号码才能组合成一组复式号码进行投注。其实，11个号码组合成的一组复式号码包括了11注单式号码，需要投入金额22元。如果开奖的20个号码中包括这11个号码，那就一定会中11注一等奖；即使包括10个号码，也会中1注一等奖。这也是复式投注的威力所在。

表3-1 “选十”复式投注及奖金对照表

单位：元

投注个数	10	11	12	13	14	15	16
投注金额	2	22	132	572	2002	6006	16016
中0奖金	2	22	132	572	2002	6006	16016
中1奖金	—	2	22	132	572	2002	6006
中2奖金	—	—	2	22	132	572	2002
中3奖金	—	—	—	2	22	132	572

续表

中4奖金	—	—	—	—	2	22	132
中5奖金	3	18	63	168	378	758	1408
中6奖金	5	43	183	553	1358	2898	5588
中7奖金	80	355	1038	2503	5348	10458	19068
中8奖金	800	3040	7500	15268	27908	47628	77448
中9奖金	8000	23200	48480	87140	143278	222168	330638
中10奖金	1A	1A+80000	1A+196000	1A+357600	1A+575450	1A+862006	1A+1232286
中11奖金	—	11A	11A+440000	11A+1012000	11A+1742400	11A+2659910	11A+3796936
中12奖金	—	—	66A	66A+1760000	66A+3916000	66A+6531360	66A+9674060
中13奖金	—	—	—	286A	286A+5720000	286A+12469600	286A+20386080
中14奖金	—	—	—	—	1001A	1001A+16016000	1001A+34434400
中15奖金	—	—	—	—	—	3003A	3003A+40040000
中16奖金	—	—	—	—	—	—	8008A

注：数据仅供参考，实际金额以投注机实际兑奖金额为准［A≤500万元（浮动），代表一等奖］。

众所周知，复式投注因为投注号码的覆盖面广，所以中奖概率相对于单式投注要高出许多。

俗话说得好，单钩垂钓不如撒网一收。复式投注是提高中奖概率、降低投注风险的有效方式，一旦中奖，大奖、小奖会中得一串。当然，复式投注的中奖概率虽然大了很多，但需要投入的资金量也增大许多。

我们建议，如果觉得当期备选号码的中奖概率很高，那么结合采取的玩法和自身的资金情况，可以考虑采用复式投注。对于不具备一定经济实力的彩民，坚决不建议采用复式投注，因为这从某些方面来讲违背了“以小博大”的博彩宗旨。

高中奖率是复式投注的最大优点，高投入是复式投注的最大缺点，因此大家在实战中要综合考虑自己的实际情况，仔细斟酌后再做选择。

第二节　胆拖组号

在快乐 8 游戏实战中，胆拖组号是相对高效的组号战术之一。特别是在奖池“居高不下”的情势下，胆拖组号就显得尤为关键。

在投注中大家常有的体会就是，这一注中三个，那一注中两个。经常是买五注号码，有十个号码全在开奖号码中，可惜不在一注上。要解决这一问题只有两个办法，一个是复式组号，另一个是胆拖组号。

一、什么是胆拖组号

我们首先需要了解胆码和拖码的定义。

在彩票游戏中，通常把备选号码中一个或多个最看好的并且在当期中奖号码里会高概率出现的号码称为胆码。在备选号码中选择胆码后，再从剩余备选号码中选择若干号码作为与胆码相配的号码进行投注，这些胆码之外的备选号码都可以称为拖码。胆码在所投注的每一注彩票里都会出现，而拖码是与胆码共同组成完整的一组彩票的号码。

胆拖组号是一种主次分明的组号方法，通常在备选号码里选定 1~4 个号码作为胆码，再根据所采取的玩法选定其他备选号码作为拖码，胆码和拖码的个数加起来要大于对应玩法要求的号码个数。

在实战中，我们通常把1个胆码和8个拖码的胆拖组合简称为1拖8，前面1是胆码个数，后面8是拖码个数，其他以此类推，如2拖5、2拖9等，这种简便的称呼更便于彩民之间的技术交流。

以“选六”玩法中的2拖5为例，假设我们通过“六步中奖法”获得7个备选号码，即1、5、6、8、16、22、32，其中把胆码设定为1、5，拖码设定为6、8、16、22、32，那么直接购买一组“选六”2拖5即可。

一组“选六”2拖5的胆拖投注实际上是对5注单式号码分别进行投注，具体如下。

第1注：1 5+6 8 16 22

第2注：1 5+6 8 16 32

第3注：1 5+6 16 22 32

第4注：1 5+8 16 22 32

第5注：1 5+6 8 22 32

这里胆码1、5在每一注里都有，而拖码6、8、16、22、32则与胆码共同组成一组完整的“选六”玩法彩票，但并不是每个拖码在每一注里都会有。

胆拖投注中，每注单式投注的号码都必须包括全部胆码，组合的变化全部由拖码来完成。“选六”玩法中胆码的数量必须少于6个，而且胆码和拖码不能在同一注中重复选择。

胆拖组号是继单式组号、复式组号后又一种被广泛使用的组号方式。

二、胆拖组号的优点

相对于复式组号而言，胆拖组号的优点十分明显。

1. 投注金额少

对于快乐8游戏来说，如果单纯选择复式组号方式，那么因为号码组合的注数多，投注金额会相应提高很多。而胆码的准确定位能够使资金投入量相对较少，并同样有可能中得大小不同的奖项。

以“选九”玩法为例，若使用复式组号方式，11 个号码的投注金额为 110 元。若使用胆拖组号方式，1 拖 10 的购买金额为 90 元，2 拖 9 的购买金额为 72 元，而 3 拖 8 时只需 56 元。可以看出，使用胆拖组号方式时，胆码越多，所需金额就越少。

经过分析可以看出，较复式组号而言，胆拖组号更为经济实用。但是，这里必须强调其前提是所选胆码的准确率一定要高。

2. 中奖效果好

胆码是胆拖组号的灵魂，在胆码全中、拖码大部分也都命中的情况下，中奖金额将非常可观。

以“选九”玩法 1 拖 9 为例，如果胆码与拖码全都命中，可中得 9 注一等奖，能获得 270 万元奖金。即便胆码无一命中，只要拖码中得较多，仍可中得一些其他奖项。另外，即使一个号码不中也能保本。

只要胆码全部命中，并在拖码里命中其余的号码，可以确保大面积中奖，甚至每一注都中奖，大奖、小奖一起中。即使胆码不一定全中，结合拖码所中情况，也可以收获一定的小奖。

3. 选号更灵活

胆拖组号给彩民提供了广阔的组号空间，彩民可根据自身经济实力和投注计划，自由地增减胆码和拖码。

在备选号码不变的前提下，胆码选择得越多，实际投注金额就会越少；相反，胆码选择得越少，实际投注金额就会越高。

实战中，彩民可以根据自身的实际情况来选择资金投入量和胆码个数。但是为了提高中奖概率，要确保胆码选择的正确性。建议彩民综合考虑中奖概率和投注资金之间的关系，正确选择适合自己的模式进行投注。

三、如何合理选胆

胆拖组号是常用的一种彩票组号方法，其中选胆是最为关键的一步。

例如，“选九”玩法 1 拖 9 的胆拖投注中，即使 9 个拖码都是中奖号码，但如果选择的 1 个胆码不是中奖号码，也同样不能中得“选九”玩法的大奖。因此，胆码的选取非常重要。胆码选不对，直接影响到胆拖投注的实际效果。

胆码和拖码的选择，主要基于彩民对所选号码的重视程度和选择范围，以及彩民对投注资金与号码多寡之间关系的衡量。一般来说，选胆要求稳，不能求险。因此，推荐以下几种合理的选胆技巧供彩民朋友参考。当然，条条大路通罗马，彩民也可以在实战中逐渐摸索出属于自己的选胆经验。

1. 出号旺区选胆

就是在走势图中最近几期出号较多的旺区选胆。出号旺区的备选号码中出的概率更大，了解这一点非常利于我们精准选择胆码。

2. “强者恒强”寻胆

在走势图中，“强者恒强”的号码不会很多，一旦号码出现这种趋势，一般会连续出现很多期，而且选号范围相对较小，这样选中的可能性就比盲目选择要大很多。

3. “弱后之补”定胆

走势图内“弱后之补”的号码如果当选为备选号码，且该号码恰巧又是斜连号，那么完全可以将它作为当期的独胆。

4. 斜连号捡胆

每期备选号码里会出现多个斜连号，如果该斜连号的形态在历史上多次出现，那么本期该斜连号可以作为胆码使用，其出现的概率极大。例如，上期号码 8，下期号码 9，这种形态历史上出现多次，那么如果上期刚刚开出号码 8，本期号码 9 又在备选号码中，我们就可以把号码 9 作为胆码使用。

四、选几个胆码合适

在胆拖组号的实战中，从备选号码中选择 1~3 个胆码比较科学合理。

表 3–2 和表 3–3 以“选九”玩法为例，介绍了在选择不同数量胆码的情况下中奖的可能性和奖金的收益情况。彩民在实战中完全可以结合自己对中奖概率的判断和中奖奖金预期等选择胆码个数。

我们在实战中采用胆拖投注方式时，一定要慎重选择胆码，并适当控制胆码的数量，因为胆码选得越多，固然提高了中奖的机会，但也相应地增加了不中奖的风险。

表 3-2 “选九”玩法胆拖投注及中奖情况

“选九”胆拖投注			中奖		
胆码个数	拖码个数	投注金额	中奖情况	最高奖金	中奖条件
1	9	18 元	20 种	270 万元	1. 胆码和拖码合计命中 4 个或 4 个以上 2. 全错保本
	10	90 元	22 种	1350 万元	
	11	330 元	24 种	4950 万元	
2	8	16 元	27 种	240 万元	
	9	72 元	30 种	1080 万元	
	10	240 元	33 种	3600 万元	
3	7	14 元	32 种	210 万元	
	8	56 元	36 种	840 万元	
	9	168 元	40 种	2520 万元	

五、胆拖投注金额及注数计算

实战中选择了一定数量的备选号码后，如果使用胆拖组号的方式，那么该如何计算组号后的投注数量及投注所需的金额呢?

以“选九”玩法为例。

设定胆码个数为 n（1≤n≤8），拖码个数为 m（9–n≤m≤79），则胆拖投注的注数为 combin（m，9–n）。

例如，设定胆码个数为 2（1≤n≤8），拖码个数为 10（9–n≤m≤79），则胆拖投注的注数为 combin（10，7）=120 注。

再以“选八”玩法为例。

设定胆码个数为 n（1≤n ≤ 7），拖码个数为 m（8–n≤m≤79），则胆拖投注的注数为 combin（m，8–n）。

表 3-3 “选九”玩法胆拖投注奖金对照表示例

胆拖投注				胆码命中数	拖码命中数									
玩法	胆码个数	拖码个数	投注金额		9	8	7	6	5	4	3	2	1	0
“选九”1胆9拖	1	9	18元	1	2700000元	316000元	5400元	720元	105元	37元	18元	0元	0元	0元
				0	18000元	3600元	540元	90元	35元	15元	0元	0元	2元	18元
“选九”2胆9拖	2	9	72元	2	10800000元	2456000元	332200元	9900元	1650元	318元	129元	63元	0元	0元
				1	72000元	21600元	522元	1035元	250元	110元	45元	0元	0元	0元
				0	7200元	2160元	585元	195元	90元	30元	0元	0元	16元	72元
“选九”3胆8拖	3	8	56元	3		8400000元	2142000元	327000元	9200元	1550元	284元	111元	63元	0元
				2		56000元	18200元	4700元	950元	218元	95元	45元	0元	0元
				1		5600元	1820元	515元	165元	78元	30元	0元	0元	0元
				0		560元	245元	125元	60元	18元	0元	0元	14元	56元

例如，设定胆码个数为 2（$1 \leqslant n \leqslant 7$），拖码个数为 10（$8-n \leqslant m \leqslant 79$），则胆拖投注的注数为 combin（10,6）=210 注。

这里需要注意的是：胆码个数必须小于对应玩法所要求的号码个数，最小为 1；拖码个数必须大于或等于对应玩法所要求的号码个数与胆码个数之间的差值。快乐 8 游戏一共有 80 个号码，所以理论上选择 1 个胆码的话，拖码最多有 79 个，以此类推。

这里用到高等数学中的组合和组合数公式。

组合：从 n 个不同的元素中，任取 m（$m \leqslant n$）个元素并成一组，叫作从 n 个不同元素中取出 m 个元素的一个组合。

组合数公式：$\text{combin}(n,m)=n(n-1)\cdots(n-m+1)/1\times 2\cdots m=n!/m!(n-m)!$

以“选九”玩法 2 胆 10 拖简单举例，combin（10，7）=120 的含义就是在 10 个号码中，任意取 7 个号码，有 120 种取法，每种取法的结果分别与 2 个胆码组合成一注 9 个号码的单式号码，共计组成 120 注单式号码。

如表 3-4 所示，我们以“选九”玩法为例制作了胆拖投注数量对照表，每注彩票投注金额为 2 元，投注数量乘以 2 就等于胆拖投注所需要的投注金额。

表 3-4 “选九”玩法胆拖投注数量对照表

投注数量		胆码个数			
		1	2	3	4
拖码个数	5				1
	6			1	6
	7		1	7	21
	8	1	8	28	56
	9	9	36	84	126
	10	45	120	210	252
	11	165	330	462	462
	12	495	792	924	792

续表

投注数量		胆码个数			
		1	2	3	4
拖码个数	13	1287	1716	1716	1287
	14	3003	3432	3003	2002
	15	6435	6435	5005	3003
	16	12870	11440	8008	4368
	17	24310	19448	12376	6188
	18	43758	31824	18564	8568
	19	75582	50388	27132	11628
	20	125970	77520	38760	15504

为了方便读者在实战中快速查询胆拖投注金额，本书提供了常用胆拖投注金额对照表，收录在本书附录中。

六、胆拖投注中奖小故事①

1. 一张“选五”胆拖彩票，揽获奖金 1 万多元

福彩快乐 8 游戏上市之后，人气颇高，迅速圈粉，成为彩民踊跃投注的对象。在平时的投注中，很多彩民常常采用单式或是复式投注方式，殊不知，采用胆拖投注方式将会产生事半功倍的效果。不久前，彩民许先生就通过“选五”胆拖投注，揽获奖金 1 万多元。

许先生玩彩多年，对于选号早已轻车熟路。他在兑奖时分享了自己的选号心得：“投注快乐 8 游戏，热号、重号、斜连号、连号都要重点考虑进去。就拿难度最大的‘选十中十’来说，并不是号码完全匹配中奖号码才有大奖，而是有一定的容错率，要把握好其中的技巧，这对玩转快乐 8 游戏至关重要。”

① 资料来源：山东彩票网。

在平时的投注中，许先生对“选四”和“选五”玩法情有独钟，每天观察走势图选择心仪的号码已成为他的必修课，胆拖投注则是他最喜欢的投注方式。

11 月 15 日，许先生在家精心选择了一组 4 胆 16 拖的“选五”胆拖投注号码，在福彩站进行投注时，许先生心血来潮，越看这组号码越喜欢，又追加了一倍投注，一共花费了 64 元。

当天晚上核对中奖号码，许先生的这张彩票可谓大放异彩，共中得“选五中五”奖 10 注、“选五中四”奖 22 注，一举揽获奖金 10462 元。

尝到甜头的许先生在兑奖时表示，快乐 8 游戏玩法多样，选号简单有趣，今后会继续投注快乐 8，将好运延续下去。

2. 一张 9 胆 8 拖彩票，斩获奖金 20800 元

自 2020 年 10 月 28 日起，中国福利彩票的大家庭又增添了一个新成员，那就是备受瞩目的快乐 8 游戏。快乐 8 是目前返奖率最高的一款全国联销电脑型彩票游戏，返奖率高达 58%，共有“选一”至“选十”10 种玩法，天天开奖，每期开奖 20 个号码，具有“高奖金”“高返奖”“冗余”“容错”等突出的特点。

得益于前所未有的“号码全不中也有奖”的游戏规则，快乐 8 大奖小奖的中奖彩票不断被晒出。11 月 7 日，在福彩快乐 8 游戏第 2020011 期开奖中，位于潍坊市潍城区军埠口镇张友村的 37070248 号福彩站揽获“选十中九”2 注、“选十中八”6 注，斩获奖金 20800 元。

据该站销售员介绍，中奖者王先生（化姓）是一位玩彩多年的老彩友，他一直关注着快乐 8 游戏上市的消息，上市的第一天就进站抢“头彩”。销售员说：“王先生对快乐 8 的‘选九’和‘选十’玩法最感兴趣，他认为这两种玩法不但奖金比其他玩法高，而且在号码不全中的情况下也有不少的奖金，最令他感到惊喜的就是所选号码全不中也有奖金。由于平时就比较喜欢胆拖投注，所以他在购买快乐 8 彩票时也尝试使用胆拖投注方式。”

11 月 7 日当天晚饭过后，王先生来到 37070248 号福彩站购买快乐 8 彩票。根据号码走势，他选定了最看好的 1、19、20、37、40、64、69、70、79

九个号码作为胆码，又将8、15、21、36、41、50、66、80八个号码作为拖码，组成了8注9拖8的“选十”玩法彩票，而后又机选了2注“选九”玩法的单式彩票，共计花费20元。当晚开奖后，王先生并没有核对彩票，他打算次日进站买快乐8彩票的时候让销售员帮忙核对。

开奖次日中午，王先生的身影再次出现在37070248号福彩站。他将上期买的彩票递给销售员后，就迫不及待地研究这期的号码。正当他觉得上期的开奖号码有点眼熟时，就听到了销售员的欢呼声：“恭喜啦！王先生你中大奖啦！2注‘选十中九’，6注‘选十中八’，奖金20800元，快去市中心领奖吧！”接过销售员递回来的彩票，王先生赶忙对照开奖结果仔细核对，发现果然中奖了。

不一会儿，只听王先生长叹一声：“哎，有点可惜呀！9个胆码中了8个，如果胆码全中就是2注‘选十中十’，我也就成了咱市第一个快乐8千万大奖得主。”虽然遗憾与千万大奖擦肩而过，但王先生也欣然接受了事实。

第三节　矩阵组号

如果能熟能生巧地运用“六步中奖法”，那么就能够精准地选出备选号码，但是它也有一定的局限性。

在大多数的情况下，通过分析号码分布走势图都会选择出非常看好的几个到十几个不等的备选号码。如果备选号码数量多，彩民需购买这些号码的所有组合（复式投注）才有可能中大奖，这将使彩民每次购买彩票都要投入很多资金，一般彩民难以承受。另外，这种投注方法也违背了“以小博大”的彩票游戏宗旨。

在彩票游戏中，还可能出现一种更惨的情况：备选号码囊括了当期的中奖号码，但为了节省资金，只是在备选号码中精选几个号码组合后单式投注，每一注只有一两个号码与中奖号码对得上，有时甚至连末等奖也没有中，眼看着一次绝佳的中奖机会白白溜走。面对这种情况，除了遗憾，别无他法。那么，有没有一种方法，在保证中奖概率不降低的情况下，大量排除中奖概率比较小的备选号码，使我们选出的投注号码更精准呢?

答案是：有。

下面我们将介绍非常规的组号方法——旋转矩阵法，它能让彩民根据自身的资金情况，选择适合自己的组号方法，从而确保投注的科学性、合理性，并最大限度地保证中奖概率。通俗点说，就是花最少的钱中最大的奖项。

一、旋转矩阵法及其优势

1. 什么是旋转矩阵法

旋转矩阵是一个看似简单却异常复杂和高深的数学难题，它的原理在数学上称为“覆盖设计”。旋转矩阵引入彩票界后，演化成一种彩票号码的科学组合方法。简单地说，在快乐8游戏中，你只要选对了一定范围的备选号码，通过旋转矩阵法就能保证你一定中奖。

我们以快乐8“选五”玩法举例，不管你选择了多少个备选号码，只要它们包括了6个中奖号码，那么通过旋转矩阵法进行组号后，可以保证你至少中得一注选对5个号码的奖项。

旋转矩阵法具有以下两个特点。

特点一：简单易用。

运用旋转矩阵法时，你根本不需要具备多么高深的数学知识，只需“依葫芦画瓢”，套用旋转矩阵的公式即可。

特点二：节约资金，保证中奖。

如果备选号码中包括中奖号码，那么通过旋转矩阵法组号后，不但能节省大量投入资金，而且能最大限度地保证中得大奖。

例如，你采取“选十”玩法，选择了13个号码投注，虽然选择的都是自己非常看好的号码，但是也不能保证百分百正确，假设会错2个号码，这时会有两种组号投注选择：一种是对13个号码进行复式投注，需要投入572元；另一种是使用11保10的旋转矩阵法进行组号，只需要投入52元，即可保证至少中得一注选对10个号码的“选十”大奖。孰优孰劣，如何选择，一看便知。

2. 旋转矩阵法的优势

如前所述，我们在实战中可以首先通过“六步中奖法”精选出若干备选号码。可是如果备选号码数量过多，大多数彩民不可能投入大量的资金去购买所有的号码组合（即复式投注）。在这种情况下，即便备选号码中包括了中奖号码，但如果这些号码不在同一注投注号码里，也会白白浪费一次绝好的机会。

如何避免这种遗憾呢？这时旋转矩阵法就要发挥它的强大优势了，下面我们通过对比说明快乐 8 游戏中运用旋转矩阵法组号的优势。倘若你选择了 8 个备选号码，即 1、2、3、4、5、6、7、8，你想把它们组合起来，采取“选五”玩法进行投注，一般有两种组合方法。

（1）复式投注法。复式投注法无疑是最简单的方法，这种方法在彩票投注站的宣传单上就有详细的介绍。你只要直接购买 8 个号码的复式组合就可以了，但需要购买 56 注，投入资金 112 元。因为它将 8 个号码的全部组合都包括了，也就是说：如果这 8 个号码里包括 5 个中奖号码，你可以稳中奖金 1405 元；如果这 8 个号码里包括 6 个中奖号码，你可以稳中奖金 6690 元；如果这 8 个号码里包括 8 个中奖号码，你可以稳中奖金 56000 元。

如表 3–5 所示，复式投注法的缺点显而易见，它需要投入的资金比较多，如果选择 15 个号码需要投入 6006 元，大多数彩民不可能投入这么巨大的资金去购买彩票。因此，每次用复式投注法进行彩票投注肯定不是一种理智的投注行为。

（2）旋转矩阵法。旋转矩阵法的价值在于：如果你所选择的多个号码中包括了开奖号码，那么只要用很少的投入，就能够中得一个相应级别的大奖。

例如，现有 8 个备选号码，我们使用 8–6–5–11 型旋转矩阵公式（见表 3–6）组号，其含义是选择 8 个备选号码，若其中包括了 6 个中奖号码，那么至少会中一注选对 5 个号码的“选五”玩法奖项。使用旋转矩阵法后，彩民只需要购买 11 注，投入 22 元，而相应的复式投注法需要的投资为 112 元。

如此少的投资，如此高的中奖保证，这就是旋转矩阵法的优势和魅力所在。

表 3-5　快乐 8“选五”玩法复式投注金额对照表

号码个数	投注金额（元）
6	12
7	42
8	112
9	252
10	504
11	924
12	1584
13	2574
14	4004
15	6006
16	8736

表 3-6　“选五”8-6-5-11 型旋转矩阵公式

注数	系统序号				
第 1 注	1	2	3	4	6
第 2 注	1	2	3	5	7
第 3 注	1	2	4	6	8
第 4 注	1	3	4	5	8
第 5 注	1	3	6	7	8
第 6 注	1	5	6	7	8
第 7 注	2	3	4	7	8
第 8 注	2	3	5	6	8
第 9 注	2	4	5	6	7
第 10 注	2	4	5	7	8
第 11 注	3	4	5	6	7

二、旋转矩阵的用法

1. 旋转矩阵名称中数字代码的含义

每种旋转矩阵都有自己固定的名称，例如，“选五”8–6–5–11型旋转矩阵、“选十”13–11–10–26型旋转矩阵等。“选五”或“选十”代表该矩阵公式适用的快乐8玩法，“13–11–10–26”等数字是该旋转矩阵类型公式的代码。旋转矩阵类型公式的代码分四段，含义分别如下。

第一段代码指的是彩民所选择的备选号码的个数。如代码8、13表示在实战中选出8个、13个备选号码。

第二段代码指的是在备选号码中所包括的中奖号码的个数。如8–6–5–11型旋转矩阵中的代码6表示所选择的8个备选号码中包括了6个中奖号码，同理13–11–10–26型旋转矩阵中的代码11表示所选择的13个备选号码中包括了11个中奖号码。

第三段代码指的是保证中出的号码数量。例如，8–6–5–11型旋转矩阵中的第三段代码5表示如果选择的8个备选号码中包括了6个中奖号码，那么最后一定会中得一注包括5个中奖号码的奖项。需要说明的是，这时中得5个号码的奖项最终是几注并不确定，这与组合号码的顺序有关系。也就是说，号码在组合里出现的次数影响最后的中奖情况。

第四段代码指的是所需购买的注数。还是以8–6–5–11型旋转矩阵为例，第四段代码是11表示如果选择的8个备选号码中包括了6个中奖号码，那么最后一定会中得一注选对5个号码的奖项，而这时需要购买的注数为11注。据此，彩民就可以计算出自己所需的投注金额。

我们通常把“选五”8–6–5–11型旋转矩阵公式称为“选五”8个号码中6保5型旋转矩阵，其他矩阵以此类推。

2. 旋转矩阵的运用

旋转矩阵的运用方法极为简单，下面我们通过一个实例来加以说明。

备选号码是我们经过分析判断后，认为能高概率出现并准备用来投注的号码。同时，我们引入系统序号，按从小到大的顺序为备选号码标上序号。

如表 3-7 所示，我们选择了 8 个备选号码，准备采用 8-6-5-11 型旋转矩阵公式来进行组号。

表 3-7　系统序号与备选号码对照表

系统序号	1	2	3	4	5	6	7	8
备选号码	8	11	34	45	46	63	78	80

如表 3-6 所示，我们只要把该旋转矩阵公式中的所有系统序号替换成表 3-7 中相应的备选号码，就可以得到一系列号码组合。例如，把表 3-6 旋转矩阵公式中的 1 换成对照表里对应的 8，2 换成 11，3 换成 34，4 换成 45，以此类推，即可完成。“选五”8-6-5-11 型旋转矩阵公式里的系统序号替换成备选号码后产生了 11 注号码，如表 3-8 所示。

表 3-8　根据“选五”8-6-5-11 型旋转矩阵公式产生的投注单

注数	投注号码				
第 1 注	8	11	34	45	63
第 2 注	8	11	34	46	78
第 3 注	8	11	45	63	80
第 4 注	8	34	45	46	80
第 5 注	8	34	63	78	80
第 6 注	8	46	63	78	80
第 7 注	11	34	45	78	80
第 8 注	11	34	46	63	80
第 9 注	11	45	46	63	78
第 10 注	11	45	46	78	80
第 11 注	34	45	46	63	78

需要特别说明的是，由于旋转矩阵公式中各个系统序号出现的次数并不完全一样，因此对备选号码的编码不同就会组合成不同的投注号码，从而最终的中奖结果也不一样。表 3-9 为“选五”8-6-5-11 型旋转矩阵公式中各个系统序号出现的次数。

表 3-9 “选五”8-6-5-11 型旋转矩阵公式中各个系统序号出现次数

系统序号	1	2	3	4	5	6	7	8
出现次数	6	7	7	7	7	7	7	7

通过表 3-9 可以看出，我们应用旋转矩阵公式组合号码时应当把出现概率最高的备选号码与出现次数最多的系统序号相匹配，这样就可以获得更多的中奖机会。

有一点可以肯定，无论如何组合号码，其最低中奖保证是不变的。也就是说，开奖后，如果 8 个备选号码中包括了 6 个中奖号码，那么就能至少中得一注选对 5 个号码的奖项；如果 8 个备选号码中包括了 5 个中奖号码，那么就能至少中得一注选对 4 个号码的奖项；如果 8 个备选号码中包括了 4 个中奖号码，那么就能至少中得一注选对 3 个号码的奖项。

三、常用旋转矩阵公式

限于篇幅，我们在本书中只列出了比较简单、投入少、易于手工操作的 10 个旋转矩阵公式。读者使用相应的旋转矩阵公式进行组号时，可以用铅笔把备选号码按顺序填写在上方表格中与系统序号相对应的位置上，然后根据下方表格中旋转矩阵公式的系统序号代入对应的备选号码，填写到右边的投注号码栏，不用时可以用橡皮擦掉，非常方便。

旋转矩阵组号方式虽然能帮助我们在实战中花最少的钱中得相应的最大奖项，但是纯手工操作比较烦琐并且容易出错，在使用时必须十分小心，否则因为一号之差就会错过大奖。

读者如果需要使用更多的旋转矩阵公式，可以通过手机或电脑浏览器登录猎手网（www.cpfxj.com）下载“快乐 8 猎手”App。该软件内置了上百个非常实用的旋转矩阵公式，只需选择好备选号码和旋转矩阵公式即可一键快捷出号，同时软件内还有图表精灵、计划方案、号码雷达等非常实用的功能等待着您去发现和应用。

1. “选五”旋转矩阵公式

（1）“选五”8-7-5-3 型旋转矩阵公式。

表 3-10 “选五”8-7-5-3 型旋转矩阵公式

系统序号	1	2	3	4	5	6	7	8
备选号码								
出现次数	1	2	2	2	2	2	2	2

注号	旋转矩阵系统序号					投注号码				
1	1	3	4	6	7					
2	2	3	5	6	8					
3	2	4	5	7	8					

（2）“选五”9-8-5-3 型旋转矩阵公式。

表 3-11 “选五”9-8-5-3 型旋转矩阵公式

系统序号	1	2	3	4	5	6	7	8	9
备选号码									
出现次数	1	1	1	2	2	2	2	2	2

注号	旋转矩阵系统序号					投注号码				
1	1	3	5	6	8					
2	2	4	5	7	9					
3	4	6	7	8	9					

2.“选六”旋转矩阵公式

（1）“选六”10–9–6–3 型旋转矩阵公式。

表 3–12 “选六”10–9–6–3 型旋转矩阵公式

系统序号	1	2	3	4	5	6	7	8	9	10
备选号码										
出现次数	1	1	2	2	2	2	2	2	2	2

注号	旋转矩阵系统序号						投注号码					
1	1	2	3	4	9	10						
2	3	4	5	6	7	8						
3	5	6	7	8	9	10						

（2）“选六”10–8–6–9 型旋转矩阵公式。

表 3–13 “选六”10–8–6–9 型旋转矩阵公式

系统序号	1	2	3	4	5	6	7	8	9	10
备选号码										
出现次数	5	5	5	5	5	5	6	6	6	6

注号	旋转矩阵系统序号						投注号码					
1	1	2	3	6	7	10						
2	1	2	3	6	8	9						
3	1	2	4	5	7	8						
4	1	2	4	5	9	10						
5	1	3	7	8	9	10						

续表

注号	旋转矩阵系统序号						投注号码					
6	2	6	7	8	9	10						
7	3	4	5	6	7	9						
8	3	4	5	6	8	10						
9	4	5	7	8	9	10						

3.“选七”旋转矩阵公式

（1）“选七”11–10–7–3 型旋转矩阵公式。

表 3–14 “选七”11–10–7–3 型旋转矩阵公式

系统序号	1	2	3	4	5	6	7	8	9	10	11
备选号码											
出现次数	1	2	2	2	2	2	2	2	2	2	2

注号	旋转矩阵系统序号							投注号码						
1	1	2	3	4	9	10	11							
2	2	3	4	5	6	7	8							
3	5	6	7	8	9	10	11							

（2）“选七”11–9–7–11 型旋转矩阵公式。

表 3–15 “选七”11–9–7–11 型旋转矩阵公式

系统序号	1	2	3	4	5	6	7	8	9	10	11
备选号码											
出现次数	7	7	7	7	7	7	7	7	7	8	6

续表

注号	旋转矩阵系统序号							投注号码						
1	1	2	3	4	5	6	7							
2	1	2	3	5	7	9	11							
3	1	2	4	5	8	9	10							
4	1	2	6	7	8	9	11							
5	1	3	4	6	9	10	11							
6	1	3	5	6	8	10	11							
7	1	4	5	7	8	9	10							
8	2	3	4	7	8	10	11							
9	2	3	6	7	8	9	10							
10	2	4	5	6	7	10	11							
11	3	4	5	6	8	9	10							

4.“选八”旋转矩阵公式

（1）“选八”12-11-8-3 型旋转矩阵公式。

表 3-16　“选八”12-11-8-3 型旋转矩阵公式

系统序号	1	2	3	4	5	6	7	8	9	10	11	12
备选号码												
出现次数	2	2	2	2	2	2	2	2	2	2	2	2

注号	旋转矩阵系统序号								投注号码							
1	1	2	3	4	5	6	7	8								
2	1	2	3	4	9	10	11	12								
3	5	6	7	8	9	10	11	12								

(2)“选八”12-10-8-12 型旋转矩阵公式。

表 3-17 “选八”12-10-8-12 型旋转矩阵公式

系统序号	1	2	3	4	5	6	7	8	9	10	11	12
备选号码												
出现次数	8	8	8	8	8	8	8	8	8	8	8	8

注号	旋转矩阵系统序号								投注号码							
1	1	2	3	4	5	6	10	12								
2	1	2	3	4	6	8	10	11								
3	1	2	3	6	7	8	9	12								
4	1	2	4	5	6	7	9	11								
5	1	2	5	7	8	10	11	12								
6	1	3	4	5	7	8	9	10								
7	1	3	4	7	9	10	11	12								
8	1	5	6	8	9	10	11	12								
9	2	3	4	5	8	9	11	12								
10	2	3	5	6	7	9	10	11								
11	2	4	6	7	8	9	10	12								
12	3	4	5	6	7	8	11	12								

5.“选九”旋转矩阵公式

(1)“选九”13-12-9-4 型旋转矩阵公式。

表 3-18 “选九”13-12-9-4 型旋转矩阵公式

系统序号	1	2	3	4	5	6	7	8	9	10	11	12	13
备选号码													
出现次数	2	2	2	3	3	3	3	3	3	3	3	3	3

续表

注号	旋转矩阵系统序号									投注号码								
1	1	2	3	4	5	6	7	8	13									
2	1	2	3	4	9	10	11	12	13									
3	4	5	6	7	8	9	10	11	12									
4	5	6	7	8	9	10	11	12	13									

（2）“选九”13–11–9–13型旋转矩阵公式。

表3–19　“选九”13–11–9–13型旋转矩阵公式

系统序号	1	2	3	4	5	6	7	8	9	10	11	12	13
备选号码													
出现次数	9	9	9	9	9	9	9	9	9	9	9	9	9

注号	旋转矩阵系统序号									投注号码								
1	1	2	3	4	6	7	9	11	13									
2	1	2	3	4	8	9	10	12	13									
3	1	2	3	6	7	8	10	11	12									
4	1	2	4	5	6	7	8	12	13									
5	1	2	4	5	6	8	9	10	11									
6	1	2	5	7	9	10	11	12	13									
7	1	3	4	5	6	10	11	12	13									
8	1	3	4	5	7	8	9	11	12									
9	1	3	5	6	7	8	9	10	13									
10	2	3	4	5	6	7	9	10	12									
11	2	3	4	5	7	8	10	11	13									
12	2	3	5	6	8	9	11	12	13									
13	4	6	7	8	9	10	11	12	13									

第四节　投注方案选用策略

我们在实战中针对不同的玩法会选择不同的组号投注方式（即投注方案）。

快乐8游戏包括10种玩法：从“选一”到“选十”；快乐8游戏有3种组号投注方式：单式、复式和胆拖。实战中，通过“六步中奖法”可以获得最终的备选号码，接下来该如何选择最佳的投注方案呢？

选一选四最好打，平均四把中一把；
选五选六复式干，全中奖金能上万；
选七复式最实惠，中奖数万不上税；
选七以上最好玩，一个不中本金还；
固定奖金谁最赞，选九中九三十万；
天天冲击五百万，胆拖合买最划算。

这是在喜欢快乐8游戏的彩民们中流传的一首打油诗，它朗朗上口并简洁明晰地告诉我们快乐8游戏玩法及组号方式的优势和特点。我们只要结合实际情况、收益预期和应用场景，就可以选择适合自己的最佳投注方案。

一、根据玩法优势选择

通过上面的打油诗我们可以知道，“选一”和“选四”两个玩法十分简单，入门体验非常好，最重要的是中奖概率在所有玩法中最高。如果想体验中奖概率最高的玩法，又没有太多时间和精力去选号，那么“选一”和“选四”玩法的单式投注一定是最佳的选择。

不要小瞧“选一”玩法，如果我们能经常看准一个号码必出，则抓住机会投注几十上百倍一样可以获得高达130%的倍增收益。

如果采取“选四”玩法，只要中奖即可获得50倍收益，即使只中2个号码也可以获得50%的最低收益。

条条大路通罗马，采取“选一”和“选四”玩法，还可以对特别看好的1个号码做倍投计划，设定好止盈止损目标，跟踪倍投盈利。

二、根据备选号码选择

我们可以根据已经获得的备选号码的数量选择投注方案。例如，如果在备选号码中能确定一个非常看好会出现的胆码，那么可以选择“选一”玩法单式投注，并适当倍投。

如表3–20和表3–21所示，如果我们获得的备选号码为6~8个，根据打油诗，采取“选五”和“选六”玩法进行单式与复式混合投注是最科学和最合理的（有容错功效）。

在“选五”投注方案中，6码复式投入12元，全中奖金6000元；7码复式投入42元，全中奖金21000元；8码复式投入112元，全中奖金56000元。

表3–20　“选五”投注方案

“选五”投注方案		匹配号码个数及对应奖金（元）					
选号个数	投注金额（元）	8	7	6	5	4	3
8码复式	112	56000	21735	6690	1405	156	30
7码复式	42		21000	6315	1240	99	18
6码复式	12			6000	1105	54	9
5码单式	2				1000	21	3

在“选六”投注方案中，7码复式投入14元，全中奖金21000元；8码复式投入56元，全中奖金84000元；9码复式投入168元，全中奖金252000元。

通过表3–20和表3–21可知，对于“选五”和“选六”玩法复式投注，如果投注号码全部命中，则所获奖金绝大多数超过1万元。

表 3-21 “选六”投注方案

“选六”投注方案		匹配号码个数及对应奖金（元）						
选号个数	投注金额（元）	9	8	7	6	5	4	3
9 码复式	168	252000	85680	22610	4050	540	220	60
8 码复式	56		84000	21630	3510	270	108	30
7 码复式	14			21000	3180	110	42	12
6 码单式	2				3000	30	10	3

表 3-22 是“选七”投注方案。其中，8 码复式投入 16 元，全中奖金 80000 元；9 码复式投入 72 元，全中奖金 360000 元；10 码复式投入 240 元，全中奖金 1200000 元。

根据快乐 8 游戏规则我们知道，单注中奖奖金不超过 10000 元不用缴纳个人所得税。根据快乐 8 奖金设置我们还可以知道，“选七”玩法 7 个号码全部命中奖金为 10000 元，正好不在纳税范围之内。因此，如果我们选择“选七”玩法的单式或复式投注，不论中多少奖金都不用缴纳个人所得税，真的是最实惠的玩法。

表 3-22 “选七”投注方案

“选七”投注方案		匹配号码个数及对应奖金（元）										
选号个数	投注金额（元）	10	9	8	7	6	5	4	3	2	1	0
10 码复式	240	1200000	384192	97696	17952	2400	480	80	2	16	72	240
9 码复式	72		360000	88064	14620	1428	248	40		2	16	72
8 码复式	16			80000	12016	744	104	16			2	16
7 码单式	2				10000	288	28	4				2

如果获得的备选号码有10~15个，不论采取“选七”“选八”还是“选九”“选十”玩法，都可以进行单式或复式投注，不但有机会获得高额的固定奖金30万元，还有机会冲击500万元大奖，就算一个号码不中还能保本。

如果获得的备选号码在15个以上，不论选择何种玩法，只有胆拖投注才是最佳的选择。

如果备选号码少，不论选择何种玩法，复式投注都是最明智的；如果备选号码多，不论选择何种玩法，胆拖投注才是最划算的。

如果觉得备选号码选择得非常稳妥，则单式和复式投注是最佳的选择；如果觉得有些备选号码选择得有些牵强或不十分好，最好采用胆拖投注。

不论如何选择，我们都要知道鸡蛋不能放在一个篮子里的道理，更不能幻想一夜暴富而倾囊投注。彩票开奖本身随机性极强，而且购买彩票实质上属于投机而不是投资，所以千万不要孤注一掷。“小赌怡情，大赌伤身”的道理一定要谨记。

三、根据投注资金选择

我们在实战中还可以根据手中可支配的投注资金选择投注方案。

如果我们手中每期可用于投注的资金较少，则单式投注是最理性的选择。为了减少错误，实现投注利益最大化，我们可以采用具有防错机制的投注方案。例如，若选择了9个备选号码，可以先采取“选九”玩法进行单式投注。同时，还可以分别采取“选八”“选七”“选六”玩法进行单式投注。这一单期投入8元的经济型投注方案，拥有中多个奖项的可能性。

如果手中的投注资金不算多，可以选择单式投注和胆拖投注混合的投注方案。例如，我们选择了10个备选号码，可以采取“选十”玩法进行单式投注，一注2元。同时，“选九”1拖9投入18元，“选八”1拖8投入72元，“选七”1拖8投入56元。全部按照这个方案投注只需148元，可称得上是实惠型投注方案。

如果手中可使用的投注资金充足，完全可以采用效率最高的复式投注方案。由于投入资金较大，可以说是豪华型投注方案。例如，若选择了13个备选号码，则最佳的投注方案就是“选十”13码复式投注。另外，1拖12或2拖11的“选十”胆拖投注也是不错的选择。不论使用上述哪个投注方案，只要中奖就能中多个奖项。

四、根据购彩方式选择

我们有两种购彩方式：一是单独购彩；二是合买彩票。参加他人发起的合买一般不用我们选择投注方案，因此这里不进行说明。

自己单独购彩自不用说，只要根据自己的选号能力和资金实力量力而行选择投注方案即可。

如果我们作为彩票合买发起人，则不但要提供备选号码，还要提供大奖型投注方案及保本型（防守型）投注方案。彩票合买因参与人数多，筹集到的投注资金也多，所以可采取号码数量多的大复式和胆拖等大奖型投注方案。例如，13码复式+1拖12的大奖型“选九”“选十”混合投注方案。

我们为了保本盈利，实现可持续合买，还可以根据备选号码选择防守型投注方案。例如，8~10个号码复式+1拖12的防守型“选六”“选五”“选四”混合投注方案。如果选择的备选号码全部为中奖号码，自然遍地开花，赚个盆满钵满。即使备选号码不全是中奖号码，因为快乐8游戏的奖项众多，我们也有很大可能会保本盈利。

就算备选号码的选择南辕北辙，所有“选十”“选九”“选八”“选七”投注方案一个号码不中，按照游戏规则也会保本，这也是快乐8游戏的一个小优势。单从这个层面说，双色球和大乐透无法与之相比，略显逊色。

第五节　实用投注方案

本节我们对一些很实用的投注方案进行了分类展示，可以帮助读者快速了解每个方案需要投入的资金和预期获得的收益，同时便于读者在实战中根据资金、预期收益及当期备选号码的实际情况选择最适合自己的方案。

一、新手常用投注方案

表 3-23 新手常用投注方案

<table>
<tr><th>玩法</th><th colspan="4">投注方案</th></tr>
<tr><td>“选一”</td><td colspan="4">中奖概率为 25%，投注号码与当期开奖号码中的任意一个号码相同，即中奖，单注中奖金额为 4.6 元</td></tr>
<tr><td rowspan="7">“选四”</td><td colspan="4">中奖概率为 25.89%，单注中奖金额最高 100 元</td></tr>
<tr><th>投注方式</th><th>选号个数</th><th>投注金额</th><th>中奖金额</th></tr>
<tr><td rowspan="4">“选四”复式</td><td>选 5 个</td><td>10 元</td><td rowspan="4">中 2 个及以上有奖；
中 4 个，奖金 100 元；
中 5 个，奖金 500 元；
中 6 个，奖金 1500 元；
中 7 个，奖金 3500 元；
中 8 个，奖金 7000 元</td></tr>
<tr><td>选 6 个</td><td>30 元</td></tr>
<tr><td>选 7 个</td><td>70 元</td></tr>
<tr><td>选 8 个</td><td>140 元</td></tr>
<tr><td colspan="4"></td></tr>
<tr><td rowspan="8">“选九”</td><td colspan="4">中奖概率为 21.68%，单注中奖金额最高 30 万元</td></tr>
<tr><th>投注方式</th><th>选号个数</th><th>投注金额</th><th>中奖金额</th></tr>
<tr><td rowspan="6">“选九”复式</td><td>选 10 个</td><td>20 元</td><td rowspan="6">中 4 个及以上有奖；
有 9 个及以上不中也有奖；
中 9 个，奖金 30 万元；
中 10 个，奖金 300 万元；
中 11 个，奖金 1650 万元；
中 12 个，奖金 6600 万元；
中 13 个，奖金 21450 万元；
中 14 个，奖金 60060 万元；
中 15 个，奖金 15.015 亿元</td></tr>
<tr><td>选 11 个</td><td>110 元</td></tr>
<tr><td>选 12 个</td><td>440 元</td></tr>
<tr><td>选 13 个</td><td>1430 元</td></tr>
<tr><td>选 14 个</td><td>4004 元</td></tr>
<tr><td>选 15 个</td><td>10010 元</td></tr>
</table>

续表

玩法	投注方案			
"选十"	中奖概率为11.05%，单注中奖金额最高500万元（浮动）			
	投注方式	选号个数	投注金额	中奖金额
	"选十"复式	选11个	22元	中5个及以上有奖； 有10个及以上不中也有奖； 中10个可中1注一等奖； 中11个可中11注一等奖； 中12个可中66注一等奖； 中13个可中286注一等奖； 中14个可中1001注一等奖； 中15个可中3003注一等奖
		选12个	132元	
		选13个	572元	
		选14个	2002元	
		选15个	6006元	

二、常用复式投注方案

表3–24　常用复式投注方案

投注方案	选号个数	投注金额	中奖金额
"选四"复式	选5个	10元	中2个及以上有奖； 中4个，奖金100元； 中5个，奖金500元； 中6个，奖金1500元； 中7个，奖金3500元； 中8个，奖金7000元
	选6个	30元	
	选7个	70元	
	选8个	140元	
"选五"复式	选6个	12元	中3个及以上有奖； 中5个，奖金1000元； 中6个，奖金6000元； 中7个，奖金21000元； 中8个，奖金56000元； 中9个，奖金126000元
	选7个	42元	
	选8个	112元	
	选9个	252元	

续表

投注方案	选号个数	投注金额	中奖金额
“选六”复式	选7个	14元	中3个及以上有奖； 中6个，奖金3000元； 中7个，奖金21000元； 中8个，奖金84000元； 中9个，奖金252000元； 中10个，奖金630000元
	选8个	56元	
	选9个	168元	
	选10个	420元	
“选七”复式	选8个	16元	中4个及以上有奖； 有7个及以上不中也有奖； 中7个，奖金1万元； 中8个，奖金8万元； 中9个，奖金36万元； 中10个，奖金120万元； 中11个，奖金320万元
	选9个	72元	
	选10个	240元	
	选11个	660元	
“选八”复式	选9个	18元	中4个及以上有奖； 有8个及以上不中也有奖； 中8个，奖金5万元； 中9个，奖金45万元； 中10个，奖金225万元； 中11个，奖金825万元； 中12个，奖金2475万元
	选10个	90元	
	选11个	330元	
	选12个	990元	
“选九”复式	选10个	20元	中4个及以上有奖； 有9个及以上不中也有奖； 中9个，奖金30万元； 中10个，奖金300万元； 中11个，奖金1650万元； 中12个，奖金6600万元； 中13个，奖金21450万元； 中14个，奖金60060万元
	选11个	110元	
	选12个	440元	
	选13个	1430元	
	选14个	4004元	

续表

投注方案	选号个数	投注金额	中奖金额
“选十”复式	选 11 个	22 元	中 5 个及以上有奖； 有 10 个及以上不中也有奖； 中 10 个可中 1 注一等奖； 中 11 个可中 11 注一等奖； 中 12 个可中 66 注一等奖； 中 13 个可中 286 注一等奖； 中 14 个可中 1001 注一等奖； 中 15 个可中 3003 注一等奖
	选 12 个	132 元	
	选 13 个	572 元	
	选 14 个	2002 元	
	选 15 个	6006 元	

三、全包复式投注方案

1. 4 码全包复式投注方案

表 3-25　4 码全包复式投注方案

玩法	注数	投注金额（元）	中奖号码个数及对应奖金（元）			
			4	3	2	1
“选四”	1	2	100	5	3	
“选三”	4	8	212	62	6	
“选二”	6	12	114	57	19	
“选一”	4	8	18.4	13.8	9.2	4.6
合计	15	30	444.4	137.8	37.2	4.6
说明	选中 4 码，全包复式投注，正体现出基诺游戏的魅力。若 4 码中 2 码，则获奖金 37.2 元，净获奖金 7.2 元					

2. 5码全包复式投注方案

表 3–26　5 码全包复式投注方案

玩法	注数	投注金额（元）	中奖号码个数及对应奖金（元）				
			5	4	3	2	1
“选五”	1	2	1000	21	3		
“选四”	5	10	500	120	19	9	
“选三”	10	20	530	230	71	9	
“选二”	10	20	190	114	57	19	
“选一”	5	10	23	18.4	13.8	9.2	4.6
合计	31	62	2243	503.4	163.8	46.2	4.6
说明	选中 5 码，全包复式投注，正体现出基诺游戏的魅力。若 5 码中 3 码，则获奖金 163.8 元，净获奖金 101.8 元						

3. 6码全包复式投注方案

表 3–27　6 码全包复式投注方案

玩法	注数	投注金额（元）	中奖号码个数及对应奖金（元）					
			6	5	4	3	2	1
“选六”	1	2	3000	30	10	3		
“选五”	6	12	6000	1105	54	9		
“选四”	15	30	1500	550	158	42	18	
“选三”	20	40	1060	560	248	80	12	
“选二”	15	30	285	190	114	57	19	
“选一”	6	12	27.6	23	18.4	13.8	9.2	4.6
合计	63	126	11872.6	2458	602.4	204.8	58.2	4.6
说明	选中 6 码，全包复式投注，正体现出基诺游戏的魅力。若 6 码中 3 码，则获奖金 204.8 元，净获奖金 78.8 元							

4. 7 码全包复式投注方案

表 3–28　7 码全包复式投注方案

玩法	注数	投注金额（元）	中奖号码个数及对应奖金（元）							
			7	6	5	4	3	2	1	0
“选七”	1	2	10000	288	28	4				2
“选六”	7	14	21000	3180	110	42	12			
“选五”	21	42	21000	6315	1240	99	18			
“选四”	35	70	3500	1600	630	214	74	30		
“选三”	35	70	1855	1105	590	266	89	15		
“选二”	21	42	399	285	190	114	57	19		
“选一”	7	14	32.2	27.6	23	18.4	13.8	9.2	4.6	
合计	127	254	57786.2	12800.6	2811	757.4	263.8	73.2	4.6	2
说明	选中 7 码，全包复式投注，正体现出基诺游戏的魅力。若 7 码中 3 码，则获奖金 263.8 元，净获奖金 9.8 元									

5. 8 码全包复式投注方案

表 3–29　8 码全包复式投注方案

玩法	注数	投注金额（元）	中奖号码个数及对应奖金（元）								
			8	7	6	5	4	3	2	1	0
“选八”	1	2	50000	800	88	10	3				2
“选七”	8	16	80000	12016	744	104	16			2	16
“选六”	28	56	84000	21630	3510	270	108	30			
“选五”	56	112	56000	21735	6690	1405	156	30			
“选四”	70	140	7000	3675	1745	740	288	115	45		

续表

玩法	注数	投注金额（元）	中奖号码个数及对应奖金（元）								
			8	7	6	5	4	3	2	1	0
“选三”	56	112	2968	1918	1150	620	284	98	18		
“选二”	28	56	532	399	285	190	114	57	19		
“选一”	8	16	36.8	32.2	27.6	23	18.4	13.8	9.2	4.6	
合计	255	510	280536.8	62205.2	14239.6	3362	987.4	343.8	91.2	6.6	18
说明	选中8码，全包复式投注，正体现出基诺游戏的魅力。若8码中4码，则获奖金987.4元，净获奖金477.4元										

6. 9码全包复式投注方案

表3–30　9码全包复式投注方案

玩法	注数	投注金额（元）	中奖号码个数及对应奖金（元）									
			9	8	7	6	5	4	3	2	1	0
“选九”	1	2	300000	2000	200	20	5	3				2
“选八”	9	18	450000	564000	2216	324	55	15			2	18
“选七”	36	72	360000	88064	14620	1428	248	40		2	16	72
“选六”	84	168	252000	85680	22610	4050	540	220	60			
“选五”	126	252	126000	57470	22575	7125	1600	225	46			
“选四”	126	252	12600	7280	3913	1935	880	380	165	63		
“选三”	84	168	4452	3052	1981	1195	650	302	107	21		
“选二”	36	72	684	532	399	285	190	114	57	19		
“选一”	9	18	41.4	36.8	32.2	27.6	23	18.4	13.8	9.2	4.6	
合计	511	1022	1505777.4	808114.8	68546.2	16389.6	4191	1317.4	448.8	114.2	22.6	92
说明	选中9码，全包复式投注，正体现出基诺游戏的魅力。若9码中4码，则获奖金1317.4元，净获奖金295.4元											

7. 10码全包复式投注方案

表 3-31 10码全包复式投注方案

玩法	注数	投注金额（元）	中奖号码个数及对应奖金（元）										
			10	9	8	7	6	5	4	3	2	1	0
“选十”	1	2	5000000	8000	800	80	5	3					2
“选九”	10	20	3000000	318000	5600	740	110	40	18			2	20
“选八”	45	90	2250000	478800	65264	4458	813	175	45		2	18	90
“选七”	120	240	1200000	384192	97696	17952	2400	480	80	2	16	72	240
“选六”	210	420	630000	255780	88060	24045	4860	950	390	105			
“选五”	252	504	252000	128646	59108	23520	7620	1825	306	63			
“选四”	210	420	21000	13020	7644	4214	2170	1050	490	224	84		
“选三”	120	240	6360	4560	3136	2044	1240	680	320	116	24		
“选二”	45	90	855	684	532	399	285	190	114	57	19		
“选一”	10	20	46	41.4	36.8	32.2	27.6	23	18.4	13.8	9.2	4.6	
合计	1023	2046	12360261	1591723.4	327876.8	77484.2	19530.6	5416	1781.4	580.8	154.2	96.6	352
说明	选中10码，全包复式投注，正体现出基诺游戏的魅力。若10码中5码，则获奖金5416元，净获奖金3370元												

8. 高性价比10码全包复式投注方案

表3–32　高性价比10码全包复式投注方案

玩法	注数	投注金额（元）	中奖号码个数及对应奖金（元）										
			10	9	8	7	6	5	4	3	2	1	0
“选十”	1	2	5000000	8000	800	80	5	3					2
“选九”	10	20	3000000	318000	5600	740	110	40	18			2	20
合计	11	22	8000000	326000	6400	820	115	43	18			2	22
说明	1. 若10码“选十”单式投注，则中5码及以上和全不中有奖。 2. 若10码“选九”复式投注，投注金额为20元。 3. 本高性价比方案共投入22元。如果中5码，则获奖金43元；如果只中4码，则获奖金18元；如果全不中，则保本												

9. 超高性价比 10 码全包复式投注方案

表 3-33　超高性价比 10 码全包复式投注方案

玩法	注数	投注金额（元）	中奖号码个数及对应奖金（元）										
			10	9	8	7	6	5	4	3	2	1	0
“选十”	1	2	5000000	8000	800	80	5	3					2
“选九”	10	20	3000000	318000	5600	740	110	40	18			2	20
“选八”	45	90	2250000	478800	65264	4458	813	175	45		2	18	90
“选七”	120	240	1200000	384192	97696	17952	2400	480	80	2	16	72	240
合计	176	352	11450000	1188992	169360	23230	3328	698	143	2	18	92	352
说明	选中 10 码，全包“选九”“选八”“选七”复式投注，正体现出基诺游戏的魅力。若 10 码中 5 码，则获奖金 698 元，净获奖金 346 元												

四、“金字塔”投注方案

如表3–34所示，实战中采用“金字塔”单式＋复式的组合投注方案效果更好，如果中奖，则大奖小奖会全部中得。同时，复式投注更划算，一旦中奖，奖金可以轻松过千万。采取“金字塔”投注方案时，如果中奖会中一串奖项，因此很多彩民形象地称该方案为“糖葫芦”方案。

表3–34　“金字塔”投注方案示例

玩法	投注号码示例	说明
“选一”	8	“选一中一”固定奖，奖金4.6元
“选二”	8 43	“选二中二”固定奖，奖金19元
“选三”	8 43 6	“选三中二”就有奖，最高奖金53元
“选四”	8 43 6 1	“选四中二”就有奖，最高奖金100元
“选五”	8 43 6 1 22	“选五中三”就有奖，最高奖金1000元
“选六”	8 43 6 1 22 55	“选六中三”就有奖，最高奖金3000元
“选七”	8 43 6 1 22 55 40	“选七中四”就有奖，最高奖金1万元，一个不中能保本
“选八”	8 43 6 1 22 55 40 61	“选八中四”就有奖，最高奖金5万元，一个不中能保本
“选九”	8 43 6 1 22 55 40 61 12	“选九中四”就有奖，最高奖金30万元，一个不中能保本
“选十”	8 43 6 1 22 55 40 61 12 59	“选十中五”就有奖，最高奖金500万元（浮动），一个不中能保本

续表

玩法	投注号码示例	说明
11 码复式	8 43 6 1 22 55 40 61 12 59 18	最高可中 11 注头奖，一个不中能保本
12 码复式	8 43 6 1 22 55 40 61 12 59 18 10	最高可中 66 注头奖，一个不中能保本
13 码复式	8 43 6 1 22 55 40 61 12 59 18 10 77	最高可中 286 注头奖，一个不中能保本
14 码复式	8 43 6 1 22 55 40 61 12 59 18 10 77 75	最高可中 1001 注头奖，一个不中能保本
15 码复式	8 43 6 1 22 55 40 61 12 59 18 10 77 75 57	最高可中 3003 注头奖，一个不中能保本

五、实用胆拖投注方案

如表 3-35 所示，1 胆 9 拖 10 拖 11 拖、2 胆 8 拖 9 拖 10 拖、3 胆 7 拖 8 拖 9 拖这 9 个“选九”胆拖投注方案，因投入低、奖金高、投入灵活而被快乐 8 彩民经常使用。

在这 9 个方案下，每期要选 1~3 个号码做胆码，只要胆码和拖码合计命中 4 个或以上就能中奖，全错也能保本。这 9 个方案容错率很高，非常利于中奖，因此成为快乐 8 彩民非常喜爱的投注方案。

表 3-35　9 个实用的“选九”胆拖投注方案

“选九”胆拖投注			中奖		
胆码个数	拖码个数	投注金额	中奖情况	最高奖金	中奖条件
1	9	18 元	20 种	270 万元	1. 胆码和拖码合计命中 4 个或 4 个以上
	10	90 元	22 种	1350 万元	
	11	330 元	24 种	4950 万元	

续表

"选九"胆拖投注			中奖		
胆码个数	拖码个数	投注金额	中奖情况	最高奖金	中奖条件
2	8	16 元	27 种	240 万元	2. 全错保本
	9	72 元	30 种	1080 万元	
	10	240 元	33 种	3600 万元	
3	7	14 元	32 种	210 万元	
	8	56 元	36 种	840 万元	
	9	168 元	40 种	2520 万元	

六、倍投计划方案

1. "选一" 1 码倍投计划

表 3-36　"选一" 1 码倍投计划

计划期数	倍数	本期投入（元）	累计投入（元）	中奖金额（元）	盈利（元）
1	1	100	100	230	130
2	2	200	300	460	160
3	4	400	700	920	220
4	8	800	1500	1840	340
5	16	1600	3100	3680	580

2. “选二”5码复式倍投计划

表 3-37 “选二”5码复式倍投计划

计划期数	倍数	本期投入（元）	累计投入（元）	中奖金额（元）	盈利（元）
1	1	20	20	57	37
2	1	20	40	57	17
3	2	40	80	114	34
4	3	60	140	171	31
5	5	100	240	285	45
6	8	160	400	456	56
7	13	260	660	741	81
8	21	420	1080	1197	117
9	34	680	1760	1938	178
10	56	1120	2880	3192	312

注：在本倍投计划中，如某一期中出3个号码以上，计划停止；如计划已经进行8期未中出，必须及时止损。

第六节　倍投计划实战攻略

一、倍投计划制订与风险控制

倍投计划是彩民基于通过选号技巧获得的一定数量且中奖概率极高的投注号码，制定的可以连续多期倍投的投注方案，以保证在一定期间内的中奖收益。

倍投计划的优势在于其具有高中奖概率，可以帮助彩民获得稳定的收益；

其缺点是计划一旦失败，本次计划所有的投入就会颗粒无收。彩市有风险，投注需谨慎。购彩时每个人都必须具备风险意识，也必须能够承担风险，否则不建议进入这个领域。

1. 倍投计划的制订

（1）确定投注模式。只有确定了投注模式，我们才能在这个基础上制订倍投计划。以“选一”玩法为例，如果我们根据均衡规律、出号规律或相似规律判断一个号码在3期内中出概率极高，那么我们完全可以在实战中针对这个号码做倍投计划。

（2）确定计划期数。我们应该根据备选号码的中出概率确定做几期计划比较适合。换言之，就是要知道备选号码在几期内中出的概率最高。假如在统计验证的过程中发现备选号码在2期内中出的概率达到90%，可是在3期内中出的概率达到95%以上，则我们必须选择后者，即必须做3期计划才能保证计划成功的概率达到最高。也只有这样才能有效地把风险降到最低，最终让我们的收益更加趋于稳定。

（3）根据自有资金和预期收益确定倍投计划中每期需要投注的金额或者单注投注的倍数。

第一，控制资金。

在制订计划之初，一定要清楚地知道自己手中可动用的资金量以及这些资金的分配情况。我们要认识到，任何计划没有100%的成功概率，也就是说，难免会出现计划失败的情况。所以，如果把资金比作鸡蛋的话，我们坚决不能把所有的鸡蛋放在一个篮子里，否则稍有闪失，后果不堪设想。到那时，连咸鱼翻身的本钱都没有了。最好的资金分配办法是，每次最多拿出可用资金的20%去做快乐8倍投计划。“留得青山在，不怕没柴烧”，这样的话，即使失败一两次，也完全有能力开始下一个计划。当然有一点要知道，我们所采取的倍投计划，其成功概率还是极高的。

第二，确定起始倍数。

大量的实践证明，任何快乐8倍投计划起始投入的倍数设定为1倍是最科学的，也是最安全的。我们知道，倍投计划中每期的投注金额一般都是以几何倍数递增的，而且还有计划失败的不利因素存在，因此如果起始倍数过高的话，那么会担负巨大的风险。

我们只要确定了起始倍数，即可计算投注金额。例如，“选一”玩法 1 码投注，每注金额 2 元，如果 1 倍投注，那么总投注金额就是 1×2×1=2 元；如果 10 倍投注，那么总投注金额就是 1×2×10=20 元。

第三，计算收益率。

在计划中不可避免地涉及预期的收益，因为获得收益是我们制订计划的终极目标。一般来说，收益率越大，本次计划中每期投入倍数或总体计划中所投入的资金越多，相对来说投注风险越大。

快乐 8 各种投注模式的单注奖金基本是固定的，我们只有根据投注倍数和单注奖金正确计算出每期投入资金的收益率，才能更准确地制订计划。

以“选一”玩法 1 码投注为例，假设我们的起始投注倍数为 1 倍，那么将投入 1×2×1=2 元，如果中奖则得到奖金 4.6 元，盈利 2.6 元，收益率为 2.6/2× 100%=130%。

（4）实操制订“选一”1 码倍投计划。我们以“选一”玩法 1 码投注为例，综合上述三点制订“选一”1 码倍投计划。

假设手中有自有资金 500 元，我们可拿出其中的 20% 也就是 100 元做 5 期计划。我们的预期收益率为 20%。

每个快乐 8 玩家的实际情况不同，因而所投入的资金和预期收益不尽相同。如果手中资金充裕的话，可以使用 1000 元或 10000 元做 5 期计划，那么盈利金额也会是目前盈利金额的 10 倍或 100 倍。

如表 3–38 所示，5 期倍投计划的预期收益是按照起始倍数为 1 倍，单注奖金为 4.6 元计算的。该计划在第一期时投入 2 元，如果中奖，则盈利 2.6 元，收益率为 130%；该计划在第二期时累计投入 6 元，如果中奖，则盈利 3.2 元，收益率为 53.3%；该计划在第三期时累计投入 14 元，如果中奖，则盈利 4.4 元，收益率为 31.4%；即使该计划在第五期中奖，累计投入 62 元，盈利 11.6 元，收益率也达到 18.7%。

表 3-38 “选一”1 码倍投计划预期收益

计划期数	倍数	本期投入（元）	累计投入（元）	中奖金额（元）	盈利（元）	收益率（%）
1	1	2	2	4.6	2.6	130
2	2	4	6	9.2	3.2	53.3
3	4	8	14	18.4	4.4	31.4
4	8	16	30	36.8	8.8	29.3
5	16	32	62	73.6	11.6	18.7

2. 倍投计划的风险控制

实战中精选投注号码只是迈向成功的第一步，只有配合高中奖概率的倍投计划并完善风险控制机制，才能取得成功。

分散风险是风险控制最常用的手段之一。理性的投资者应该特别注意，不要把所有的鸡蛋都放在一个篮子里，不能在一棵树上吊死。分散风险，应该成为博彩者的格言。宁可收益小一点，也要使资金安全一些，至少要保本。

同时，我们也要根据快乐 8 倍投计划以及自身的经济与心理承受能力，制订止损计划。制订倍投计划的目的就是在降低投注风险的同时获取稳定的收益。执行中必须坚决按照倍投计划进行操作，该止损时必须坚决地止损。可是很多快乐 8 玩家在实战中遇到倍投计划失败后没有立即止损，也因为没有立即止损，导致产生更大的损失。这是很多人难以逾越的鸿沟，是人性的致命弱点。由于止损在倍投计划中的重要性，我们很有必要进行详细的阐述。

“止损”一词原本是股票专业用语，是指当某一投资出现的亏损达到预定数额时，及时斩仓出局，以避免形成更大的亏损。其目的就是在投资失误时把损失限定在较小的范围内。股市中无数事实表明，一次意外的投资失误足以致命，但止损能帮助投资者化险为夷。这也是我们在快乐 8 倍投计划中必须止损的重要原因。

计划的失败具有不可预测性，这是倍投计划中风险产生的原因。即使一个成功概率 99.99% 的倍投计划，也有 0.01% 的失败可能性。世界上永远没有绝对的事情，所有经统计验证的选号技巧或高中奖概率的计划仅仅是相对的。由于每个计划都有其不确定性，因此必须采取措施控制风险的扩大，止损就这样产生了。快乐 8 倍投计划的不确定性使得止损具有必要性和重要性。

成功的快乐 8 玩家可能有各自不同的选号或计划方式，但能及时止损是他们的共同特征。就连世界投资大师索罗斯也说过，投资本身没有风险，失控的投资才有风险。学会止损远比学会盈利重要，因为任何时候保存实力是第一位的，盈利是第二位的。建立合理的止损原则相当重要，谨慎的止损原则的核心在于不让亏损持续扩大。

在快乐 8 倍投计划到期后，即便没有中奖也要停止，这就意味着止损。可是快乐 8 玩家到了应该止损的时候而没有止损的例子比比皆是。

止损为何如此艰难？原因有三：其一，某些快乐 8 玩家尽管知道计划到期必须结束以止损，但由于侥幸心理作祟，梦想着下期一定会中出，导致自己错过止损的大好时机并深陷其中不能自拔；其二，历史上确实出现过多次超过计划期数 1~2 期即中出的情况，而且经常性的错误止损给玩家留下了挥之不去的记忆，从而动摇玩家本次止损的决心；其三，止损是一件痛苦的事情，是对人性弱点的挑战和考验。

事实上，确实有一些倍投计划会在超过 1~2 期后成功中出，但是我们无法确定本次是否会在超过 1 期或 2 期后中出，更何况如果遇到计划超期大冷，其后果是极其可怕的。从收益的角度来看，在计划超期状态下进行的资金投入会呈几何倍数增长，获得的收益相对于极度提高的风险来说，几乎是微乎其微的。

当倍投计划的投注期数到达止损位置时，有的玩家大失方寸，患得患失，对止损位置一改再改；有的玩家临时变卦，重仓倍投，企图孤注一掷，以挽回损失。为了避免这些现象，笔者建议必须坚决采取程序化的止损策略。

快乐 8 玩家必须严格执行计划期数，当达到计划期数时，必须立即止损。否则一旦失败，轻者连续成功多次也难以弥补失败的损失，重者巨亏或倾家荡产。如果每个玩家都能养成良好的止损习惯，那就能够规避市场中的风险，最大限度地减少损失，化被动为主动，在彩票市场中立于不败之地。

另外，“凡事预则立，不预则废”，必须在执行倍投计划之前设定止损计划。

二、倍投计划最佳投注方式

通过前面的内容我们掌握了如何制订高中奖概率的快乐 8 倍投计划和如何进行风险控制，那么我们在实施快乐 8 倍投计划时最佳的投注方式是什么呢？

首先我们介绍一下彩民用得最多的投注方式——直接倍投。有玩家认为，只要不中，那么下次加倍投注，一直到它中出为止。例如，猜硬币正反，有的人就会想，我第一次猜正，你开反，那么第二次，我加倍继续猜正，只要猜对一次，我就能赚回之前亏掉的钱，还能小赚一点。其实这是一种理想的情形。因为均衡规律中的非等量规律已经阐述得很明白，任何号码或者计划都有可能出现偏态，也就是都有错误集中的一个周期。进入彩票领域时间长的人都会有一种感觉，那就是无论用什么方法去买彩票，最终总是逃不出概率的怪圈，这是概率使然，没有人可以打败概率。

我们再看另一种投注方式——平买。根据实践得出的结论是：平买长期必亏。这是任何人都没法逃避的。大数定律已经决定了在负收益率的情况下，在足够长时间购买的条件下，所投注号码的中奖概率必将达到一个均衡，也就是说，中与不中会达到一个均衡，在负收益率的情况下平买必输。投注快乐 8 比较好的方法就是用概率牵制概率，以其人之道还治其人之身。

下面我们就介绍在实施快乐 8 倍投计划时最佳的投注方式——阶梯倍投。阶梯倍投的实战操作方案如下。

我们选择一个特别看好的号码（例如，根据相似规律选择一个斜连号 11），按照之前制订的快乐 8 倍投计划起步 1 倍开始投注。如果中了，下期换一个其他的精选号码继续 1 倍投注。如果不中，换一个最看好的精选号码开始 2 倍投注。若 2 倍投注中了，换个号码继续进行 2 倍投注，这样连中 2 次就可以抵消刚刚1倍投注不中的损失，另外还有盈利。如果起步1倍投注不中，接下来2倍投注又不中，后面开始换个特别看好的号码直接4倍投注，结果还是一样，若连中2次，就可以弥补之前失败的损失并获取一定的收益。

我们制订的快乐8倍投计划都是建立在精选一个或多个中出概率非常高的号码的前提下，这样倍投计划会高概率地出现连中现象。为什么不直接倍投上去，而是1—2—4—8这样缓慢地倍投，就是为了防范计划失败，应对精选号码连续不中的情况。比如已经连续2个计划失败了，这时不要着急，要把握住下面连中的机会。我们只要采取阶梯倍投方式，用有限的资金去对抗计划周期性的失败，就能安全地度过精选号码的错误期。

如果采取常规的直接倍投方式，一旦出现连续不中的情况，资金链是根本没法保证的，风险极其巨大。我们要知道，即便制订的倍投计划的成功率在90%以上，仍然有可能出现连续不中的情况。就算连续3个计划失败的出现概率极低，但是不代表不会发生。一旦发生连续失败的情况，阶梯倍投就是我们的“保护伞”，能让我们继续走下去。

在精选号码并验证其可行的前提下，采用阶梯倍投方式实现10%~20%的收益率是比较容易的，关键是遭遇失败的时候要能稳住心态，不要因冲动而加倍投注。

阶梯倍投是快乐8倍投计划的最佳投注方式。只要精选的一个或多个号码的中出概率很高，就能保证倍投计划更好地执行并达到最终盈利的目的。如果玩家精选号码的能力很差，或者不具备精选号码的能力，则使用倍投计划无异于自杀，切勿使用。

第四章　连续 8 期实战中奖案例分析

通常我们的认知是，使用某一种技术进行选号，如果某一期中奖，大家会觉得偶然性极大，或者运气好，不会觉得技术的重要性有多么高，因为不中奖是常态。

可如果固定使用某一种技术连续中奖 8 期，我们还会觉得中奖是偶然的吗？还会觉得是运气好的原因吗？还会觉得技术不那么重要吗？答案应该都是否定的。

本章收录连续 8 期实战中奖案例，每一期均完全按照“六步中奖法”，通过分析走势图最终精选当期备选号码，再根据备选号码的数量选择合适的投注方案进行组号投注。

反复阅读本章实战案例，如能熟练掌握其操作方法，并融会贯通地在实战中运用，则精准选号、轻松中奖自然水到渠成。

一、2020021 期实战案例分析

如图 4–1 所示，我们使用 2020001 期—2020020 期走势图进行 2020021 期实战案例分析。

1. 确定区间范围

根据区间出号规律可知，每个区间精选 4~6 个号码作为备选号码才是最明智的做法。

判断每个区间会出几个中奖号码，该区间就可以选择几个备选号码，我们可以通过对应区间的出号个数统计表进行分析决策。如果不方便制作统计表，原则上每个区间的备选号码最多为 5 个。

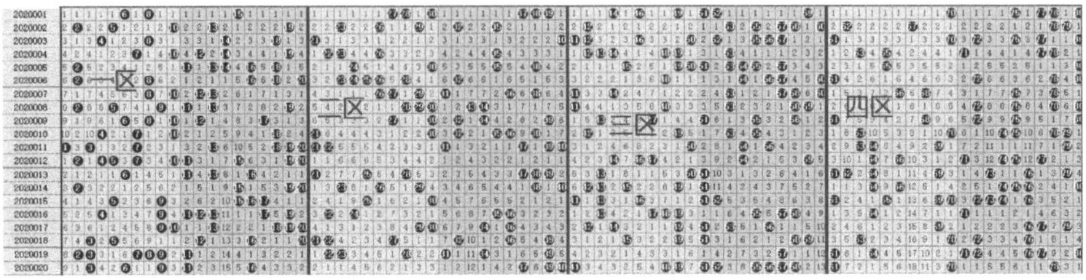

图 4-1　快乐 8 走势图（2020001 期—2020020 期）

（1）确定一区出号个数。走势图一区如图 4-2 所示。一区出号个数统计表如表 4-1 所示。

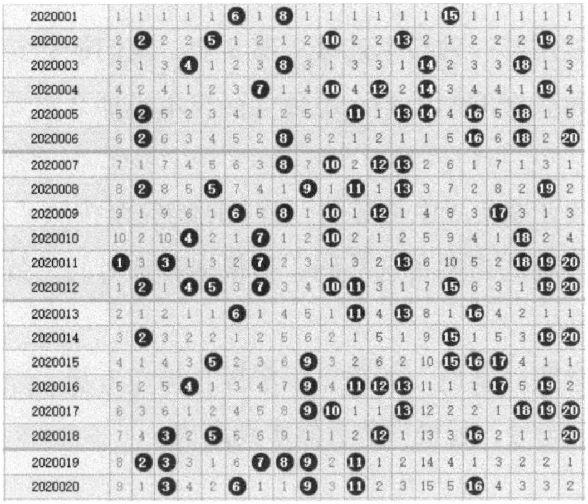

图 4-2　走势图一区

如表 4-1 所示，一区的出号个数绝大部分在 4~6 个之间。即便 2020012 期出号 9 个、2020016 期出号 7 个，下一期出号个数也会回归到常见区间范围内，整体而言一直趋向于稳定态势。本期保守判断一区会出号 5 个，也就是说，在本区的备选号码最多为 5 个。

（2）确定二区出号个数。走势图二区如图 4-3 所示。二区出号个数统计表如表 4-2 所示。

表 4-1　一区出号个数统计表

期号	一区出号个数	期号	一区出号个数
2020001	3	2020011	7
2020002	5	2020012	9
2020003	4	2020013	4
2020004	5	2020014	4
2020005	6	2020015	5
2020006	5	2020016	7
2020007	4	2020017	6
2020008	6	2020018	5
2020009	5	2020019	6
2020010	4	2020020	5

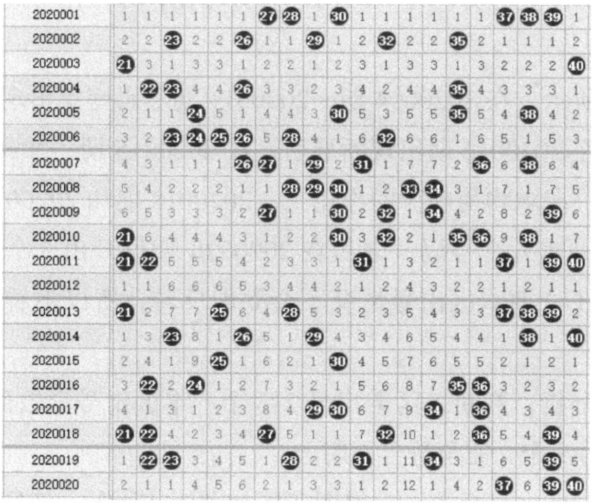

图 4-3　走势图二区

表 4-2　二区出号个数统计表

期号	二区出号个数	期号	二区出号个数
2020001	6	2020011	6
2020002	5	2020012	0
2020003	2	2020013	6
2020004	4	2020014	5
2020005	4	2020015	2
2020006	6	2020016	4
2020007	6	2020017	4
2020008	5	2020018	6
2020009	5	2020019	6
2020010	6	2020020	3

根据均衡规律可知，在走势图内每个号码有冷热之分，每个区间的出号态势同样也有冷热之分。与一区出号态势相比，二区出号趋势显得比较弱一些。

如表 4-2 所示，在 2020004 期—2020011 期号码密集出现，之后呈现疲软状态。尤其在 2020012 期出现断层后，在 2020015 期—2020017 期出号个数又出现下滑。在求均衡规律的作用下，2020018 期和 2020019 期连续 2 期进行回补，均开出 6 个号码，之后在 2020020 期仅开出 3 个号码。我们分析在接下来的 1~2 期本区出号情况不会立即反转，所以不看好本区出号个数会增加。

经过上述分析，判断二区会出号 2~3 个。本区出号个数研判合情合理，开奖后本区出号 3 个，完全符合预期。

（3）确定三区出号个数。走势图三区如图 4-4 所示。三区出号个数统计表如表 4-3 所示。

2020001	1	1	1	44	1	46	1	1	49	1	51	52	1	1	1	1	1	1	59	1
2020002	2	42	2	1	2	1	2	2	1	2	1	1	53	2	55	2	57	58	1	60
2020003	41	42	3	2	3	46	3	3	2	50	2	52	1	3	55	56	57	1	2	1
2020004	1	42	43	44	4	1	4	48	49	1	3	1	53	4	1	1	1	2	3	2
2020005	2	1	1	1	45	2	5	1	49	50	51	2	53	54	55	2	57	3	4	3
2020006	3	2	2	2	1	3	6	48	1	1	1	3	1	54	1	56	57	4	5	60
2020007	41	3	3	44	2	4	7	1	2	2	2	4	53	1	2	1	57	58	6	60
2020008	41	4	4	1	3	5	8	48	3	3	3	5	53	2	3	2	1	58	59	1
2020009	1	5	43	2	4	6	47	1	4	4	51	6	1	3	55	3	2	58	1	2
2020010	2	42	1	3	5	7	1	2	49	5	1	7	53	4	55	4	3	1	2	3
2020011	3	1	2	4	6	8	2	3	1	50	2	8	1	54	1	56	4	2	3	4
2020012	4	2	3	44	7	46	47	4	2	1	3	9	2	54	2	1	5	3	59	5
2020013	5	3	43	1	8	1	1	5	3	50	51	10	3	1	3	2	6	4	1	6
2020014	6	42	43	2	45	2	2	6	49	1	51	11	4	2	4	3	7	5	2	7
2020015	41	1	43	3	1	46	3	7	1	2	51	52	5	3	5	4	8	6	3	8
2020016	1	2	43	4	2	1	47	48	49	3	1	1	6	4	55	5	57	58	4	9
2020017	2	42	1	44	3	2	1	1	49	4	51	2	53	5	1	56	1	1	5	10
2020018	3	1	2	1	45	3	2	2	49	5	51	3	1	6	2	1	2	58	59	11
2020019	4	2	3	2	1	4	3	3	1	6	1	4	2	7	3	2	57	1	1	12
2020020	41	3	4	3	2	5	4	48	49	7	51	52	3	8	55	56	57	58	2	13

图 4-4　走势图三区

表 4-3　三区出号个数统计表

期号	三区出号个数	期号	三区出号个数
2020001	6	2020011	3
2020002	6	2020012	5
2020003	8	2020013	3
2020004	6	2020014	5
2020005	8	2020015	5
2020006	5	2020016	7
2020007	6	2020017	6
2020008	5	2020018	5
2020009	5	2020019	1
2020010	4	2020020	9

如表 4-3 所示，三区中规中矩的出号态势中蕴藏着规律的强弱变化。2020001 期—2020005 期经过了一波强势出号，之后在 2020008 期—2020015 期放缓了出号的脚步，接下来在 2020016 期开出 7 个号码，然后在 2020017 期、2020018 期呈现逐步下滑的趋势，到 2020019 期只开出 1 个号码，快速下滑到谷底。在求均衡规律的作用下，2020020 期以开出 9 个号码快速地完成了回补。2020019 期和 2020020 期连续 2 期出号个数都超出了常见的区间范围，在求均衡规律的作用下，本区出号个数势必要回归到常见区间范围内的高点，因此判断本区会出号 6 个。

（4）确定四区出号个数。走势图四区如图 4-5 所示。四区出号个数统计表如表 4-4 所示。

2020001	1	1	1	1	1	1	1	1	1	70	1	1	1	1	75	1	77	78	1	80
2020002	2	62	2	2	2	2	67	2	2	1	2	2	2	2	1	2	1	78	79	1
2020003	61	1	3	3	3	3	1	3	3	70	3	72	3	3	75	3	77	1	1	80
2020004	1	2	63	4	65	4	2	4	4	1	71	1	4	4	1	4	77	78	2	1
2020005	2	3	1	5	65	5	3	5	5	2	1	2	5	5	2	5	1	1	3	80
2020006	61	4	2	6	1	6	4	6	6	3	2	72	6	6	3	6	2	78	4	80
2020007	1	5	3	7	2	66	5	68	7	4	3	1	7	7	75	7	3	78	5	1
2020008	2	6	4	8	3	1	6	1	8	5	4	72	8	8	75	8	4	78	6	80
2020009	61	7	5	9	4	2	7	68	9	6	5	72	9	9	75	9	5	1	7	80
2020010	1	8	63	10	5	3	8	1	10	70	6	1	10	74	75	10	6	78	79	1
2020011	2	9	63	64	6	4	9	2	69	1	7	2	11	1	1	11	7	1	79	2
2020012	3	10	1	64	7	66	10	3	1	2	71	3	12	74	75	12	77	2	1	3
2020013	61	62	2	64	8	1	11	4	69	3	1	4	73	1	1	76	1	3	79	4
2020014	1	1	3	64	9	66	12	5	1	4	2	5	1	74	75	76	2	4	1	80
2020015	61	2	4	1	65	1	13	6	69	70	3	72	73	74	1	76	3	5	2	1
2020016	1	3	5	64	1	2	14	7	1	1	71	1	1	1	2	1	4	6	3	2
2020017	2	4	6	1	2	3	15	8	69	2	1	2	2	2	3	76	77	7	79	3
2020018	3	5	63	2	3	4	16	9	1	70	2	72	3	3	4	76	1	8	1	4
2020019	61	6	1	64	4	5	17	10	2	1	71	72	4	4	5	76	77	9	2	80
2020020	61	7	2	1	5	6	18	11	3	70	1	1	5	5	6	1	1	78	3	1

图 4-5 走势图四区

如表 4-4 所示，本区上半场的出号态势趋于正常，但稍微偏弱，在 2020013 期、2020014 期、2020015 期开始发力，可事不过三，在 2020016 期直接跌落谷底。经过 2020017 期和 2020018 期两期的力量积蓄，终于在 2020019 期爬升到本阶段的峰顶，随后调偏在 2020020 期发生。可以看到，最近 5 期中有 3 期的出号个数在常见区间范围之外，在求均衡规律的作用下，本区出号个数必然要回归到正常轨道，因此研判本期出号范围大概率在4~6个之间，保守判断本区会出号5个。

表4-4　四区出号个数统计表

期号	四区出号个数	期号	四区出号个数
2020001	5	2020011	4
2020002	4	2020012	6
2020003	6	2020013	7
2020004	5	2020014	6
2020005	2	2020015	8
2020006	4	2020016	2
2020007	4	2020017	4
2020008	4	2020018	4
2020009	5	2020019	7
2020010	6	2020020	3

事实胜于雄辩，开奖后本区确实开出5个号码。不论是一个号码分析还是实战案例分析，只要是有理有据的分析，开奖前分析与开奖后复盘的结果都应该趋于一致。只有这样我们才能举一反三，也只有这样才能通过不断训练和实战逐步提高自身的分析能力和中奖概率。

（5）汇总每区出号个数。经过对走势图四个区的分析，我们确定了每个区的出号数量，汇总如下：一区出号个数为5个，二区出号个数为3个，三区出号个数为6个，四区出号个数为5个。因此，我们本期最多可以选择19个备选号码。

这里需要说明的是，在实战中如果备选号码过多，通常会选择胆拖投注方式，因此选择19个甚至更多的备选号码都没有问题。如果在实战中准备采取单式投注方式，则建议选择的备选号码越少越好。

2. 精选热号

根据热号出号规律可知，每期热号里均会开出 2~5 个中奖号码，所以在热号中精选的备选号码不能超过 5 个。

2020011 期—2020020 期热号出号个数统计表如表 4–5 所示。

表 4–5　热号出号个数统计表

期号	热号个数	中奖号码个数	期号	热号个数	中奖号码个数
2020011	19	2	2020016	15	4
2020012	18	4	2020017	10	3
2020013	14	1	2020018	13	4
2020014	14	5	2020019	16	2
2020015	14	2	2020020	18	5

如表 4–5 所示，每期均会出现 10~20 个热号，其中通常只有 2~5 个热号会真正成为当期中奖号码。2020020 期热号的中奖号码个数为 5 个，是常见范围的高点，那么在求均衡规律的作用下，下期热号中能成为中奖号码的不会太多，出现 2~3 个比较合理。本着宁缺毋滥的原则，判断本期热号里会出现 2 个中奖号码。

本期热号包括 15 个号码：3、9、11、13、16、19、20、39、43、49、51、61、64、69、76。在本期热号中精选出号码 3 和 16 作为备选号码，分析研判过程如下。

（1）选择热号 3。如图 4–6 所示，号码 3 在经历了 10 期的遗漏后仅仅在 2020011 期出现 1 次，之后就再次玩起消失，隐身了 6 期后终于在 2020018 期重现江湖。17 期开奖中仅仅现身 1 次，可谓冷到骨髓。求均衡规律的大刀终于落下，号码 3 在 2020018 期出现后就开启了回补之旅，连续开出了 3 期，可谓扬眉吐气。

物极必反，否极泰来。一口气“三连阳”的报复性回补会成为号码 3 强劲的动力，有理由相信号码 3 在巨大惯性的作用下绝不会就此止步不前，因此十分看好它还会继续有所表现。本期将选择号码 3 作为备选号码，期待它带给我们惊喜。

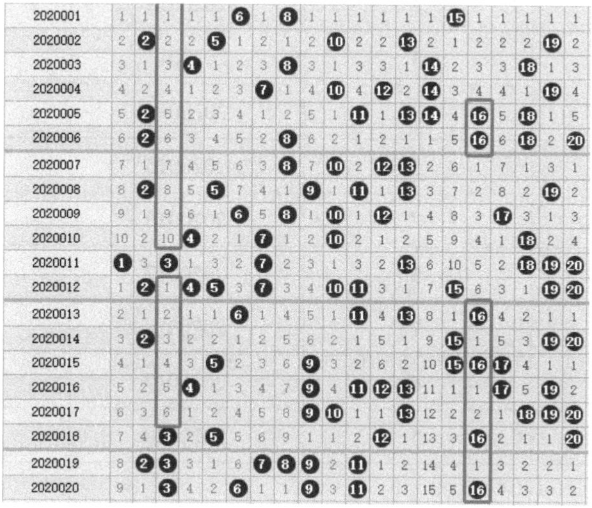

图 4–6 局部走势图（2020001 期—2020020 期）

（2）选择热号 16。如图 4–6 所示，号码 16 在近 10 期内出现了 4 次，属于一枚热号。还能看到号码 16 在 2020005 期、2020006 期连续出现 2 期，可近期的 4 次出现均是刚露脸就下台，让观众难见真容。事不过三，因为号码 16 最近热出，我们判断它本期大概率会再现真身。所以，选择它作为本期备选号码中的一员。

3. 精选重号

2020002 期—2020020 期重号出号个数统计表如表 4–6 所示。

走势图中每期出现 3~8 个重号是常态。如表 4–6 所示，每期出现 1~3 个重号是少数，大多数情况下出现 5~7 个重号，尤其近期重号出号态势比较平稳，所以本期继续看好出现 5 个重号。

如图 4–7 所示，本着宁缺毋滥的原则，选择 3、16、58 和 70 共计 4 个号码作为本期重号入选备选号码，分析研判过程如下。

表 4-6　重号出号个数统计表

期号	重号个数	期号	重号个数
2020002	1	2020012	5
2020003	3	2020013	2
2020004	3	2020014	5
2020005	5	2020015	5
2020006	7	2020016	3
2020007	5	2020017	5
2020008	7	2020018	5
2020009	6	2020019	5
2020010	5	2020020	6
2020011	5		

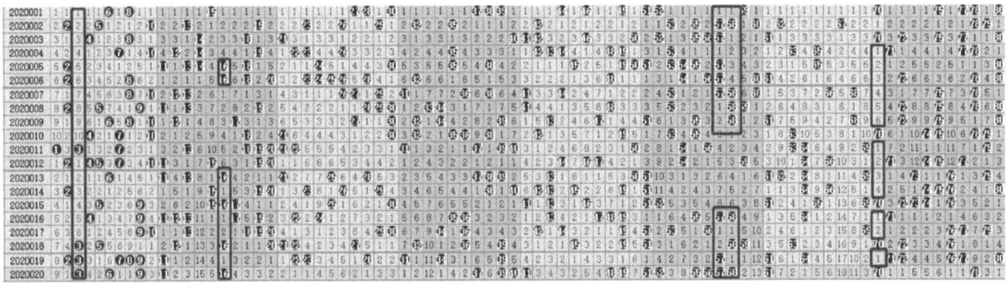

图 4-7　快乐 8 走势图（2020001 期—2020020 期）

（1）根据热中“定”重和重中“寻”重技巧，判断号码 3 会继续出现。号码 3 经历 2 次比较大的遗漏，在求均衡规律的作用下回补意愿极其强烈，目前属于热号且具有“强者恒强”的趋势，因此可以作为本期重点选择的备选号码。

（2）根据热中“定”重技巧，判断号码 16 继续出现的概率极大。号码 16 历史上也出现过重号情况，根据相似规律，其再次出现重号的概率极大，因此选择该号码。

（3）根据连中“选”重技巧，看好号码 58 会继续出现。2020007 期开出连号 57 和 58 后，紧接着 2020008 期开出重号 58。当前 2020020 期开出 4 连号 55、56、57、58，且该区域属于出号旺区，因此很看好 58 会继续有所表现。

（4）根据热中“定”重技巧，还能锁定号码 70 作为当期重号。严格来说，号码 70 不属于热号，因为近 10 期内只开出 3 次。但仔细观察发现，号码 70 先是遗漏 6 期后出现，接下来遗漏 4 期后再次出现，紧接着又分别遗漏 2 期和 1 期后再次出现。随着遗漏间隔越来越小，该号码出现得越来越频繁，所以有理由相信号码 70 在紧锣密鼓地走热，必须重点选择。

（5）其他具有重号潜质的号码因为各种考量最终未被选用。例如号码 49 和 51，因为之前走势不弱，近期又太热，所以不敢直接锁定。又如号码 78，虽然历史上屡屡出现重号情况，可是它经历了 9 期的遗漏才刚刚出现，怕它继续遗漏，所以不敢贸然选择它。其他号码不在热号之列，所以更要慎之又慎。总之，宁缺毋滥是我们选号的原则，千万不能忘记。

4. 精选斜连号

2020002 期—2020020 期斜连号出号个数统计表如表 4–7 所示。

走势图中每期出现 5~10 个斜连号是常态，表 4–7 的统计数据再次印证了斜连号的这一出号规律。

如表 4–7 所示，大多数情况下每期会出现 7~10 个斜连号，所以判断本期斜连号出号 7~10 个。

表 4–7　斜连号出号个数统计表

期号	斜连号个数	期号	斜连号个数
2020002	8	2020007	7
2020003	10	2020008	7
2020004	9	2020009	10
2020005	8	2020010	7
2020006	5	2020011	12

续表

期号	斜连号个数	期号	斜连号个数
2020012	5	2020017	10
2020013	7	2020018	6
2020014	12	2020019	10
2020015	10	2020020	8
2020016	6		

本着宁缺毋滥的原则，选择 10、17、38、54 和 59 共计 5 个号码作为本期斜连号入选备选号码，分析研判过程如下。

（1）选择斜连号 10 。如图 4–8 所示，号码 10 在短期内既不属于热号也不属于冷号，但是号码 9 或 11 出现后，号码 10 作为斜连号分别出现过 2 次。根据相似规律，本期斜连号 10 出现的概率极高，因此锁定斜连号 10 作为本期备选号码。

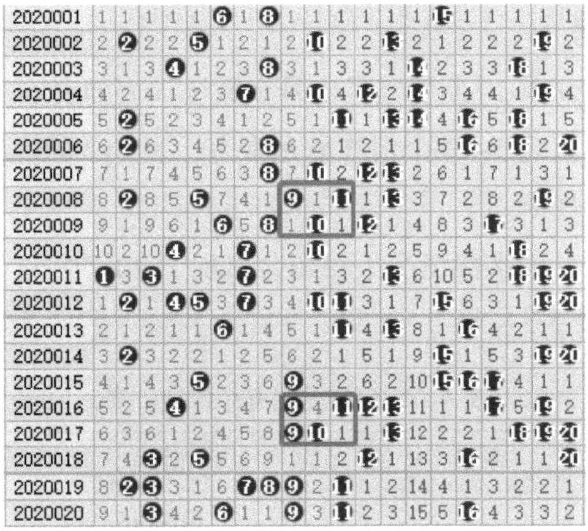

2020001	1	1	1	1	1	**6**	1	**8**	1	1	1	1	1	1	**15**	1	1	1	1	1
2020002	2	**2**	2	2	**5**	1	2	1	2	**10**	2	2	**13**	2	1	2	2	2	**19**	2
2020003	3	1	3	**4**	1	2	3	**8**	3	1	3	3	1	**14**	2	3	3	**18**	1	3
2020004	4	2	4	1	2	3	**7**	1	4	**10**	4	**12**	2	**14**	3	4	4	1	**19**	4
2020005	5	**2**	5	2	3	4	1	2	5	1	**11**	1	**13**	**14**	4	**16**	5	**18**	1	5
2020006	6	**2**	6	3	4	5	2	**8**	6	2	1	2	1	1	5	**16**	6	**18**	2	**20**
2020007	7	1	7	4	5	6	3	**8**	7	**10**	2	**12**	**13**	2	6	1	7	1	3	1
2020008	8	**2**	8	5	**5**	7	4	1	**9**	1	**11**	1	**13**	3	7	2	8	2	**19**	2
2020009	9	1	9	6	1	**6**	5	**8**	1	**10**	1	**12**	1	4	8	3	**17**	3	1	3
2020010	10	2	10	**4**	2	1	**7**	1	2	**10**	2	1	2	5	9	4	1	**18**	2	4
2020011	**1**	3	**3**	1	3	2	**7**	2	3	1	3	2	**13**	6	10	5	2	**18**	**19**	**20**
2020012	1	**2**	1	**4**	**5**	3	**7**	3	4	**10**	**11**	3	1	7	**15**	6	3	1	**19**	**20**
2020013	2	1	2	1	1	**6**	1	4	5	1	**11**	4	**13**	8	1	**16**	4	2	1	1
2020014	3	**2**	3	2	2	1	2	5	6	2	1	5	1	9	**15**	1	5	3	**19**	**20**
2020015	4	1	4	3	**5**	2	3	6	**9**	3	2	6	2	10	**15**	**16**	**17**	4	1	1
2020016	5	2	5	**4**	1	3	4	7	**9**	4	**11**	**12**	**13**	11	1	1	**17**	5	**19**	2
2020017	6	3	6	1	2	4	5	8	**9**	**10**	1	1	**13**	12	2	2	1	**18**	**19**	**20**
2020018	7	4	**3**	2	**5**	5	6	9	1	1	2	**12**	1	13	3	**16**	2	1	1	**20**
2020019	8	**2**	**3**	3	1	6	**7**	**8**	**9**	2	**11**	1	2	14	4	1	3	2	2	1
2020020	9	1	**3**	4	2	**6**	1	1	**9**	3	**11**	2	3	15	5	**16**	4	3	3	2

图 4–8　局部走势图（2020001 期—2020020 期）

（2）选择斜连号 17。如图 4–9 所示，号码 16 开出后，斜连号 17 出现过 1 次。根据相似规律，上期开出号码 16，那么本期斜连号 17 出现的概率比较大。号码 17 在经历了 8 期和 5 期的遗漏后连续出现 2 期，截至目前又遗漏了

4 期。我们预测号码 17 的遗漏间隔会呈现逐渐缩小的趋势以回补之前的弱势，所以本期斜连号 17 出现的概率很大。

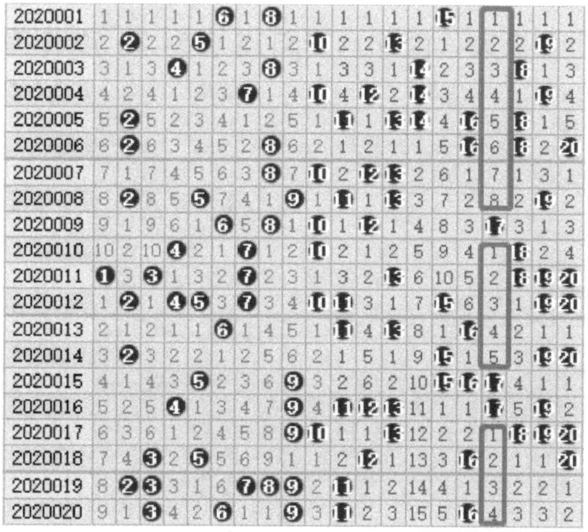

图 4-9　局部走势图（2020001 期—2020020 期）

（3）选择斜连号 38。如图 4-10 所示，号码 39 出现后，号码 38 作为斜连号出现过 2 次。根据相似规律，本期斜连号 38 出现的概率也很高，因此选择斜连号 38 作为本期备选号码。

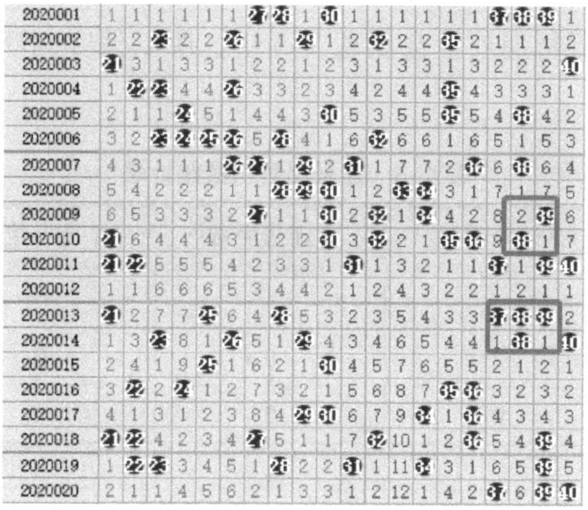

图 4-10　局部走势图（2020001 期—2020020 期）

（4）选择斜连号 54 和 59。如图 4-11 所示，号码 54 和 59 在历史上均作为斜连号出现过。根据相似规律，本期斜连号 54 和 59 出现的概率很大。同时，上期出现 4 连号 55、56、57 和 58，连号左右两侧号码在下期出现斜连号的可能性极大，因此选择斜连号 54 和 59 作为本期备选号码。

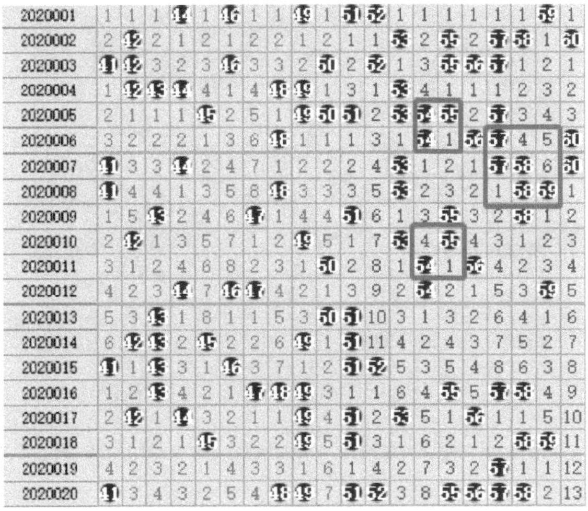

图 4-11　局部走势图（2020001 期—2020020 期）

5. 精选连号

2020001 期—2020020 期连号出号组数统计表如表 4-8 所示，从中可以发现，大多数情况下每期连号会出现 3~5 组，所以保守判断本期连号会出现 4 组。

表 4-8　连号出号组数统计表

期号	2 连号组数	3 连号组数	4 连号组数	总组数
2020001	3	1	0	4
2020002	2	0	0	2
2020003	0	2	0	2
2020004	3	1	0	4
2020005	1	2	0	3

续表

期号	2 连号组数	3 连号组数	4 连号组数	总组数
2020006	2	0	1	3
2020007	3	0	0	3
2020008	2	1	0	3
2020009	0	0	0	0
2020010	3	0	0	3
2020011	2	0	1	3
2020012	5	0	0	5
2020013	2	1	0	3
2020014	2	1	0	3
2020015	2	2	0	4
2020016	2	2	0	4
2020017	3	1	0	4
2020018	1	1	0	2
2020019	4	1	0	5
2020020	2	1	1	4

本着宁缺毋滥的原则，本期选择了2组连号，分别是：16、17和58、59。分析研判过程如下。

（1）选择连号16和17。在前面热号和重号的选择中，我们都选择了号码16作为备选号码。

如图4–12所示，根据“重点关注号码隔1期出现之后出现斜连号的情况”的提示，我们发现2020018期号码16开出，在间隔1期后的2020020期再次开出，那么在接下来的2020021期斜连号17很可能出现。最重要的是，这种形式已经在2020016期出现过，可见它会“历史再现”的可能性极高。

2020015期号码16和17已经作为连号出现过，根据相似规律，连号16

和 17“历史再现”的概率极大。综上所述，选择号码 16 和 17 作为本期连号组合之一。

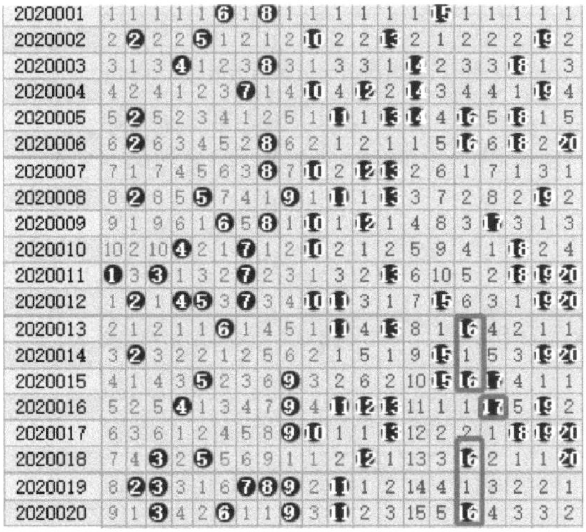

2020001	1	1	1	1	1	6	1	8	1	1	1	1	1	1	15	1	1	1	1	1
2020002	2	2	2	2	5	1	2	1	2	10	2	2	13	2	1	2	2	2	19	2
2020003	3	1	3	4	1	2	3	8	3	1	3	3	1	14	2	3	3	18	1	3
2020004	4	2	4	1	2	3	7	1	4	10	4	12	2	14	3	4	4	1	19	4
2020005	5	2	5	2	3	4	1	2	5	1	11	1	13	14	4	16	5	18	1	5
2020006	6	2	6	3	4	5	2	8	6	2	1	2	1	1	5	16	6	18	2	20
2020007	7	1	7	4	5	6	3	8	7	10	2	12	13	2	6	1	7	1	3	1
2020008	8	2	8	5	5	7	4	1	9	1	11	1	13	3	7	2	8	2	19	2
2020009	9	1	9	6	1	6	5	8	1	10	1	12	1	4	8	3	17	3	1	3
2020010	10	2	10	4	2	1	7	1	2	10	2	1	2	5	9	4	1	18	2	4
2020011	1	3	3	1	3	2	7	2	3	1	3	2	13	6	10	5	2	18	19	20
2020012	1	2	1	4	5	3	7	3	4	10	11	3	1	7	15	6	3	1	19	20
2020013	2	1	2	1	1	6	1	4	5	1	11	4	13	8	1	16	4	2	1	1
2020014	3	2	3	2	2	1	2	5	6	2	1	5	1	9	15	1	5	3	19	20
2020015	4	1	4	3	5	2	3	6	9	3	2	6	2	10	15	16	17	4	1	1
2020016	5	2	5	4	1	3	4	7	9	4	11	12	13	11	1	1	17	5	19	2
2020017	6	3	6	1	2	4	5	8	9	10	1	1	13	12	2	2	1	18	19	20
2020018	7	4	3	2	5	5	6	9	1	1	2	12	1	13	3	16	2	1	1	20
2020019	8	2	3	3	1	6	7	8	9	2	11	1	2	14	4	1	3	2	2	1
2020020	9	1	3	4	2	6	1	1	9	3	11	2	3	15	5	16	4	3	3	2

图 4-12　局部走势图（2020001 期—2020020 期）

（2）选择连号 58 和 59。本期在选择重号的过程中精选了号码 58 作为备选号码，而且 2020020 期开出 4 连号 55、56、57、58，那么根据“重点关注‘连号＋斜连号’组合出现的情况”的提示，号码 59 出现的可能性就极大。

如图 4-13 所示，号码 58、59 作为连号历史上出现过 2 次，如果本期我们非常看好重号 58 会出现，那么根据相似规律，连号 58、59 出现的概率又增大了许多，所以本期看好的另一组连号是 58、59。

6. 分级定胆

（1）数据汇总。

① 确定区间范围：一区出号 5 个，二区出号 3 个，三区出号 6 个，四区出号 5 个。

② 精选热号 2 个：3、16。

③ 精选重号 4 个：3、16、58、70。

④ 精选斜连号 5 个：10、17、38、54、59。

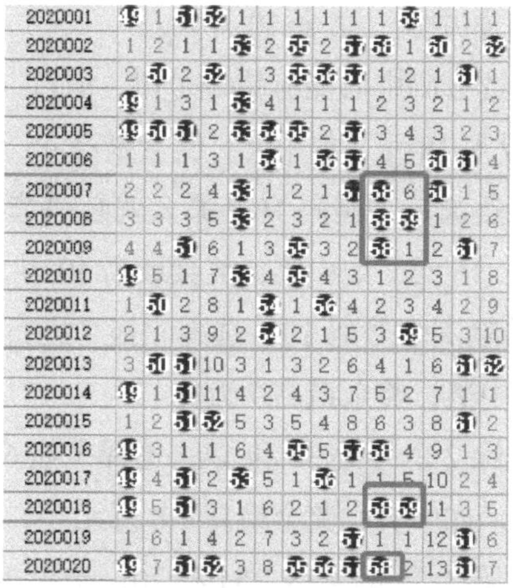

图 4-13　局部走势图（2020001 期—2020020 期）

⑤ 精选连号 2 组：16、17 和 58、59。

本期获得 3、10、16、17、38、54、58、59、70 共 9 个备选号码，每个区间备选号码的个数均未超出本期确定的区间范围。

（2）号码分级和定胆。根据备选号码在选号中出现的次数进行分级，结果如下。

1 级备选号码：号码 16 出现 3 次，是本期最看好的胆码，将其视为重中之重。

2 级备选号码：号码 3、17、58 和 59 均出现 2 次，重要性仅次于前者。

3 级备选号码：号码 10、38、54、70。

7. 投注方案

通过“六步中奖法”已经获得了 9 个备选号码，那么该如何选择投注方案呢？

通常情况下，可以根据备选号码数量、胆码及预期收益选择适合自己的投注方案。本着“以小博大”的投注原则，本期选择以下 7 个投入少、风险小的方案，只要中奖就能大奖小奖中一串，自然会赚得盆满钵满。

“选九”单式：本期选择了 9 个看好会中出的备选号码，一定要尝试“选九”玩法。投入2元，如中奖，奖金30万元。

“选八”复式：备选号码中可能有错误号码，所以“选八”复式投注是一种容错的防守打法。投入18元，如中奖，奖金最高45万元。

“选八”胆拖：既然选定了胆码16，那么就必须选择1拖8进行“选八”玩法的胆拖投注。投入16元，如中奖，奖金最高40万元。

“选七”胆拖：排除1个号码10，选择1拖7进行“选七”玩法的胆拖投注。投入14元，如中奖，奖金最高7万元。

“选六”胆拖：排除2个号码38和54，选择1拖6进行“选六”玩法的胆拖投注。投入12元，如中奖，奖金最高1.8万元。

“选五”胆拖：排除3个号码38、54和70，选择1拖5进行“选五”玩法的胆拖投注。投入10元，如中奖，奖金最高5000元。

“选四”胆拖：排除4个号码10、38、54和70，选择1拖4进行“选四”玩法的胆拖投注。投入8元，如中奖，奖金最高400元。

需要说明的是，上面的胆拖投注都是以16为胆码，以其他备选号码为拖码进行组合。如果我们判断号码3出现的概率更高，也可以用号码3做胆码进行胆拖投注。另外，混合投注也是一种明智的选择。

快乐8游戏有无数种投注方案，我们在实战中可以根据备选号码的选择情况、个人喜好、资金能力等来具体选择应用。条条大路通罗马，各方案没有好坏之分，只有选择适合自己的才是最重要的。

投注方案的模式是固定的，精选备选号码才是重点。针对每个号码的分析和选择都要做到有理有据，这样才更有说服力，才能提升中奖概率。在同等条件下，我们必须选择“呼之欲出的号码”，且宁缺毋滥为第一原则。

本期案例分析中所选择的9个备选号码在当期全部出现，7个投注方案全部命中，仅仅投入80元就能收获近百万奖金，这就是基诺彩票的巨大魅力所在。建议读者朋友们反复研读本章所有的实战案例，不断提高实战分析和选号能力，只要做到举一反三、融会贯通，就一定能时常中奖，真正向快乐进发。

8. 开奖号码

2020021期开奖号码：3、4、10、13、16、17、24、35、38、43、48、50、

54、58、59、70、72、73、74、75。

二、2020022期实战案例分析

如图4-14所示，我们使用2020002期—2020021期走势图进行2020022期实战案例分析。

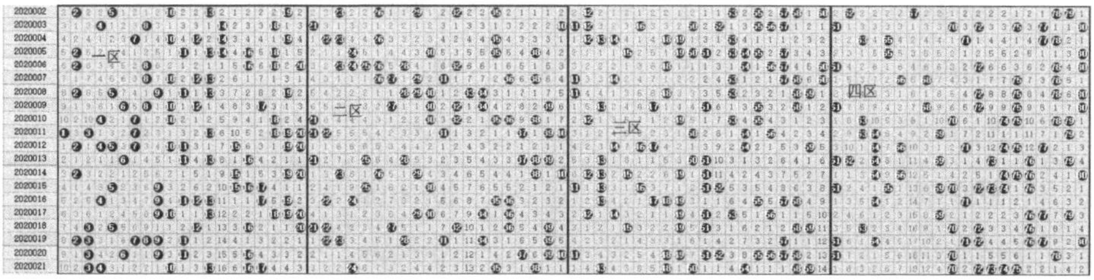

图4-14　快乐8走势图（2020002期—2020021期）

1. 确定区间范围

（1）确定一区出号个数。走势图一区如图4-15所示。一区出号个数统计表如表4-9所示。

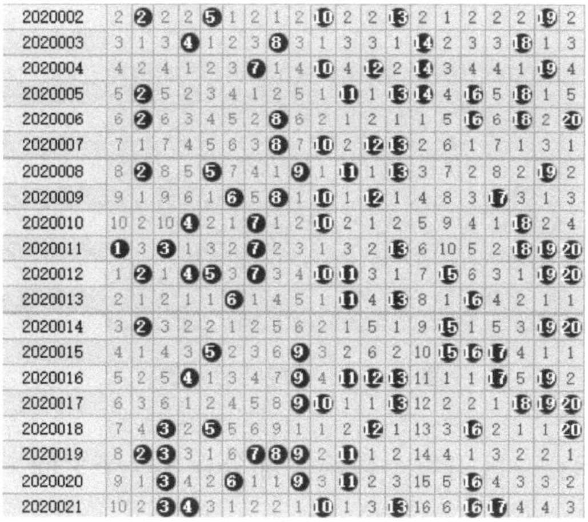

图4-15　走势图一区

表 4-9　一区出号个数统计表

期号	一区出号个数	期号	一区出号个数
2020002	5	2020012	9
2020003	4	2020013	4
2020004	5	2020014	4
2020005	6	2020015	5
2020006	5	2020016	7
2020007	4	2020017	6
2020008	6	2020018	5
2020009	5	2020019	6
2020010	4	2020020	5
2020011	7	2020021	6

如图 4-16 所示，一区出号密集程度远超其他三个区，其他三个区中空号区非常明显，均达到 4 处之多。通过观察空号区可知，一区在短期内成为出号旺区是大势所趋，大概率不会立即反转。

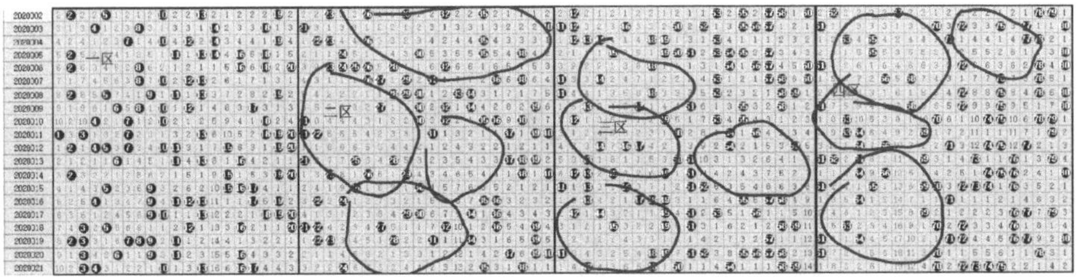

图 4-16　区域旺衰示例

如表 4-9 所示，一区出号个数绝大部分在 5~7 个之间，出号个数非常稳定。综上所述，判断本期一区会开出 5~6 个号码。

（2）确定二区出号个数。走势图二区如图 4-17 所示。二区出号个数统计表如表 4-10 所示。

2020002	2	2	23	2	2	26	1	1	29	1	2	32	2	2	35	2	1	1	1	2
2020003	21	3	1	3	3	1	2	2	1	2	3	1	3	3	1	3	2	2	2	40
2020004	1	22	23	4	4	26	3	3	2	3	4	2	4	4	35	4	3	3	3	1
2020005	2	1	1	24	5	1	4	4	3	30	5	3	5	5	35	5	4	38	4	2
2020006	3	2	23	24	25	26	5	28	4	1	6	32	6	6	1	6	5	1	5	3
2020007	4	3	1	1	1	26	27	1	29	2	31	1	7	7	2	36	6	38	6	4
2020008	5	4	2	2	2	1	1	28	29	30	1	2	33	34	3	1	7	1	7	5
2020009	6	5	3	3	3	2	27	1	1	30	2	32	1	34	4	2	8	2	39	6
2020010	21	6	4	4	4	3	1	2	2	30	3	32	2	1	35	36	9	38	1	7
2020011	21	22	5	5	5	4	2	3	3	1	31	1	3	2	1	1	37	1	39	40
2020012	1	1	6	6	6	5	3	4	4	2	1	2	4	3	2	2	1	2	1	1
2020013	21	2	7	7	25	6	4	28	5	3	2	3	5	4	3	3	37	38	39	2
2020014	1	3	23	8	1	26	5	1	29	4	3	4	6	5	4	4	1	38	1	40
2020015	2	4	1	9	25	1	6	2	1	30	4	5	7	6	5	5	2	1	2	1
2020016	3	22	2	24	1	2	7	3	2	1	5	6	8	7	35	36	3	2	3	2
2020017	4	1	3	1	2	3	8	4	29	30	6	7	9	34	1	36	4	3	4	3
2020018	21	22	4	2	3	4	27	5	1	1	7	32	10	1	2	36	5	4	39	4
2020019	1	22	23	3	4	5	1	28	2	2	31	1	11	34	3	1	6	5	39	5
2020020	2	1	1	4	5	6	2	1	3	3	1	2	12	1	4	2	37	6	39	40
2020021	3	2	2	24	6	7	3	2	4	4	2	3	13	2	35	3	1	38	1	1

图 4-17　走势图二区

表 4-10　二区出号个数统计表

期号	二区出号个数	期号	二区出号个数
2020002	5	2020012	0
2020003	2	2020013	6
2020004	4	2020014	5
2020005	4	2020015	2
2020006	6	2020016	4
2020007	6	2020017	4
2020008	5	2020018	6
2020009	5	2020019	6
2020010	6	2020020	3
2020011	6	2020021	3

与一区出号态势相比，二区出号态势显得较弱一些。

如表 4–10 所示，2020015 期—2020017 期出号一直呈现低迷状态，在求均衡规律的作用下终于在 2020018 期和 2020019 期连续 2 期回补，达到阶段内平衡。在接下来的 2020020 期和 2020021 期连续 2 期均开出 3 个号码，又完全脱离了正常区间范围。在求均衡规律的作用下，本区出号个数大概率会回归到正常区间范围。综上分析，判断本期二区会开出 5 个号码。

（3）确定三区出号个数。走势图三区如图 4–18 所示。三区出号个数统计表如表 4–11 所示。

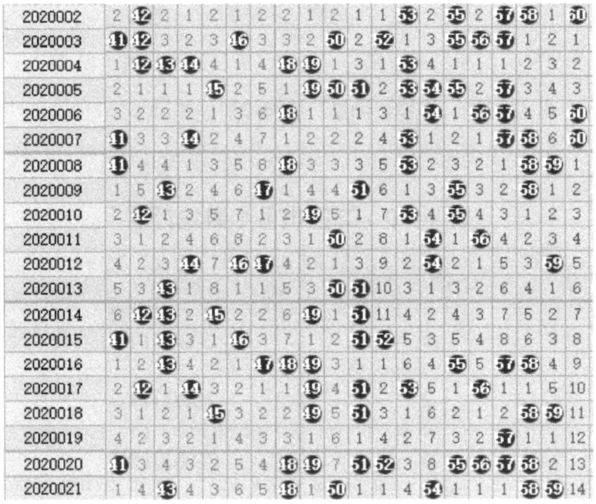

2020002	2	42	2	1	2	1	2	2	1	2	1	1	53	2	55	2	57	58	1	60
2020003	41	42	3	2	3	46	3	3	2	50	2	52	1	3	55	56	57	1	2	1
2020004	1	42	43	44	4	1	4	48	49	1	3	1	53	4	1	1	1	2	3	2
2020005	2	1	1	1	45	2	5	1	49	50	51	2	53	54	55	2	57	3	4	3
2020006	3	2	2	2	1	3	6	48	1	1	1	3	1	54	1	56	57	4	5	60
2020007	41	3	3	44	2	4	7	1	2	2	2	4	53	1	2	1	57	58	6	60
2020008	41	4	4	1	3	5	8	48	3	3	3	5	53	2	3	2	1	58	59	1
2020009	1	5	43	2	4	6	47	1	4	4	51	6	1	3	55	3	2	58	1	2
2020010	2	42	1	3	5	7	1	2	49	5	1	7	53	4	55	4	3	1	2	3
2020011	3	1	2	4	6	8	2	3	1	50	2	8	1	54	1	56	4	2	3	4
2020012	4	2	3	44	7	46	47	4	2	1	3	9	2	54	2	1	5	3	59	5
2020013	5	3	43	1	8	1	1	5	3	50	51	10	3	1	3	2	6	4	1	6
2020014	6	42	43	2	45	2	2	6	49	1	51	11	4	2	4	3	7	5	2	7
2020015	41	1	43	3	1	46	3	7	1	2	51	52	5	3	5	4	8	6	3	8
2020016	1	2	43	4	2	1	47	48	49	3	1	1	6	4	55	5	57	58	4	9
2020017	2	42	1	44	3	2	1	1	49	4	51	2	53	5	1	56	1	1	5	10
2020018	3	1	2	1	45	3	2	2	49	5	51	3	1	6	2	1	2	58	59	11
2020019	4	2	3	2	1	4	3	3	1	6	1	4	2	7	3	2	57	1	1	12
2020020	41	3	4	3	2	5	4	48	49	7	51	52	3	8	55	56	57	58	2	13
2020021	1	4	43	4	3	6	5	48	1	50	1	1	4	54	1	1	1	58	59	14

图 4–18　走势图三区

如表 4–11 所示，2020019 期和 2020020 期连续 2 期出号个数均严重脱离常见区间范围，在求均衡规律的作用下，2020021 期三区出号个数势必回归到正常区间范围。正如我们上期所分析的，2020021 期没有立即杀个回马枪一步到位下滑到谷底，而是开出 6 个号码进行一个平缓过渡。预计三区出号个数继续下滑，因此本期在三区最多选择 3 个备选号码。

要记住，选择备选号码时，少选不一定对，但是多选一定会错。

（4）确定四区出号个数。走势图四区如图 4–19 所示。四区出号个数统计表如表 4–12 所示。

表 4-11　三区出号个数统计表

期号	三区出号个数	期号	三区出号个数
2020002	6	2020012	5
2020003	8	2020013	3
2020004	6	2020014	5
2020005	8	2020015	5
2020006	5	2020016	7
2020007	6	2020017	6
2020008	5	2020018	5
2020009	5	2020019	1
2020010	4	2020020	9
2020011	3	2020021	6

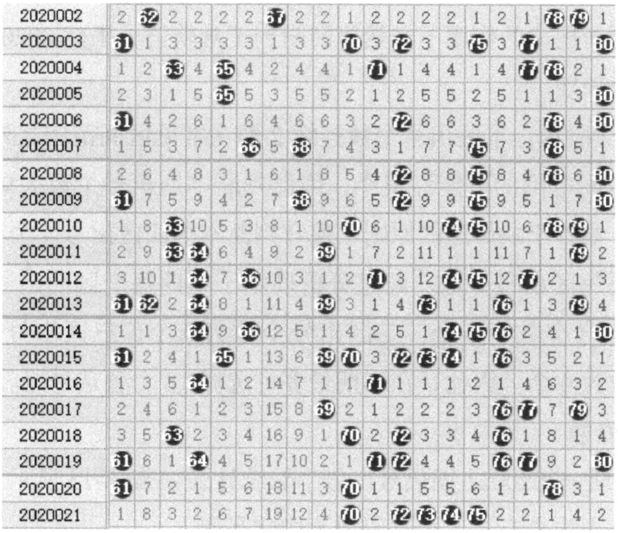

图 4-19　走势图四区

表 4-12　四区出号个数统计表

期号	四区出号个数	期号	四区出号个数
2020002	4	2020012	6
2020003	6	2020013	7
2020004	5	2020014	6
2020005	2	2020015	8
2020006	4	2020016	2
2020007	4	2020017	4
2020008	4	2020018	4
2020009	5	2020019	7
2020010	6	2020020	3
2020011	4	2020021	5

如表 4-12 所示，2020019 期和 2020020 期出号个数一直在常见区间范围之外，在求均衡规律的作用下必然要回归到正常轨道，果然 2020021 期出号 5 个，完全符合预期。

如表 4-12 所示，本区出号个数连续 2 期在常见区间范围之外，回归后再次超出常见区间范围的可能性很小，因此判断本期出号个数大概率还在常见区间范围内。本着宁缺毋滥的原则，保守判断本期四区出号 4 个。

（5）汇总每区出号个数。经过分析确定了本期每个区的出号数量，汇总如下：一区出号个数为 6 个，二区出号个数为 5 个，三区出号个数为 3 个，四区出号个数为 4 个。因此，在本期最多可选择 18 个备选号码。

2. 精选热号

2020012 期—2020021 期热号出号个数统计表如表 4-13 所示。

每期热号中均会有 2~5 个号码成为中奖号码。

表 4-13　热号出号个数统计表

期号	热号个数	中奖号码个数	期号	热号个数	中奖号码个数
2020012	18	4	2020017	10	3
2020013	14	1	2020018	13	4
2020014	14	5	2020019	16	2
2020015	14	2	2020020	18	5
2020016	15	4	2020021	15	3

如表 4-13 所示，2020020 期 18 个热号里出现 5 个中奖号码，是常见范围内的高点。在求均衡规律的作用下，2020021 期 15 个热号里出现 3 个中奖号码，完全符合预期。本期出号态势应该继续保持稳定，预计会有 4 个热号成为中奖号码。

本期有 14 个号码属于热号，从中精选出号码 3、13、58、70 和 72 作为备选号码，分析研判过程如下。

（1）选择热号 3。如图 4-20 所示，号码 3 在经历了 10 期遗漏后仅仅出现 1 次，之后又销声匿迹 6 期才重现江湖，在 17 期开奖中仅仅出现 1 次，可

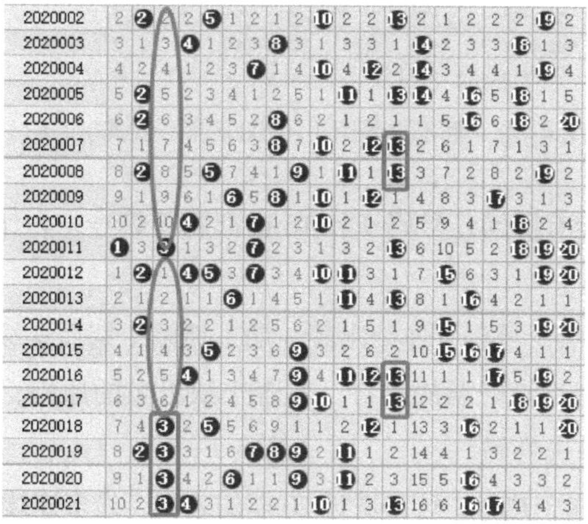

图 4-20　局部走势图（2020002 期—2020021 期）

谓冷到骨髓。在求均衡规律的作用下，号码 3 终于在 2020018 期出现，就此开始了回补之旅，连续开出了 4 期，可谓“强者恒强”。

当一个号码处在“强者恒强”的状态时，必须顺势而为选择它，因为它有足够强大的理由让我们相信它会有上佳表现。因此，继续选择号码 3 作为本期备选号码。

（2）选择热号 13。如图 4–21 所示，号码 13 在近 10 期内开出了 4 次，是非常标准的热号。号码 13 在近 20 期内出现了 2 次重号，可以看出号码 13 喜欢“成双结对”出现。2020021 期号码 13 出现，预计本期号码 13 出现的概率较大，所以精选热号 13 作为本期备选号码。

2020002	2	**2**	2	2	**5**	1	2	1	2	**10**	2	2	**13**	2	1	2	2	2	**19**	2
2020003	3	1	3	**4**	1	2	3	**8**	3	1	3	3	1	**14**	2	3	3	**18**	1	3
2020004	4	2	4	1	2	3	**7**	1	4	**10**	4	**12**	2	**14**	3	4	4	1	**19**	4
2020005	5	**2**	5	2	3	4	1	2	5	1	**11**	1	**13**	**14**	4	**16**	5	**18**	1	5
2020006	6	**2**	6	3	4	5	2	**8**	6	2	1	2	1	1	5	**16**	6	**18**	2	**20**
2020007	7	1	7	4	5	6	3	**8**	7	**10**	2	**12**	**13**	2	6	1	7	1	3	1
2020008	8	**2**	8	5	**5**	7	4	1	**9**	1	**11**	1	**13**	3	7	2	8	2	**19**	2
2020009	9	1	9	6	1	**6**	5	**8**	1	**10**	1	**12**	1	4	8	3	**17**	3	1	3
2020010	10	2	10	**4**	2	1	**7**	1	2	**10**	2	1	2	5	9	4	1	**18**	2	4
2020011	**1**	3	**3**	1	3	2	**7**	2	3	1	3	2	**13**	6	10	5	2	**18**	**19**	**20**
2020012	1	**2**	1	**4**	**5**	3	**7**	3	4	**10**	**11**	3	1	7	**15**	6	3	1	**19**	**20**
2020013	2	1	2	1	1	**6**	1	4	5	1	**11**	4	**13**	8	1	**16**	4	2	1	1
2020014	3	**2**	3	2	2	1	2	5	6	2	1	5	1	9	**15**	1	5	3	**19**	**20**
2020015	4	1	4	3	**5**	2	3	6	**9**	3	2	6	2	10	**15**	**16**	**17**	4	1	1
2020016	5	2	5	**4**	1	3	4	7	**9**	4	**11**	**12**	**13**	11	1	1	**17**	5	**19**	2
2020017	6	3	6	1	2	4	5	8	**9**	**10**	1	1	**13**	12	2	2	1	**18**	**19**	**20**
2020018	7	4	**3**	2	**5**	5	6	9	1	1	2	**12**	1	13	3	**16**	2	1	1	**20**
2020019	8	**2**	**3**	3	1	6	**7**	**8**	**9**	2	**11**	1	2	14	4	1	3	2	2	1
2020020	9	1	**3**	4	2	**6**	1	1	**9**	3	**11**	2	3	15	5	**16**	4	3	3	2
2020021	10	2	**3**	**4**	3	1	2	2	1	**10**	1	3	**13**	16	6	**16**	**17**	4	4	3

图 4–21　局部走势图（2020002 期—2020021 期）

有读者可能会有疑问，号码 9 和 16 也都属于热号，为什么不选择这两个号码呢?

如图 4–21 所示，号码 9 连续出现 3 期，遗漏 1 期后连续出现 2 期，当前又遗漏 1 期，呈现逐渐降温的趋势。本着宁缺毋滥的原则，暂不选择逐渐降温的号码 9 作为备选号码。

号码 16 确实属于热号，可是看近 20 期的表现，最多连续出现 2 期就反转。2020020 期、2020021 期已经连续 2 期出现号码 16，所以接下来反转的概率较大。号码16不同于号码3，后者之前“冷到极致”，之后在求均衡规律的作用下才发生连续强势回补，这才是巨大的机会，也是相信它会继续出现的理由。

（3）选择热号58。如图4–22所示，号码58属于热号，当前连续出现2期。号码58遗漏6期之后在近期内频繁进行了4次回补，短期内完成了冷热转换。号码58在2020007期、2020008期、2020009期连续中出，形成3重号，根据相似规律，我们有理由相信号码58会继续出现，完美地实现一次“历史再现”。这也是关注并寻求对称现象带给我们的一次极佳机会。

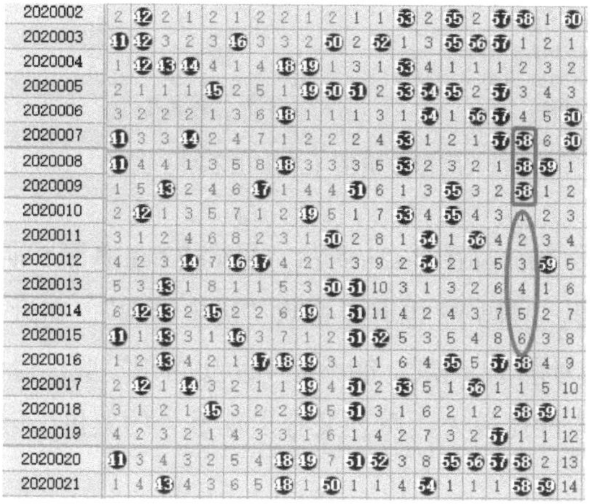

图4–22　局部走势图（2020002期—2020021期）

走势图内号码“历史再现”的现象极其普遍、极具特色，有的号码“历史再现”出现得少，有的出现得多。如果观察到某个号码经常“历史再现”，那么实战中就必须重点关注，这非常利于我们精准选择中奖号码。选号就是抓机会，某个号码的“历史再现”就是大好时机，千万不能错过。

（4）选择热号70。如图4–23所示，号码70属于热号之列，它的遗漏间隔分别为6—4—2—1—0，由冷转热的态势非常明显，有紧锣密鼓、乘胜追击之趋势。所以号码70在本期继续出现的概率极大，必须精选它作为一个备选号码。

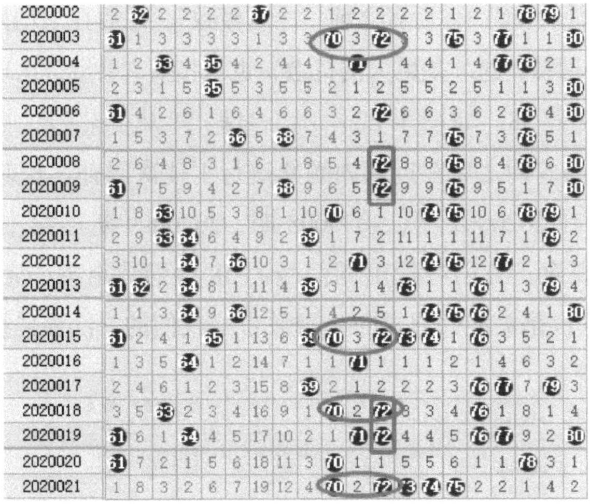

图 4-23 局部走势图（2020002 期—2020021 期）

（5）选择热号 72。如图 4-23 所示，号码 72 在遗漏 5 期后近期频繁出现了 4 次，属于热号。号码 72 也有点喜欢“历史再现”，在近 20 期内出现 2 次重号。2020021 期号码 72 出现，能不能“历史再现”呢？号码 72 本来就属于热号，出现的可能性比较大，而且又有出现重号的契机，因此看好该号码在本期还会出现。

如图 4-23 所示，圆圈内号码 70 和 72 同出的情况“历史再现”4 次之多。如果号码 70 在本期出现，那么号码 72 出现的可能性也很大；反之，如果号码 72 出现，那么号码 70 出现的概率也极高。这两个号码在阶段内不但可以共同进退，还可以相互印证，真是如影随形的一对“兄弟号码”。如果仔细翻看 100 期走势图，其实会发现有好多“兄弟号码”，只是在不同阶段号码不同、表现不同而已。

3. 精选重号

2020002 期—2020021 期重号出号个数统计表如表 4-14 所示。

走势图中每期出现 3~8 个重号是常态。如表 4-14 所示，近期重号出号态势比较平稳，所以 2020022 期继续看好出现 5 个重号。

表 4-14　重号出号个数统计表

期号	重号个数	期号	重号个数
2020002	1	2020012	5
2020003	3	2020013	2
2020004	3	2020014	5
2020005	5	2020015	5
2020006	7	2020016	3
2020007	5	2020017	5
2020008	7	2020018	5
2020009	6	2020019	5
2020010	5	2020020	6
2020011	5	2020021	5

本着宁缺毋滥的原则，使用“五字诀”选择了号码 3、13、58、70 和 72 共计 5 个号码作为本期重号入选备选号码，分析研判过程如下。

（1）根据热中“定”重和重中“寻”重技巧，判断号码 3 会继续出现。号码 3 属于热号，具有“强者恒强”的趋势，因此可作为精选重号。

（2）根据热中“定”重技巧，判断号码 13 会继续出现。号码 13 出现过重号情况，根据相似规律，号码 13 继续出现的概率极高。

（3）根据热中“定”重技巧，看好号码 58 会继续出现。号码 58 是热号，历史上还出现过 3 重号，根据相似规律，号码 58 出现的概率极高，因此选择该号码。

（4）根据热中“定”重技巧，锁定号码 70 和 72 作为当期精选重号。号码 70 由冷转热，有点“强者恒强”的趋势，所以它作为重号继续出现的概率很大。同属热号的号码 72 在阶段内与号码 70 是名副其实的“兄弟号码”，因此看好它在本期同时以重号身份再次出现。

4. 精选斜连号

2020002 期—2020021 期斜连号出号个数统计表如表 4–15 所示。

走势图中每期出现 5~10 个斜连号是常态。如表 4–15 所示，大多数情况下每期斜连号会出现 7~10 个，因此本期继续看好斜连号出号范围为 7~10 个。

表 4–15 斜连号出号个数统计表

期号	斜连号个数	期号	斜连号个数
2020002	8	2020012	5
2020003	10	2020013	7
2020004	9	2020014	12
2020005	8	2020015	10
2020006	5	2020016	6
2020007	7	2020017	10
2020008	7	2020018	6
2020009	10	2020019	10
2020010	7	2020020	8
2020011	12	2020021	9

本着宁缺毋滥的原则，选择 11、12、18、51、58、71 和 72 共计 7 个号码作为本期斜连号入选备选号码，分析研判过程如下。

（1）选择斜连号 11。如图 4–24 所示，号码 10 出现后下期斜连号 11 开出的情况出现了 3 次之多。根据相似规律，2020021 期开出号码 10，那么 2020022 期斜连号 11 出现的概率极高，同时号码 11 又属于当前热号，因此锁定斜连号 11 作为本期备选号码。

（2）选择斜连号 12。如图 4–25 所示，号码 13 出现后下期斜连号 12 开出的情况出现了 2 次。2020021 期开出号码 13，根据相似规律，本期斜连号 12 出现的概率比较大。近 20 期内号码 11 和 12 作为连号出现过，如果号码 11 作为斜连号一定出现，那么更增加了号码 12 同时出现的可能性。

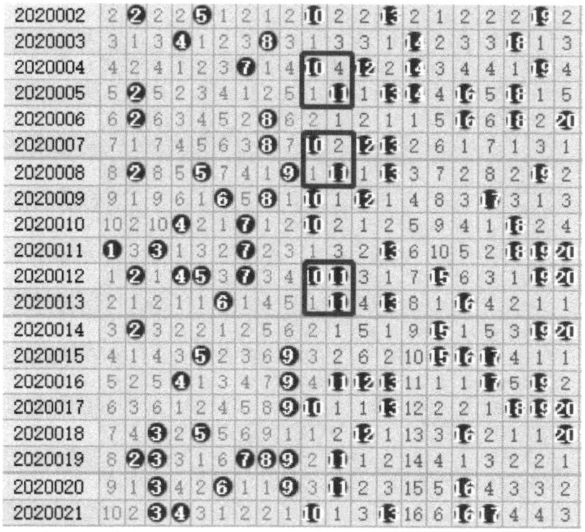

图 4-24 局部走势图（2020002 期—2020021 期）

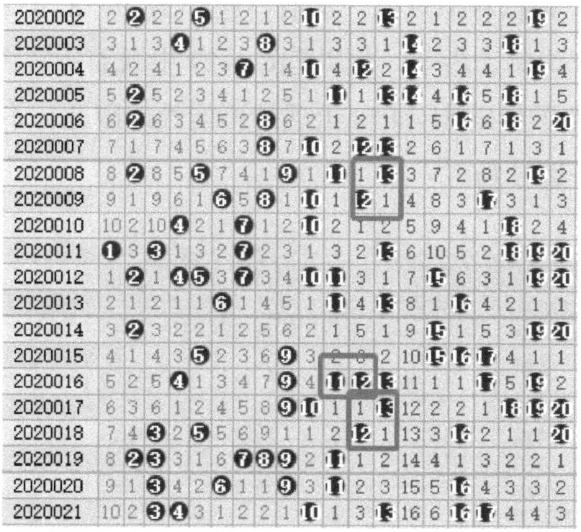

图 4-25 局部走势图（2020002 期—2020021 期）

（3）选择斜连号 18。如图 4-26 所示，号码 17 出现后斜连号 18 出现过 2 次，尤其出现过 1 次 16、17、18 的标准斜连号，根据相似规律，本期斜连号 18 出现的概率极高，因此精选斜连号 18 作为本期备选号码。

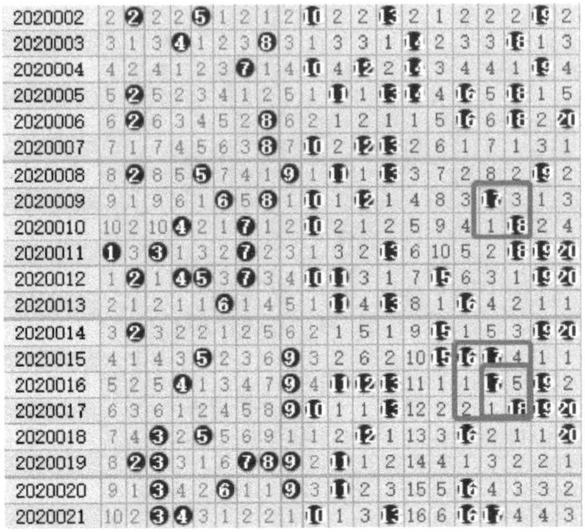

图 4-26　局部走势图（2020002 期—2020021 期）

（4）选择斜连号 51 和 58。如图 4-27 所示，号码 51 和 58 在历史上均作为斜连号出现过，根据相似规律，本期斜连号 51 和 58 出现的概率很大。同时，号码 51 和 58 均属于热号，尤其是图 4-27 中圆圈所示区域号码旺出，聚集性极强，更增加了号码 51 和 58 出现的可能性。因此，本期最终精选斜连号 51 和 58 作为备选号码。

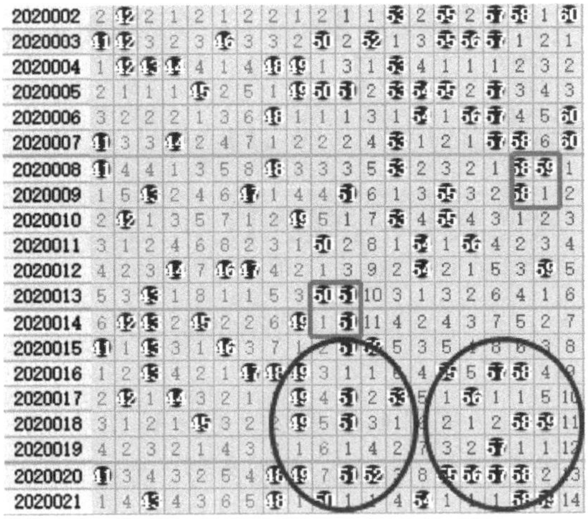

图 4-27　局部走势图（2020002 期—2020021 期）

为什么没有选择号码 49 呢？因为号码 49 紧邻出号空白区域，并且号码 49 与号码 51 相比，“强者恒强”的态势似乎弱一点，所以最终没有选择号码 49。

（5）选择斜连号 71 和 72。如图 4–28 所示，号码 71 在历史上作为号码 70 的斜连号出现过 3 次，作为号码 72 的斜连号出现过 3 次，根据相似规律，本期斜连号 71 出现的概率极大。号码 71、72 作为连号出现过 1 次，号码 72 作为重号出现的概率也极高，因此最终精选号码 71 和 72 作为本期备选号码。

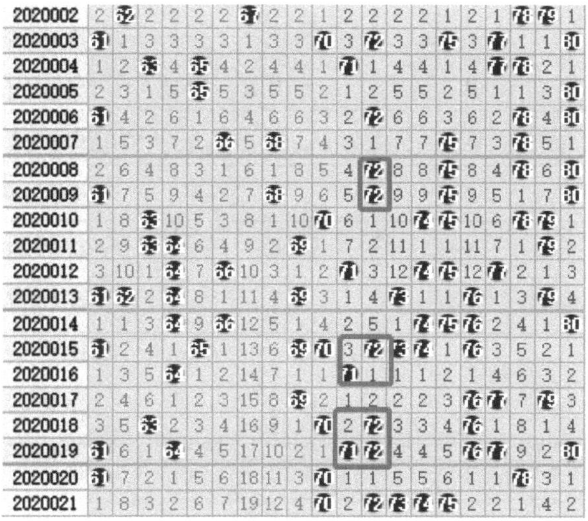

图 4–28　局部走势图（2020002 期—2020021 期）

5. 精选连号

2020002 期—2020021 期连号出号组数统计表如表 4–16 所示。

走势图中每期出现 2~5 组连号是常态。如表 4–16 所示，统计表内只出现过 4 组 4 连号，因此再出现一组 4 连号的概率极低。预计出现 1 组 3 连号的概率极高，2 连号的出现组数会在 2~4 组之间。

根据之前的分析，号码 11 作为斜连号、12 作为斜连号、13 作为重号，出现的概率极高，那么这三个号码组合成为 3 连号的概率很高。

表 4-16 连号出号组数统计表

期号	2 连号组数	3 连号组数	4 连号组数	总组数
2020002	2	0	0	2
2020003	0	2	0	2
2020004	3	1	0	4
2020005	1	2	0	3
2020006	2	0	1	3
2020007	3	0	0	3
2020008	2	1	0	3
2020009	0	0	0	0
2020010	3	0	0	3
2020011	2	0	1	3
2020012	5	0	0	5
2020013	2	1	0	3
2020014	2	1	0	3
2020015	2	2	0	4
2020016	2	2	0	4
2020017	3	1	0	4
2020018	1	1	0	2
2020019	4	1	0	5
2020020	2	1	1	4
2020021	3	0	1	4

如图 4–29 所示，走势图内号码 18、19、20 作为 3 连号出现了 2 次，根据相似规律，其再次出现的概率很高。可是 3 连号同时出现 2 组的概率极低，所以不看好 18、19、20 作为 3 连号出现。由于 18 作为斜连号出现的概率很

高，因此选择号码 18、19 作为一组 2 连号。

2020002	2	2	2	2	5	1	2	1	2	10	2	2	13	2	1	2	2	2	19	2
2020003	3	1	3	4	1	2	3	8	3	1	3	3	1	14	2	3	3	18	1	3
2020004	4	2	4	1	2	3	7	1	4	10	4	12	2	14	3	4	4	1	19	4
2020005	5	2	5	2	3	4	1	2	5	1	11	1	13	14	4	16	5	18	1	5
2020006	6	2	6	3	4	5	2	8	6	2	1	2	1	1	5	16	6	18	2	20
2020007	7	1	7	4	5	6	3	8	7	10	2	12	13	2	6	1	7	1	3	1
2020008	8	2	8	5	5	7	4	1	9	1	11	1	13	3	7	2	8	2	19	2
2020009	9	1	9	6	1	6	5	8	1	10	1	12	1	4	8	3	17	3	1	3
2020010	10	2	10	4	2	1	7	1	2	10	2	1	2	5	9	4	1	18	2	4
2020011	1	3	3	1	3	2	7	2	3	1	3	2	13	6	10	5	2	18	19	20
2020012	1	2	1	4	5	3	7	3	4	10	11	3	1	7	15	6	3	1	19	20
2020013	2	1	2	1	1	6	1	4	5	1	11	4	13	8	1	16	4	2	1	1
2020014	3	2	3	2	2	1	2	5	6	2	1	5	1	9	15	1	5	3	19	20
2020015	4	1	4	3	5	2	3	6	9	3	2	6	2	10	15	16	17	4	1	1
2020016	5	2	5	4	1	3	4	7	9	4	11	12	13	11	1	1	17	5	19	2
2020017	6	3	6	1	2	4	5	8	9	10	1	1	13	12	2	2	1	18	19	20
2020018	7	4	3	2	5	5	6	9	1	1	2	12	1	13	3	16	2	1	1	20
2020019	8	2	3	3	1	6	7	8	9	2	11	1	2	14	4	1	3	2	2	1
2020020	9	1	3	4	2	6	1	1	9	3	11	2	3	15	5	16	4	3	3	2
2020021	10	2	3	4	3	1	2	2	1	10	1	3	13	16	6	16	17	4	4	3

图 4-29　局部走势图（2020002 期—2020021 期）

根据宁缺毋滥的原则，最终选择了 2 组连号，分别是 11、12、13 和 18、19。

6. 分级定胆

（1）数据汇总。

① 确定一区出号 5 个，二区出号 5 个，三区出号 3 个，四区出号 4 个。

② 精选热号 5 个：3、13、58、70、72。

③ 精选重号 5 个：3、13、58、70、72。

④ 精选斜连号 7 个：11、12、18、51、58、71、72。

⑤ 精选连号 2 组：11、12、13 和 18、19。

本期选择 3、11、12、13、18、19、51、58、70、71、72 共 11 个备选号码，每个区间备选号码的个数均未超出已确定的区间范围。

（2）号码分级和定胆。根据备选号码在选号中出现的次数进行分级，结果如下。

1 级备选号码：号码 13、58 和 72 各出现 3 次，是本期最看好的 3 个胆码。

2 级备选号码：号码 3、11、12、18、70 均出现 2 次。

3 级备选号码：号码 19、51、71 均出现 1 次。

7. 投注方案

本期获得了 11 个备选号码，本着“以小博大”的投注原则，依旧选择投入少、风险小的投注方案，只要中奖就能大奖小奖中一串，赚个盆满钵满。还是那句话，任何方案都没有好坏之分，选择适合自己的方案才是最重要的。

“选十”单式：1 级备选号码 +2 级备选号码，再与 3 级备选号码中任意 2 个号码分别进行组合，进行三次“选十”单式投注。投入 6 元，如中奖，最高奖金 1500 万元。

“选九”单式：1 级备选号码 +2 级备选号码，再分别与 3 级备选号码组合，进行三次“选九”单式投注。投入 6 元，如中奖，最高奖金 90 万元。

“选八”单式：1 级备选号码 +2 级备选号码，“选八”单式投注。投入 2 元，如中奖，奖金最高 5 万元。

“选七”复式：1 级备选号码 +2 级备选号码，“选七”复式投注。投入 16 元，如中奖，奖金最高 8 万元。

“选六”复式：1 级备选号码 +2 级备选号码，“选六”复式投注。投入 56 元，如中奖，奖金最高 8.4 万元。

“选十”胆拖：2 个胆码组合其他备选号码进行“选十”2 胆 9 拖投注。投入 18 元，如中奖，最多中 9 注一等奖。

“选九”胆拖：1 个胆码组合其他备选号码进行“选九”1 胆 10 拖投注。投入 90 元，如中奖，奖金最高 1350 万元。

8. 开奖号码

2020022 期开奖号码：3、6、11、12、13、18、19、24、30、32、33、35、36、47、51、58、62、68、70、72。

三、2020023 期实战案例分析

如图 4–30 所示，我们使用 2020003 期—2020022 期走势图进行 2020023

期实战案例分析。

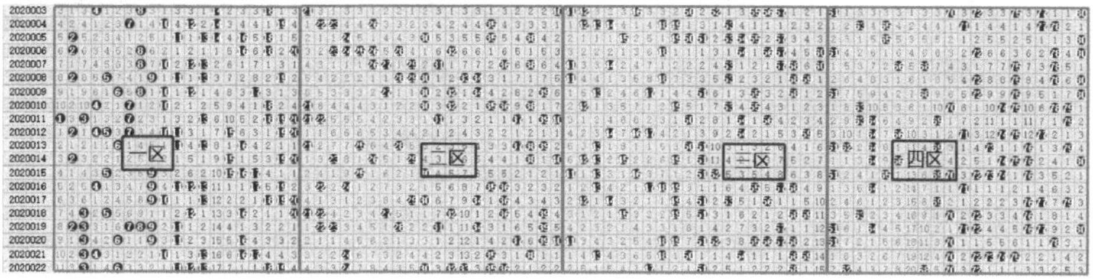

图 4-30　快乐 8 走势图（2020003 期—2020022 期）

1. 确定区间范围

（1）确定一区出号个数。走势图一区如图 4-31 所示。一区出号个数统计表如表 4-17 所示。

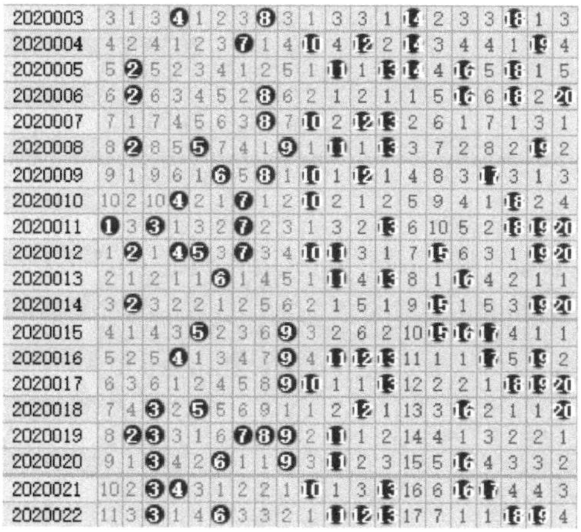

图 4-31　走势图一区

如图 4-32 所示，一区出号密集程度远超其他三个区，其他三个区的空号区非常多，均达到 4 处。通过观察空号区可知，一区在短期内出号多是大势所趋，不可能一下子反转。我们在上期的分析结论完全正确，适用于本期。

表 4-17　一区出号个数统计表

期号	一区出号个数	期号	一区出号个数
2020003	4	2020013	4
2020004	5	2020014	4
2020005	6	2020015	5
2020006	5	2020016	7
2020007	4	2020017	6
2020008	6	2020018	5
2020009	5	2020019	6
2020010	4	2020020	5
2020011	7	2020021	6
2020012	9	2020022	7

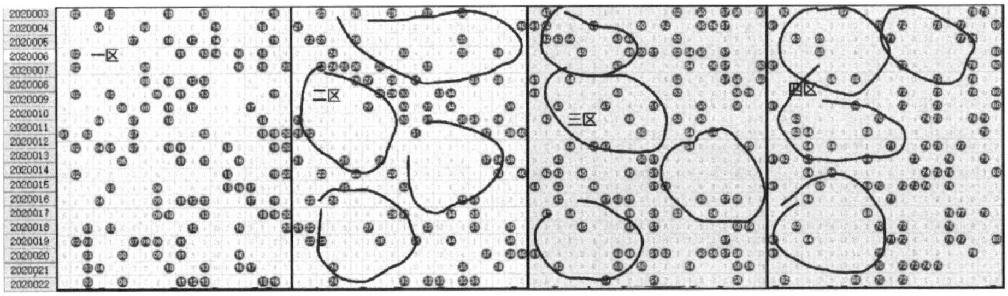

图 4-32　区域旺衰示例

如表 4-17 所示，一区出号个数大部分在 5~7 个之间，出号态势非常稳定，因此继续保守判断一区会出号 5 个。

（2）确定二区出号个数。走势图二区如图 4-33 所示。二区出号个数统计表如表 4-18 所示。

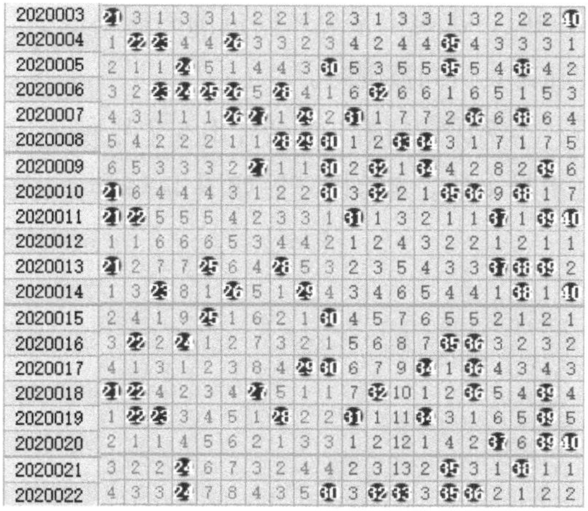

图 4-33 走势图二区

表 4-18 二区出号个数统计表

期号	二区出号个数	期号	二区出号个数
2020003	2	2020013	6
2020004	4	2020014	5
2020005	4	2020015	2
2020006	6	2020016	4
2020007	6	2020017	4
2020008	5	2020018	6
2020009	5	2020019	6
2020010	6	2020020	3
2020011	6	2020021	3
2020012	0	2020022	6

如表4-18所示，2020020期和2020021期连续2期分别只开出3个号码，二区出号个数完全脱离了正常区间范围。在求均衡规律的作用下，2020022期二区出号个数回归到常见区间范围内。每个区出号个数在4~6个

之间是常态，刚刚回归再次超出常见区间范围的概率很小，因此判断二区出号个数会继续稳定在常见区间范围内。

基于以上分析，本期保守判断二区会开出 5 个号码。

（3）确定三区出号个数。走势图三区如图 4-34 所示。三区出号个数统计表如表 4-19 所示。

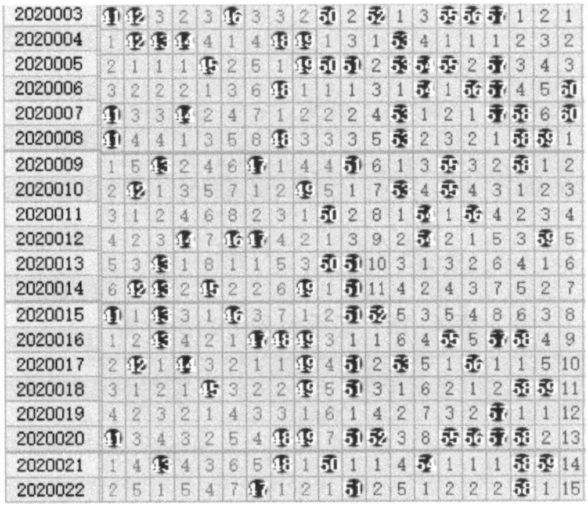

图 4-34　走势图三区

表 4-19　三区出号个数统计表

期号	三区出号个数	期号	三区出号个数
2020003	8	2020013	3
2020004	6	2020014	5
2020005	8	2020015	5
2020006	5	2020016	7
2020007	6	2020017	6
2020008	5	2020018	5
2020009	5	2020019	1
2020010	4	2020020	9
2020011	3	2020021	6
2020012	5	2020022	3

如表 4-19 所示，2020019 期本区出号 1 个，2020020 期迅速扭转乾坤开出 9 个号码以求均衡。2020021 期三区出号个数没有立即杀个回马枪一步到位下滑到谷底，而是开出 6 个号码进行了一个平缓过渡。2020022 期三区出号个数终于跌落谷底，由于不是瞬间跌落，因此立即反弹的可能性不大，需要经过短暂的调整和积蓄力量才能再度出发。本期预计三区出号个数为 3~4 个，本着“少选防错”的保守原则，判断本期三区出号 3 个。

（4）确定四区出号个数。走势图四区如图 4-35 所示。四区出号个数统计表如表 4-20 所示。

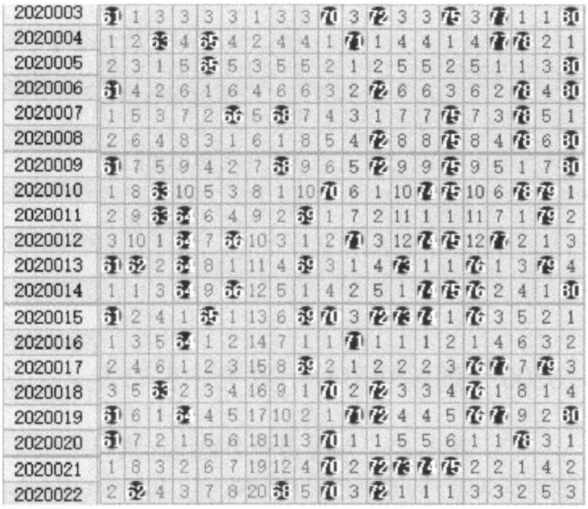

图 4-35　走势图四区

如表 4-20 所示，2020019 期和 2020020 期出号个数一直游离在常见区间范围之外，在求均衡规律的作用下必然回归到正常轨道，事实正是如此，2020021 期、2020022 期四区出号个数均回归常见范围内。本期继续看好本区出号个数在常见范围内，本着“少选防错”的保守原则，判断本区会出号 4 个。

（5）汇总每区出号个数。经过分析确定了四个区的出号数量，汇总如下：一区出号个数为 5 个，二区出号个数为 5 个，三区出号个数为 3 个，四区出号个数为 4 个。因此，本期最多可选择 17 个备选号码。

表 4-20 四区出号个数统计表

期号	四区出号个数	期号	四区出号个数
2020003	6	2020013	7
2020004	5	2020014	6
2020005	2	2020015	8
2020006	4	2020016	2
2020007	4	2020017	4
2020008	4	2020018	4
2020009	5	2020019	7
2020010	6	2020020	3
2020011	4	2020021	5
2020012	6	2020022	4

2. 精选热号

2020013 期—2020022 期热号出号个数统计表如表 4-21 所示。

表 4-21 热号出号个数统计表

期号	热号个数	中奖号码个数	期号	热号个数	中奖号码个数
2020013	14	1	2020018	13	4
2020014	14	5	2020019	16	2
2020015	14	2	2020020	18	5
2020016	15	4	2020021	15	3
2020017	10	3	2020022	14	7

每期热号中有 2~5 个号码成为中奖号码是常态。

如表 4-21 所示，上期实战分析 2020022 期会有 4 个热号成为当期中奖号码，结果开出了令人大跌眼镜的 7 个中奖号码，完全超出了常见范围，并达到了统计表内的最高值。接下来大概率会在求均衡规律的作用下回归到常见范围内，因此本期保守判断热号中会开出 4~5 个中奖号码。

本期有 18 个号码属于热号，从中精选出号码 3、16、51 和 70 作为备选号码，分析研判过程如下。

（1）选择热号 3。如图 4–36 所示，号码 3 在经历了 16 期之久的冷态后，在求均衡规律的作用下终于在 2020018 期出现并开始了回补之旅，截至 2020022 期连续开出了 5 期，展示了真正的“强者恒强”。

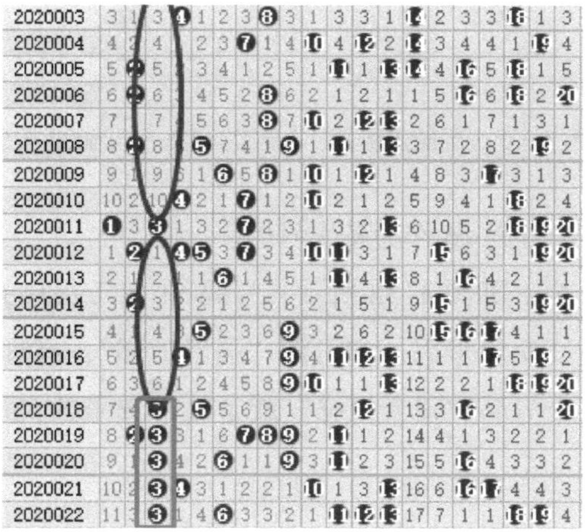

图 4–36　局部走势图（2020003 期—2020022 期）

我们之前说过，当一个号码处于“强者恒强”的趋势时，必须顺势而为地选择它，因为它有足够强大的理由让我们相信它会有上佳表现。因此，继续精选号码 3 作为备选号码，该号码也是最看好的主力号码。

（2）选择热号 16。如图 4–37 所示，号码 16 是标准的热号，本期出现的概率很大。我们还发现，号码 19 出现后下期号码 16 开出的情况出现了 4 次，高度诠释了相似规律的重要价值和意义。

2020022 期号码 19 出现了，根据相似规律以及短期内“历史再现”现象的频繁出现，号码 16 会不会如期而至呢？选号码就是抓机会，现在巨大的机会出现了，值得一搏。

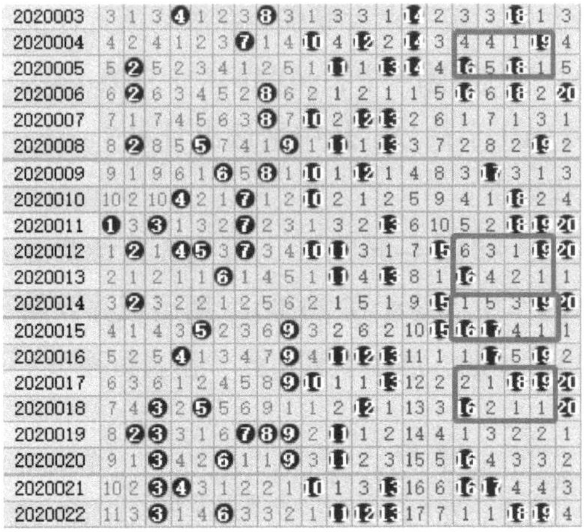

图 4-37　局部走势图（2020003 期—2020022 期）

因此，本期精选号码 16 作为备选号码。

（3）选择热号 51。如图 4-38 所示，号码 51 属于很热的热号，10 期内出现了 7 期，可谓当红明星号码，亦可谓“强者恒强”，有理由相信号码 51 会继续有所表现。某个号码“强者恒强”就是精准选号的大好时机，宁可出错不能错过。

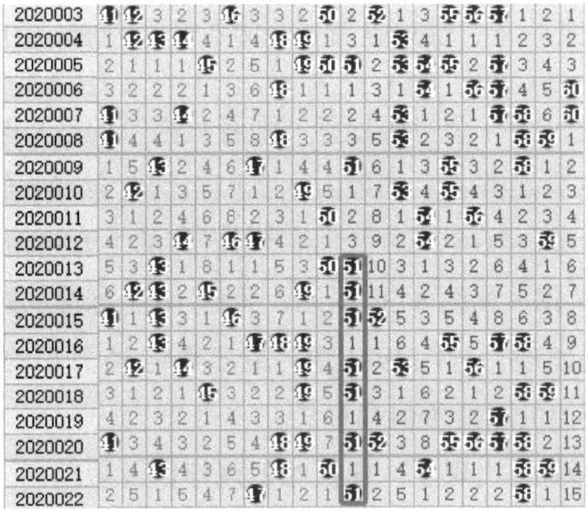

图 4-38　局部走势图（2020003 期—2020022 期）

如图 4-38 所示，号码 50 出现后号码 51 连续出现 2 次的情况已经出现 1 次，那么 2020021 期出现号码 50，2020022 期出现号码 51，2020023 期是否能“历史再现”呢?

根据相似规律，号码 51 继续出现的概率很大，因此本期精选热号 51 作为备选号码。开奖后，相似规律的强大再次得到证明，这是后话。

（4）选择热号 70。如图 4-39 所示，号码 70 属于热号之列，遗漏间隔分别为 6—4—2—1—0—0，由冷转热的态势非常明显，而且有乘胜追击、“强者恒强”之趋势，因此号码 70 在本期继续出现的概率极大，应精选它作为备选号码。

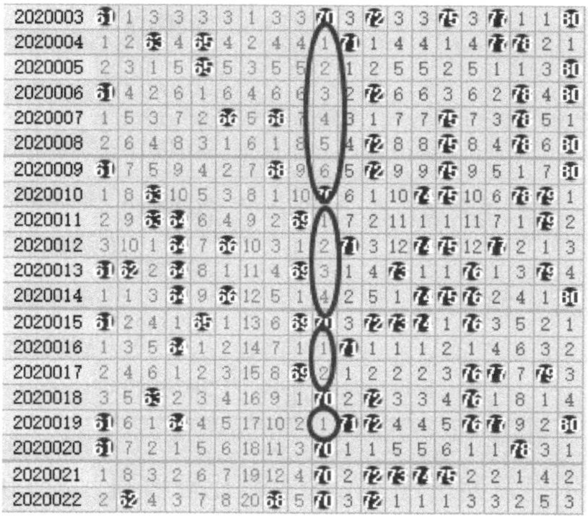

图 4-39　局部走势图（2020003 期—2020022 期）

开奖后我们发现分析是错误的，号码 70 并没有在 2020023 期开出，“强者恒强”之趋势并没有延续下去。一切皆有因果，仔细分析才发现，虽然号码 70 与号码 3 都是炙手可热的号码，但还是有区别的。号码 3 之所以“强者恒强”之势愈演愈烈，出现“六连阳”，与之前出现阶段性 16 期极冷态势是有极大关系的。而号码 70 在之前的阶段中并没有出现冷态，即便出现“强者恒强”，也因为没有足够的动力而很快掉头进行调偏。如果之前分析时能认识到这一点的话，我们会因为号码 70 已经连续出现 3 次而果断放弃该号码，亦不会导致错误。虽然已经于事无补，但获得的经验是宝贵的，这也是复盘的重要性。

3. 精选重号

2020003 期—2020022 期重号出号个数统计表如表 4–22 所示。

表 4–22　重号出号个数统计表

期号	重号个数	期号	重号个数
2020003	3	2020013	2
2020004	3	2020014	5
2020005	5	2020015	5
2020006	7	2020016	3
2020007	5	2020017	5
2020008	7	2020018	5
2020009	6	2020019	5
2020010	5	2020020	6
2020011	5	2020021	5
2020012	5	2020022	7

如表 4–22 所示，每期出现 5~6 个重号比较普遍。2020022 期出现 7 个重号，根据均衡原理，判断 2020023 期会开出 5~6 个重号。

本着宁缺毋滥的原则，精选 3、13、32、36 和 51 共 5 个号码作为本期重号入选备选号码，分析研判过程如下。

（1）根据重中“寻”重及热中“定”重技巧，选择号码 3 和 13。如图 4–40 所示，号码 3 是热号且具有“强者恒强”的趋势，出现概率极高，因此精选它作为备选号码。号码 13 也是热号，而且连号 12、13 出现后下期号码 13 开出的情况出现过 2 次，2020022 期连号 12、13 又出现，那么根据相似规律，2020023 期号码 13 出现重号的概率非常高。

（2）根据连中“选”重技巧，选择号码 32 和 36。如图 4–41 所示，号码

32 出现过重号，根据相似规律，2020023 期号码 32 出现重号的概率非常高。根据连中“选”重技巧，连号 32、33 的出现更增加了号码 32 出现的概率。

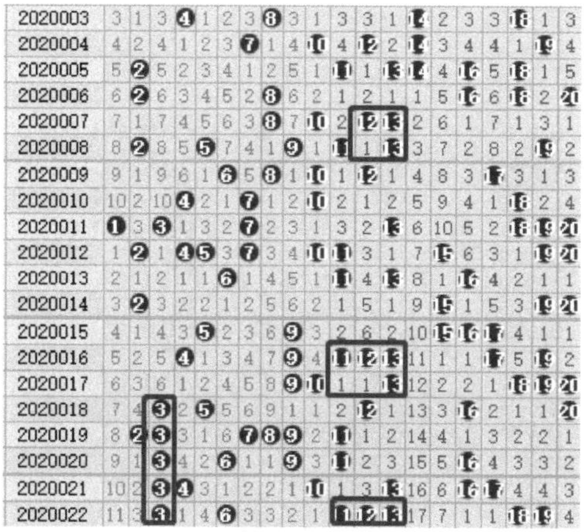

图 4-40　局部走势图（2020003 期—2020022 期）

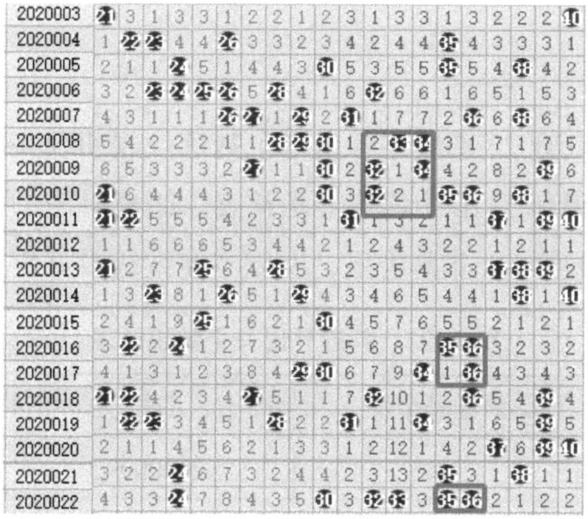

图 4-41　局部走势图（2020003 期—2020022 期）

如图 4-41 所示，连号 35、36 出现后下期开出重号 36 的情况出现过 1 次，根据相似规律，2020022 期连号 35、36 出现之后，号码 36 出现的概率极大，甚至超过号码 32 出现的概率。

（3）根据热中“定”重技巧，选择号码 51。如图 4–42 所示，号码 51 是热号中的极品，历史上还出现过 3 重号和 2 重号。根据相似规律，它继续出现的概率极高，因此必须选择它。这样的机会难得，即使错了也无悔，非常值得一搏。

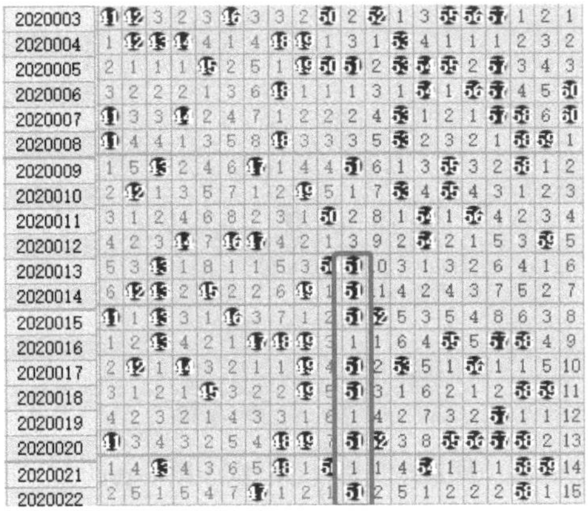

图 4–42　局部走势图（2020003 期—2020022 期）

4. 精选斜连号

2020003 期—2020022 期斜连号出号个数统计表如表 4–23 所示。

走势图中每期出现 5~10 个斜连号是常态。如表 4–23 所示，大多数情况下每期出现 7~10 个斜连号，非常稳定，所以本期继续看好斜连号出号 7~10 个。

表 4–23　斜连号出号个数统计表

期号	斜连号个数	期号	斜连号个数
2020003	10	2020009	10
2020004	9	2020010	7
2020005	8	2020011	12
2020006	5	2020012	5
2020007	7	2020013	7
2020008	7	2020014	12

续表

期号	斜连号个数	期号	斜连号个数
2020015	10	2020019	10
2020016	6	2020020	8
2020017	10	2020021	9
2020018	6	2020022	9

本着宁缺毋滥的原则，选择了 4、7、10、13、32 和 36 共计 6 个号码作为本期斜连号入选备选号码，分析研判过程如下。

（1）选择斜连号 4。如图 4–43 所示，2020010 期开出号码 4，2020011 期斜连号 3 开出，2020012 期号码 4 在遗漏 1 期后作为斜连号出现。2020021 期开出号码 4，2020022 期斜连号 3 出现，那么根据相似规律，接下来斜连号 4 出现的概率极高，因此精选斜连号 4 作为本期备选号码。

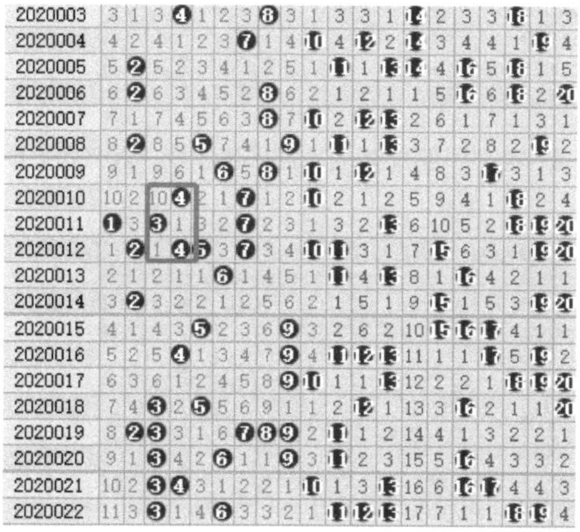

图 4–43　局部走势图（2020003 期—2020022 期）

（2）选择斜连号 7。如图 4–44 所示，号码 6 出现后斜连号 7 出现了 1 次，号码 7 出现后号码 6 出现了 2 次，总是前后交替出现。2020022 期开出号码 6，根据相似规律，本期斜连号 7 出现的概率比较大。尤其是号码 7 在遗漏 5 期后连续出现 3 次进行回补，再遗漏 6 期才出现 1 次。当前遗漏 3 期，在求均衡规律的作用下近期出现的概率也较高。基于以上分析，精选斜连号 7 作为本期备选号码。

（3）选择斜连号 10。如图 4-45 所示，号码 11 出现后号码 10 作为斜连号出现过 2 次，根据相似规律，上期号码 11 出现后本期斜连号 10 出现的概率很高，因此选择斜连号 10 作为本期备选号码。

2020003	3	1	3	4	1	2	3	8	3	1	3	3	1	14	2	3	3	18	1	3
2020004	4	2	4	1	2	3	7	1	4	10	4	12	2	14	3	4	4	1	19	4
2020005	5	2	5	2	3	4	1	2	5	1	11	1	13	14	4	16	5	18	1	5
2020006	6	2	6	3	4	5	2	8	6	2	1	2	1	1	5	16	6	18	2	20
2020007	7	1	7	4	5	6	3	8	7	10	2	12	13	2	6	1	7	1	3	1
2020008	8	2	8	5	5	7	4	1	9	1	11	1	13	3	7	2	8	2	19	2
2020009	9	1	9	6	1	6	5	8	1	10	1	12	1	4	8	3	17	3	1	3
2020010	10	2	10	4	2	1	7	1	2	10	2	1	2	5	9	4	1	18	2	4
2020011	1	3	3	1	3	2	7	2	3	1	3	2	13	6	10	5	2	18	19	20
2020012	1	2	1	4	5	3	7	3	4	10	11	3	1	7	15	6	3	1	19	20
2020013	2	1	2	1	1	6	1	4	5	1	11	4	13	8	1	16	4	2	1	1
2020014	3	2	3	2	2	1	2	5	6	2	1	5	1	9	15	1	5	3	19	20
2020015	4	1	4	3	5	2	3	6	9	3	2	6	2	10	15	16	17	4	1	1
2020016	5	2	5	4	1	3	4	7	9	4	11	12	13	11	1	1	17	5	19	2
2020017	6	3	6	1	2	4	5	8	9	10	1	1	13	12	2	2	1	18	19	20
2020018	7	4	3	2	5	5	6	9	1	1	2	12	1	13	3	16	2	1	1	20
2020019	8	2	3	3	1	6	7	8	9	2	11	1	2	14	4	1	3	2	2	1
2020020	9	1	3	4	2	6	1	1	9	3	11	2	3	15	5	16	4	3	3	2
2020021	10	2	3	4	3	1	2	2	1	10	1	3	13	16	6	16	17	4	4	3
2020022	11	3	3	1	4	6	3	3	2	1	11	12	13	17	7	1	1	18	19	4

图 4-44　局部走势图（2020003 期—2020022 期）

2020003	3	1	3	4	1	2	3	8	3	1	3	3	1	14	2	3	3	18	1	3
2020004	4	2	4	1	2	3	7	1	4	10	4	12	2	14	3	4	4	1	19	4
2020005	5	2	5	2	3	4	1	2	5	1	11	1	13	14	4	16	5	18	1	5
2020006	6	2	6	3	4	5	2	8	6	2	1	2	1	1	5	16	6	18	2	20
2020007	7	1	7	4	5	6	3	8	7	10	2	12	13	2	6	1	7	1	3	1
2020008	8	2	8	5	5	7	4	1	9	1	11	1	13	3	7	2	8	2	19	2
2020009	9	1	9	6	1	6	5	8	1	10	1	12	1	4	8	3	17	3	1	3
2020010	10	2	10	4	2	1	7	1	2	10	2	1	2	5	9	4	1	18	2	4
2020011	1	3	3	1	3	2	7	2	3	1	3	2	13	6	10	5	2	18	19	20
2020012	1	2	1	4	5	3	7	3	4	10	11	3	1	7	15	6	3	1	19	20
2020013	2	1	2	1	1	6	1	4	5	1	11	4	13	8	1	16	4	2	1	1
2020014	3	2	3	2	2	1	2	5	6	2	1	5	1	9	15	1	5	3	19	20
2020015	4	1	4	3	5	2	3	6	9	3	2	6	2	10	15	16	17	4	1	1
2020016	5	2	5	4	1	3	4	7	9	4	11	12	13	11	1	1	17	5	19	2
2020017	6	3	6	1	2	4	5	8	9	10	1	1	13	12	2	2	1	18	19	20
2020018	7	4	3	2	5	5	6	9	1	1	2	12	1	13	3	16	2	1	1	20
2020019	8	2	3	3	1	6	7	8	9	2	11	1	2	14	4	1	3	2	2	1
2020020	9	1	3	4	2	6	1	1	9	3	11	2	3	15	5	16	4	3	3	2
2020021	10	2	3	4	3	1	2	2	1	10	1	3	13	16	6	16	17	4	4	3
2020022	11	3	3	1	4	6	3	3	2	1	11	12	13	17	7	1	1	18	19	4

图 4-45　局部走势图（2020003 期—2020022 期）

（4）选择斜连号 13。如图 4-46 所示，号码 12 出现后号码 13 作为斜连号出现过 3 次。根据相似规律，2020022 期号码 12 开出后，本期斜连号 13 出现的概率极大。另外，号码 13 属于热号，更增加了号码 13 出现的概率。综上所述，最终精选斜连号 13 作为本期备选号码。

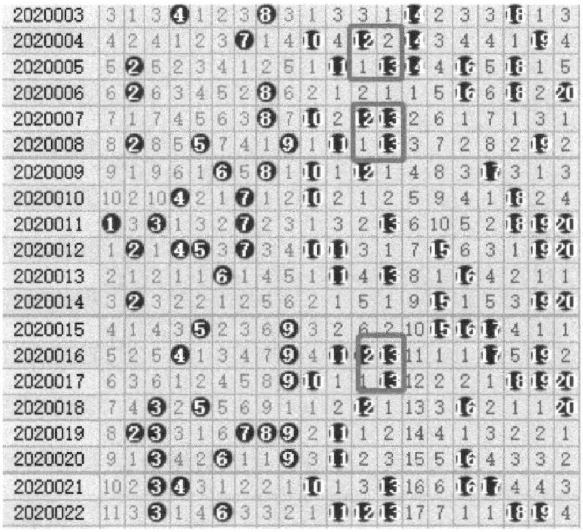

图 4-46　局部走势图（2020003 期—2020022 期）

（5）选择斜连号 32 和 36。如图 4-47 所示，号码 32 作为号码 33 的斜连号出现过 1 次，根据相似规律，本期斜连号 32 出现的概率较大。号码 36 作为号码 35 的斜连号出现过 2 次，根据相似规律，本期斜连号 36 出现的概率很高。基于以上分析，精选斜连号 32 和 36 作为本期备选号码，其中号码 36 比号码 32 出现的可能性更大。

5. 精选连号

2020003 期—2020022 期连号出号组数统计表如表 4-24 所示。

走势图中每期出现 2~5 组连号是常态。

如表 4-24 所示，2020020 期—2020022 期连续 3 期出现 4 组连号，接下来再出现 4 组连号的可能性很低，所以判断本期连号出现组数会在 2~3 组之间。

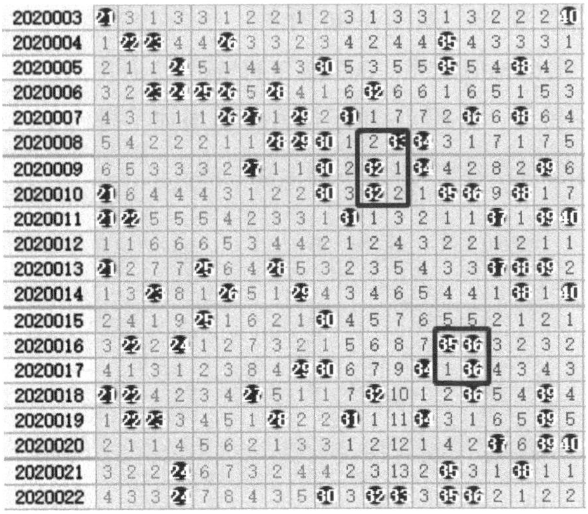

图 4-47　局部走势图（2020003 期—2020022 期）

表 4-24　连号出号组数统计表

期号	2 连号组数	3 连号组数	4 连号组数	总组数
2020003	0	2	0	2
2020004	3	1	0	4
2020005	1	2	0	3
2020006	2	0	1	3
2020007	3	0	0	3
2020008	2	1	0	3
2020009	0	0	0	0
2020010	3	0	0	3
2020011	2	0	1	3
2020012	5	0	0	5
2020013	2	1	0	3
2020014	2	1	0	3

续表

期号	2 连号组数	3 连号组数	4 连号组数	总组数
2020015	2	2	0	4
2020016	2	2	0	4
2020017	3	1	0	4
2020018	1	1	0	2
2020019	4	1	0	5
2020020	2	1	1	4
2020021	3	0	1	4
2020022	3	1	0	4

之前已经选择了号码 3 和号码 4 作为备选号码，而且这两个号码在历史上也作为连号出现过，因此本期看好号码 3、4 作为一组连号出现。

如图 4–48 所示，2020015 期号码 15、16 作为连号出现过，号码 16 是本期备选号码，出现概率高，那么号码 15 和 16 一起出现的可能性极大。尤其是号码 15 当前遗漏 7 期，也到了现身的时候，因此本期看好连号 15、16 出现。

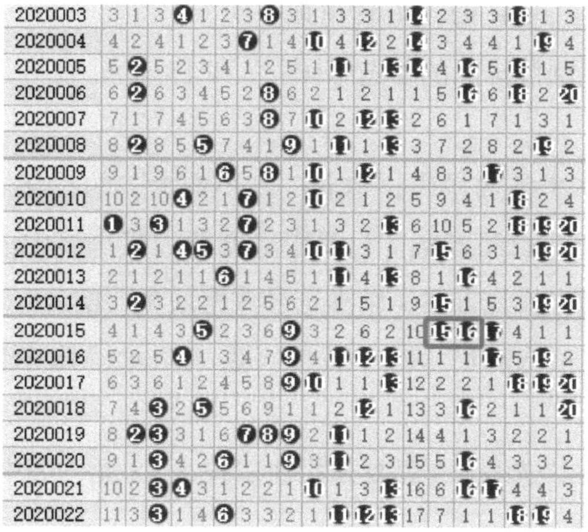

2020003	3	1	3	4	1	2	3	8	3	1	3	3	1	14	2	3	3	18	1	3
2020004	4	2	4	1	2	3	7	1	4	10	4	12	2	14	3	4	4	1	19	4
2020005	5	2	5	2	3	4	1	2	5	1	11	1	13	14	4	16	5	18	1	5
2020006	6	2	6	3	4	5	2	8	6	2	1	2	1	1	5	16	6	18	2	20
2020007	7	1	7	4	5	6	3	8	7	10	2	12	13	2	6	1	7	1	3	1
2020008	8	2	8	5	5	7	4	1	9	1	11	1	13	3	7	2	8	2	19	2
2020009	9	1	9	6	1	6	5	8	1	10	1	12	1	4	8	3	17	3	1	3
2020010	10	2	10	4	2	1	7	1	2	10	2	1	2	5	9	4	1	18	2	4
2020011	1	3	3	1	3	2	7	2	3	1	3	2	13	6	10	5	2	18	19	20
2020012	1	2	1	4	5	3	7	3	4	10	11	3	1	7	15	6	3	1	19	20
2020013	2	1	2	1	1	6	1	4	5	1	11	4	13	8	1	16	4	2	1	1
2020014	3	2	3	2	2	1	2	5	6	2	1	5	1	9	15	1	5	3	19	20
2020015	4	1	4	3	5	2	3	6	9	3	2	6	2	10	15	16	17	4	1	1
2020016	5	2	5	4	1	3	4	7	9	4	11	12	13	11	1	1	17	5	19	2
2020017	6	3	6	1	2	4	5	8	9	10	1	1	13	12	2	2	1	18	19	20
2020018	7	4	3	2	5	5	6	9	1	1	2	12	1	13	3	16	2	1	1	20
2020019	8	2	3	3	1	6	7	8	9	2	11	1	2	14	4	1	3	2	2	1
2020020	9	1	3	4	2	6	1	1	9	3	11	2	3	15	5	16	4	3	3	2
2020021	10	2	3	4	3	1	2	2	1	10	1	3	13	16	6	16	17	4	4	3
2020022	11	3	3	1	4	6	3	3	2	1	11	12	13	17	7	1	1	18	19	4

图 4–48 局部走势图（2020003 期—2020022 期）

本着宁缺毋滥的原则，本期只选择了2组连号，分别是3、4和15、16。

6. 分级定胆

（1）数据汇总。

① 确定一区出号5个，二区出号5个，三区出号3个，四区出号4个。

② 精选热号4个：3、16、51、70。

③ 精选重号5个：3、13、32、36、51。

④ 精选斜连号6个：4、7、10、13、32、36。

⑤ 精选连号2组：3、4和15、16。

本期选择3、4、7、10、13、15、16、32、36、51、70共11个备选号码，其中一区出现了7个号码，数量超出了已确定的区间出号范围。经过分析，排除掉不具备“明显呼之欲出”状态的号码7和15。当初选择号码7和15是因为看好它们会在当期出现，所以建议选一个胆拖方案把号码7和15作为拖码进行组合投注。

（2）号码分级和定胆。根据备选号码在选号中出现的次数进行分级，结果如下。

1级备选号码：号码3出现3次，可作为本期最看好的胆码。

2级备选号码：号码4、13、16、32、36、51均出现2次。

3级备选号码：号码10、70均出现1次。

因区间范围限制被排除的备选号码：7和15。

7. 投注方案

本期获得了9个备选号码，本着“以小博大”的投注原则，选择以下6个投入少、风险小的投注方案，只要中奖就能大奖小奖中一串。任何方案都没有好坏之分，相比投注方案，精准选号才是最重要的。

“选九”单式：“选九”单式投注。投入2元，如中奖，奖金最高30万元。

“选八”复式：“选八”9码复式投注。投入18元，如中奖，奖金最高45万元。

“选八”胆拖：“选八”1胆8拖投注。投入16元，如中奖，奖金最高40

万元。

“选七”复式：“选七”8 码复式投注。投入 72 元，如中奖，奖金最高 36 万元。

“选七”胆拖：“选七”1 胆 8 拖投注。投入 56 元，如中奖，奖金最高 28 万元。

“选十”胆拖：9 个备选号码与被排除的 2 个号码组合，“选十”1 胆 10 拖投注。投入 20 元，如中奖，最高中 10 注一等奖。

8. 开奖号码

2020023 期开奖号码：1、3、4、7、10、13、15、16、25、30、32、36、38、46、48、51、61、64、67、80。

四、2020024 期实战案例分析

如图 4–49 所示，我们使用 2020004 期—2020023 期走势图进行 2020024 期实战案例分析。

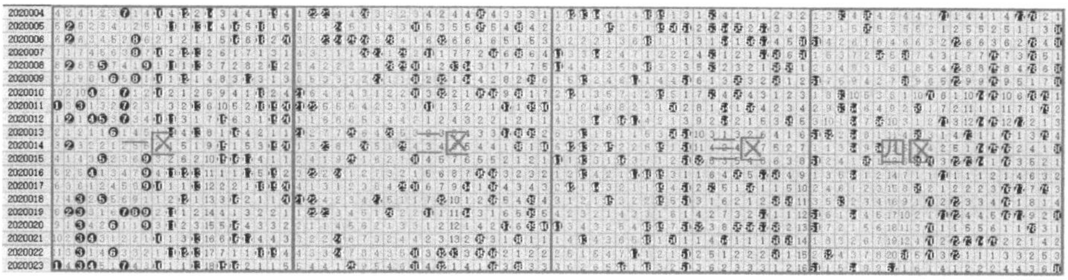

图 4–49　快乐 8 走势图（2020004 期—2020023 期）

1. 确定区间范围

（1）确定一区出号个数。走势图一区如图 4–50 所示。一区出号个数统计表如表 4–25 所示。

根据区间出号规律，每个区间通常会开出 4~6 个中奖号码。

如表 4–25 所示，2020022 期和 2020023 期一区出号个数都超出常见区间范围，在求均衡规律的作用下必然要回归到正常轨道，因此本期出号个数会在常见区间范围内。本着宁缺毋滥的原则，判断本期一区会开出 4 个号码。

2020004	4	2	4	1	2	3	**7**	1	4	**10**	4	**12**	2	**14**	3	4	4	1	**19**	4
2020005	5	**2**	5	2	3	4	1	2	5	1	**11**	1	**13**	**14**	4	**16**	5	**18**	1	5
2020006	6	**2**	6	3	4	5	2	**8**	6	2	1	2	1	1	5	**16**	6	**18**	2	**20**
2020007	7	1	7	4	5	6	3	**8**	7	**10**	2	**12**	**13**	2	6	1	7	1	3	1
2020008	8	**2**	8	5	**5**	7	4	1	**9**	1	**11**	1	**13**	3	7	2	8	2	**19**	2
2020009	9	1	9	6	1	**6**	5	**8**	1	**10**	1	**12**	1	4	8	3	**17**	3	1	3
2020010	10	2	10	**4**	2	1	**7**	1	2	**10**	2	1	2	5	9	4	1	**18**	2	4
2020011	**1**	3	**3**	1	3	2	**7**	2	3	1	3	2	**13**	6	10	5	2	**18**	**19**	**20**
2020012	1	**2**	1	**4**	**5**	3	**7**	3	4	**10**	**11**	3	1	7	**15**	6	3	1	**19**	**20**
2020013	2	1	2	1	1	**6**	1	4	5	1	**11**	4	**13**	8	1	**16**	4	2	1	1
2020014	3	**2**	3	2	2	1	2	5	6	2	1	5	1	9	**15**	1	5	3	**19**	**20**
2020015	4	1	4	3	**5**	2	3	6	**9**	3	2	6	2	10	**15**	**16**	**17**	4	1	1
2020016	5	2	5	**4**	1	3	4	7	**9**	4	**11**	**12**	**13**	11	1	1	**17**	5	**19**	2
2020017	6	3	6	1	2	4	5	8	**9**	**10**	1	1	**13**	12	2	2	1	**18**	**19**	**20**
2020018	7	4	**3**	2	**5**	5	6	9	1	1	2	**12**	1	13	3	**16**	2	1	1	**20**
2020019	8	**2**	**3**	3	1	6	**7**	**8**	**9**	2	**11**	1	2	14	4	1	3	2	2	1
2020020	9	1	**3**	4	2	**6**	1	1	**9**	3	**11**	2	3	15	5	**16**	4	3	3	2
2020021	10	2	**3**	**4**	3	1	2	2	1	**10**	1	3	**13**	16	6	**16**	**17**	4	4	3
2020022	11	3	**3**	1	4	**6**	3	3	2	1	**11**	**12**	**13**	17	7	1	1	**18**	**19**	4
2020023	**1**	4	**3**	**4**	5	1	**7**	4	3	**10**	1	1	**13**	18	**15**	**16**	2	1	1	5

图 4-50 走势图一区

表 4-25 一区出号个数统计表

期号	一区出号个数	期号	一区出号个数
2020004	5	2020014	4
2020005	6	2020015	5
2020006	5	2020016	7
2020007	4	2020017	6
2020008	6	2020018	5
2020009	5	2020019	6
2020010	4	2020020	5
2020011	7	2020021	6
2020012	9	2020022	7
2020013	4	2020023	8

（2）确定二区出号个数。走势图二区如图 4-51 所示。二区出号个数统计表如表 4-26 所示。

如表 4-26 所示，2020022 期开出 6 个号码，2020023 期开出 5 个号码，达到了统计期内的峰值，在求均衡规律的作用下，判断 2020024 期二区出号个数一定会减少。

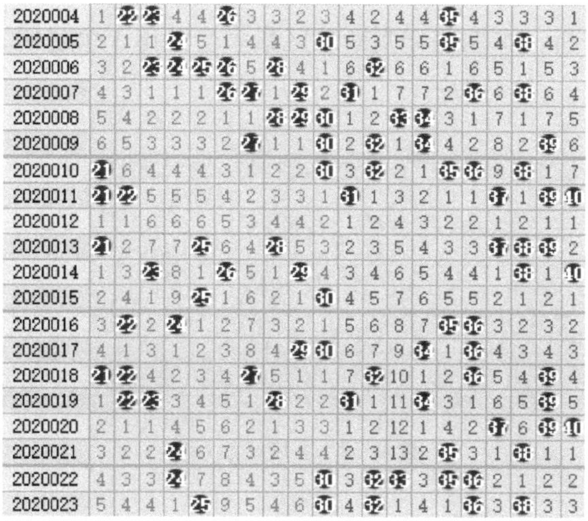

图 4-51　走势图二区

表 4-26　二区出号个数统计表

期号	二区出号个数	期号	二区出号个数
2020004	4	2020014	5
2020005	4	2020015	2
2020006	6	2020016	4
2020007	6	2020017	4
2020008	5	2020018	6
2020009	5	2020019	6
2020010	6	2020020	3
2020011	6	2020021	3
2020012	0	2020022	6
2020013	6	2020023	5

如图 4–52 所示，与出号旺区一区相比，二区出号态势明显偏弱。从区域旺衰层面分析，也判断二区出号个数会减少，这佐证了上述统计表分析结果的可靠性。

基于以上分析，本期保守判断二区最多会开出 3 个号码，少选防错、多选易错。

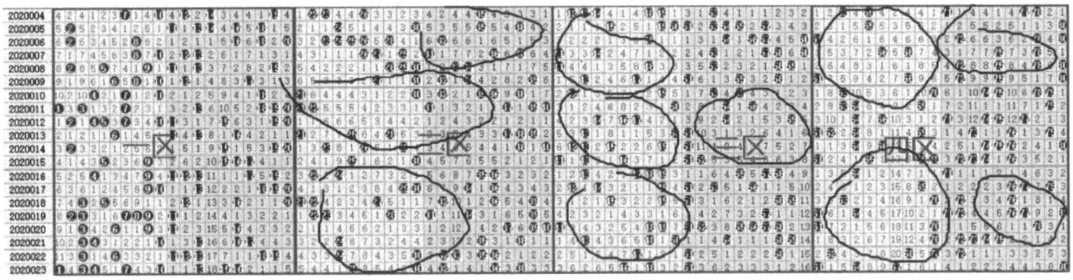

图 4–52　区域旺衰示例

（3）确定三区出号个数。走势图三区如图 4–53 所示。三区出号个数统计表如表 4–27 所示。

根据区间出号规律，每个区间通常会开出 4~6 个中奖号码。

2020004	1	42	43	44	4	1	4	48	49	1	3	1	53	4	1	1	1	2	3	2
2020005	2	1	1	1	45	2	5	1	49	50	51	2	53	54	55	2	57	3	4	3
2020006	3	2	2	2	1	3	6	48	1	1	1	3	1	54	1	56	57	4	5	60
2020007	41	3	3	44	2	4	7	1	2	2	2	4	53	1	2	1	57	58	6	60
2020008	41	4	4	1	3	5	8	48	3	3	3	5	53	2	3	2	1	58	59	1
2020009	1	5	43	2	4	6	47	1	4	4	51	6	1	3	55	3	2	58	1	2
2020010	2	42	1	3	5	7	1	2	49	5	1	7	53	4	55	4	3	1	2	3
2020011	3	1	2	4	6	8	2	3	1	50	2	8	1	54	1	56	4	2	3	4
2020012	4	2	3	44	7	46	47	4	2	1	3	9	2	54	2	1	5	3	59	5
2020013	5	3	43	1	8	1	1	5	3	50	51	10	3	1	3	2	6	4	1	6
2020014	6	42	43	2	45	2	2	6	49	1	51	11	4	2	4	3	7	5	2	7
2020015	41	1	43	3	1	46	3	7	1	2	51	52	5	3	5	4	8	6	3	8
2020016	1	2	43	4	2	1	47	48	49	3	1	1	6	4	55	5	57	58	4	9
2020017	2	42	1	44	3	2	1	1	49	4	51	2	53	5	1	56	1	1	5	10
2020018	3	1	2	1	45	3	2	2	49	5	51	3	1	6	2	1	2	58	59	11
2020019	4	2	3	2	1	4	3	3	1	6	1	4	2	7	3	2	57	1	1	12
2020020	41	3	4	3	2	5	4	48	49	7	51	52	3	8	55	56	57	58	2	13
2020021	1	4	43	4	3	6	5	48	1	50	1	1	4	54	1	1	1	58	59	14
2020022	2	5	1	5	4	7	47	1	2	1	51	2	5	1	2	2	2	58	1	15
2020023	3	6	2	6	5	46	1	48	3	2	51	3	6	2	3	3	3	1	2	16

图 4–53　走势图三区

表 4-27 三区出号个数统计表

期号	三区出号个数	期号	三区出号个数
2020004	6	2020014	5
2020005	8	2020015	5
2020006	5	2020016	7
2020007	6	2020017	6
2020008	5	2020018	5
2020009	5	2020019	1
2020010	4	2020020	9
2020011	3	2020021	6
2020012	5	2020022	3
2020013	3	2020023	3

如表 4-27 所示，三区出号个数近 5 期内有 4 期脱离了常见区间范围，属于一种严重偏态。在求均衡规律的作用下，接下来大概率三区出号个数会回归到常见区间范围。尤其是 2020022 期和 2020023 期三区均出现 3 个号码，预计接下来回补时出号个数会增加，因此判断本期出号个数为 5 个。

（4）确定四区出号个数。走势图四区如图 4-54 所示。四区出号个数统计表如表 4-28 所示。

如表 4-28 所示，2020019 期和 2020020 期出号个数一直游离在常见区间范围之外，在求均衡规律的作用下必然要回归到正常轨道，事实也正是如此，2020021 期、2020022 期、2020023 期四区出号个数均在常见范围内。本期顺势而为在常见区间范围内选择出号个数是明智之举。因此，本期继续看好四区出号个数在常见区间范围内，本着宁缺毋滥的保守原则，判断本区会开出 4 个号码。

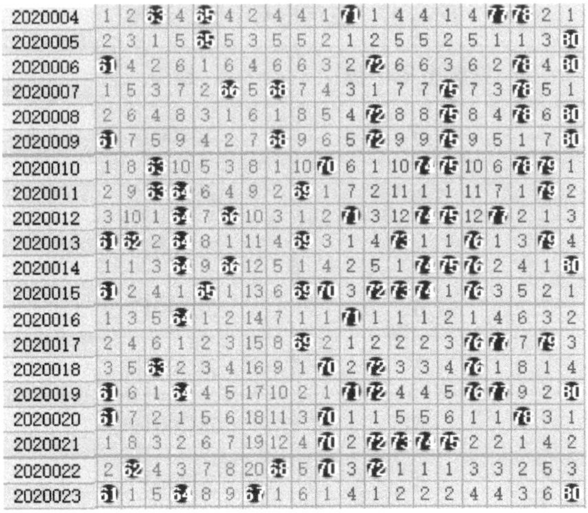

图 4-54　走势图四区

表 4-28　四区出号个数统计表

期号	四区出号个数	期号	四区出号个数
2020004	5	2020014	6
2020005	2	2020015	8
2020006	4	2020016	2
2020007	4	2020017	4
2020008	4	2020018	4
2020009	5	2020019	7
2020010	6	2020020	3
2020011	4	2020021	5
2020012	6	2020022	4
2020013	7	2020023	4

（5）汇总每区出号个数。经过分析确定了每个区的出号数量，汇总如下：一区出号个数为 4 个，二区出号个数为 3 个，三区出号个数为 5 个，四区出

号个数为 4 个。

2. 精选热号

2020014 期—2020023 期热号出号个数统计表如表 4–29 所示。

每期热号中有 2~5 个号码成为中奖号码是常态。

如表 4–29 所示，2020022 期热号中开出了 7 个中奖号码，完全超出了常见范围，并达到了统计期内的峰值。2020023 期回归常见范围，开出了 5 个中奖号码，可依旧是常见范围的高点。在求均衡规律的作用下，判断 2020024 期在热号中会开出 2~3 个中奖号码。

表 4–29　热号出号个数统计表

期号	热号个数	中奖号码个数	期号	热号个数	中奖号码个数
2020014	14	5	2020019	16	2
2020015	14	2	2020020	18	5
2020016	15	4	2020021	15	3
2020017	10	3	2020022	14	7
2020018	13	4	2020023	18	5

基于以上分析，本期保守选择 2 个热号作为备选号码。始终要牢记，少选防错、多选易错。

本期有 18 个号码属于热号，在 18 个号码中选 2 个热号作为备选号码要慎之又慎。本期在热号中精选出号码 11 和 36 作为备选号码，分析研判过程如下。

（1）选择热号 11。如图 4–55 所示，号码 10 出现后下期开出号码 11 的“历史再现”情况出现了 4 次之多，非常具有规律性。2020023 期号码 10 开出，根据相似规律，本期号码 11 出现的概率极高，因此精选热号 11 作为本期的备选号码。在实战中要有意识地寻找两个号码间存在的某种相似规律，从而根据一个号码的出现精准锁定另一个号码。

2020004	4	2	4	1	2	3	7	1	4	10	4	12	2	14	3	4	4	1	19	4
2020005	5	2	5	2	3	4	1	2	5	1	11	1	13	14	4	16	5	18	1	5
2020006	6	2	6	3	4	5	2	8	6	2	1	2	1	1	5	16	6	18	2	20
2020007	7	1	7	4	5	6	3	8	7	10	2	12	13	2	6	1	7	1	3	1
2020008	8	2	8	5	5	7	4	1	9	1	11	1	13	3	7	2	8	2	19	2
2020009	9	1	9	6	1	6	5	8	1	10	1	12	1	4	8	3	17	3	1	3
2020010	10	2	10	4	2	1	7	1	2	10	2	1	2	5	9	4	1	18	2	4
2020011	1	3	3	1	3	2	7	2	3	1	3	2	13	6	10	5	2	18	19	20
2020012	1	2	1	4	5	3	7	3	4	10	11	3	1	7	15	6	3	1	19	20
2020013	2	1	2	1	1	6	1	4	5	1	11	4	13	8	1	16	4	2	1	1
2020014	3	2	3	2	2	1	2	5	6	2	1	5	1	9	15	1	5	3	19	20
2020015	4	1	4	3	5	2	3	6	9	3	2	6	2	10	15	16	17	4	1	1
2020016	5	2	5	4	1	3	4	7	9	4	11	12	13	11	1	1	17	5	19	2
2020017	6	3	6	1	2	4	5	8	9	10	1	1	13	12	2	2	1	18	19	20
2020018	7	4	3	2	5	5	6	9	1	1	2	12	1	13	3	16	2	1	1	20
2020019	8	2	3	3	1	6	7	8	9	2	11	1	2	14	4	1	3	2	2	1
2020020	9	1	3	4	2	6	1	1	9	3	11	2	3	15	5	16	4	3	3	2
2020021	10	2	3	4	3	1	2	2	1	10	1	3	13	16	6	16	17	4	4	3
2020022	11	3	3	1	4	6	3	3	2	1	11	12	13	17	7	1	1	18	19	4
2020023	1	4	3	4	5	1	7	4	3	10	1	1	13	18	15	16	2	1	1	5

图 4-55　局部走势图（2020004 期—2020023 期）

（2）选择热号 36。如图 4-56 所示，号码 36 属于热号而且近期出现频繁，因此本期出现的概率很大。号码 36 近期出现过 3 重号，当前号码 36 已经是 2 重号，根据相似规律，号码 36 继续出现的可能性很高。因此，本期精选热号 36 作为备选号码。

2020004	2	1	1	24	5	1	4	4	3	30	5	3	5	5	35	5	4	38	4
2020005	3	2	23	24	25	26	5	28	4	1	6	32	6	6	1	6	5	1	5
2020006	4	3	1	1	1	26	27	1	29	2	31	1	7	7	2	36	6	38	6
2020007	5	4	2	2	2	1	1	28	29	30	1	2	33	34	3	1	7	1	7
2020008	6	5	3	3	3	2	27	1	1	30	2	32	1	34	4	2	8	2	39
2020009	21	6	4	4	4	3	1	2	2	30	3	32	2	1	35	36	9	38	1
2020010	21	22	5	5	5	4	2	3	3	1	31	1	3	2	1	1	37	1	39
2020011	1	1	6	6	6	5	3	4	4	2	1	2	4	3	2	2	1	2	1
2020012	21	2	7	7	25	6	4	28	5	3	2	3	5	4	3	3	37	38	39
2020013	1	3	23	8	1	26	5	1	29	4	3	4	6	5	4	4	1	38	1
2020014	2	4	1	9	25	1	6	2	1	30	4	5	7	6	5	5	2	1	2
2020015																			
2020016	3	22	2	24	1	2	7	3	2	1	5	6	8	7	35	36	3	2	3
2020017	4	1	3	1	2	3	8	4	29	30	6	7	9	34	1	36	4	3	4
2020018	21	22	4	2	3	4	27	5	1	1	7	32	10	1	2	36	5	4	39
2020019	1	22	23	3	4	5	1	28	2	2	31	1	11	34	3	1	6	5	39
2020020	2	1	1	4	5	6	2	1	3	3	1	2	12	1	4	2	37	6	39
2020021	3	2	2	24	6	7	3	2	4	4	2	3	13	2	35	3	1	38	1
2020022	4	3	3	24	7	8	4	3	5	30	3	32	33	3	35	36	2	1	2
2020023	5	4	4	1	25	9	5	4	6	30	4	32	1	4	1	36	3	38	3

图 4-56　局部走势图（2020004 期—2020023 期）

（3）为什么不选号码 3 和 51 呢？股市里有一句谚语，叫作“横有多长，竖有多高”。也就是说，股价在底部盘整的时间有多久，将来上涨的幅度就会有多大。放在快乐 8 走势图分析中，可以理解为“遗漏时间越久，回补期数可能越多”。

如图 4–57 所示，号码 3 之前遗漏了 6 期，然后连续回补了 6 次，已经达到走势图中的极限，所以接下来不能继续选择号码 3 作为备选号码。

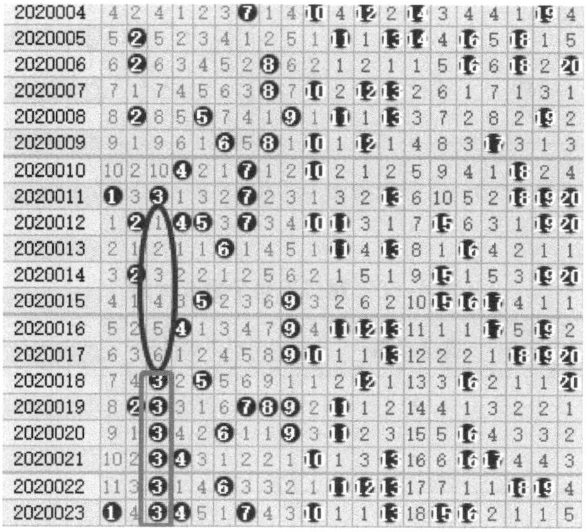

图 4–57　局部走势图（2020004 期—2020023 期）

如图 4–58 所示，号码 51 在近 10 期内已经出现了 7 次，热到极致，从而物极必反，所以本期同样不能选择它作为备选号码。

3. 精选重号

2020004 期—2020023 期重号出号个数统计表如表 4–30 所示。

走势图中每期出现 3~8 个重号是常态。

如表 4–30 所示，最近 7 期重号出号个数均在 5~7 个，一直占据重号出号范围的高位。根据均衡规律，研判接下来重号出号个数会减少，预计在 3~4 个之间，保守判断本期会开出 3 个重号。

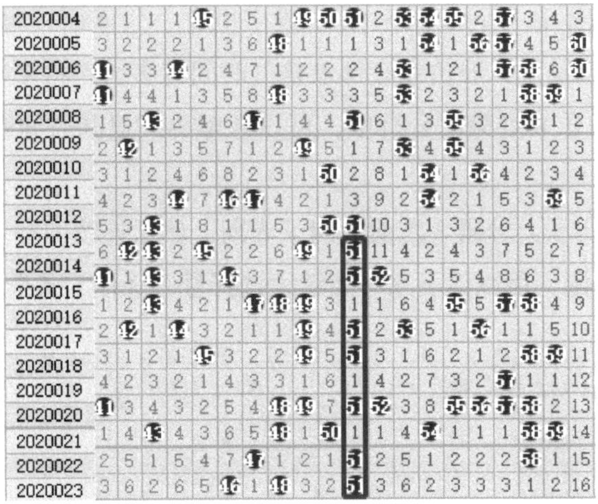

图 4-58 局部走势图（2020004 期—2020023 期）

表 4-30 重号出号个数统计表

期号	重号个数	期号	重号个数
2020004	3	2020014	5
2020005	5	2020015	5
2020006	7	2020016	3
2020007	5	2020017	5
2020008	7	2020018	5
2020009	6	2020019	5
2020010	5	2020020	6
2020011	5	2020021	5
2020012	5	2020022	7
2020013	2	2020023	6

本着宁缺毋滥的原则，精选 15、36 和 80 共计 3 个重号作为本期备选号码，分析研判过程如下。

（1）根据连中“选”重技巧，判断号码 15 或 16 会继续出现。如图 4–59 所示，号码 15 和 16 均出现过 2 重号的情况，根据相似规律，2020024 期号码 15 或 16 出现重号的概率比较大。由于号码 16 遗漏 6 期后近期又出现了 6 次，就算是冷态也完成了回补，因此不看好号码 16 会继续出现。号码 15 经历了 10 期遗漏后回补了 3 期，又遗漏了 7 期后终于在 2020023 期开出，可以说号码 15 经历了真正意义上的冷态。在求均衡规律的作用下，号码 15 势必有强烈的回补需求，尤其是 2020023 期已经出现，因此本期看好号码 15 会继续出现。

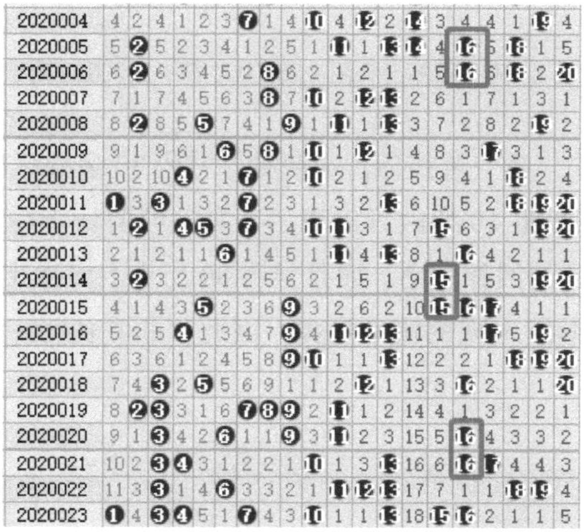

图 4–59　局部走势图（2020004 期—2020023 期）

（2）根据重中“寻”重及热中“定”重技巧，判断号码 36 会继续出现。如图 4–60 所示，号码 36 是热号，目前又是 2 重号，历史上还出现过 3 重号。根据相似规律，号码 36 在本期继续出现的概率极高，因此作为精选重号入选备选号码。

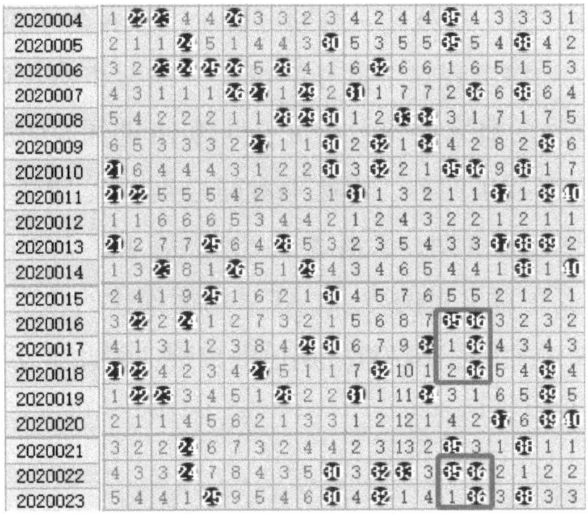

图 4-60　局部走势图（2020004 期—2020023 期）

（3）根据冷中“防”重技巧，本期看好号码 80 会继续出现。如图 4-61 所示，号码 80 在最近 10 期内只出现了 3 次，可谓处于冷态，在求均衡规律的作用下有强烈的回补意愿。而且号码 80 历史上多次出现 2 重号，根据相似规律，本期继续出现的概率极高。因此，非常值得一搏，即使错了也值得。

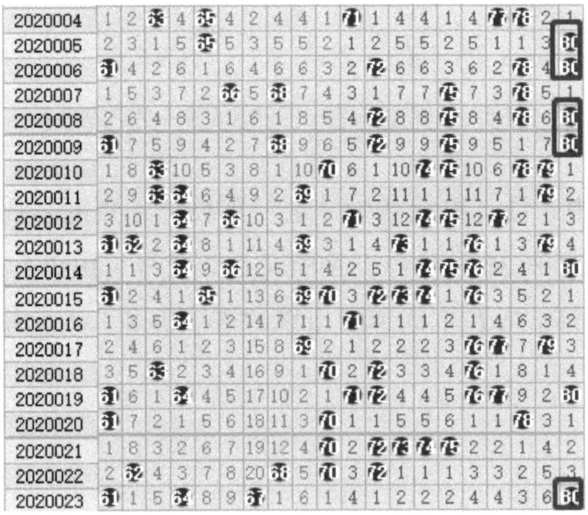

图 4-61　局部走势图（2020004 期—2020023 期）

4. 精选斜连号

2020004 期—2020023 期斜连号出号个数统计表如表 4–31 所示。

走势图中每期出现 5~10 个斜连号是常态。如表 4–31 所示，大多数情况下每期出现 7~10 个斜连号，非常稳定，所以本期继续看好斜连号出号 7~10 个。

表 4–31　斜连号出号个数统计表

期号	斜连号个数	期号	斜连号个数
2020004	9	2020014	12
2020005	8	2020015	10
2020006	5	2020016	6
2020007	7	2020017	10
2020008	7	2020018	6
2020009	10	2020019	10
2020010	7	2020020	8
2020011	12	2020021	9
2020012	5	2020022	9
2020013	7	2020023	11

本着宁缺毋滥的原则，精选 11、12、17、49 和 50 共计 5 个号码作为斜连号入选备选号码，分析研判过程如下。

（1）选择斜连号 11、12 和 17。如图 4–62 所示，号码 10 出现后 11 出现、号码 13 出现后 12 出现、号码 16 出现后 17 出现，这 3 种情况均在走势图中多次“历史再现”。根据相似规律，斜连号 11、12 和 17 的出现概率极高，因此精选号码 11、12 和 17 作为本期备选号码。

（2）选择斜连号 49 和 50。如图 4–63 所示，号码 48 出现后号码 49 作为斜连号出现了 2 次，号码 51 出现后号码 50 作为斜连号出现了 1 次。根据相似规律，本期斜连号 49 和 50 的出现概率比较大，其中号码 49 属于热号，出现概率更大。因此，精选斜连号 49 和 50 作为本期备选号码。

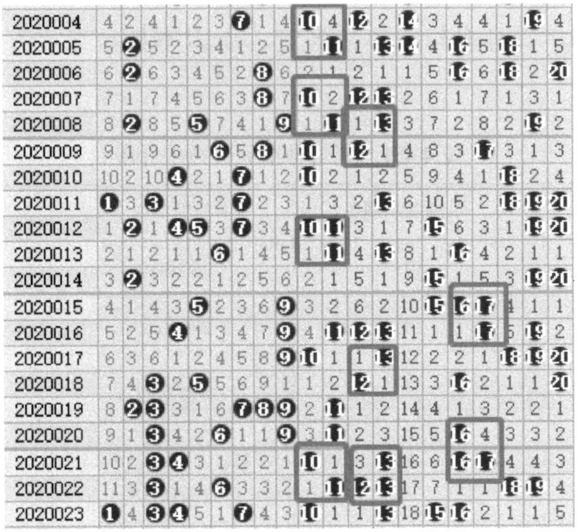

图 4–62　局部走势图（2020004 期—2020023 期）

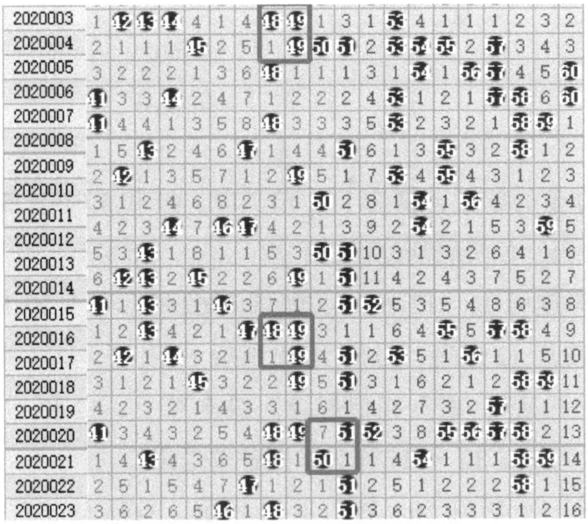

图 4–63　局部走势图（2020004 期—2020023 期）

5. 精选连号

2020004 期—2020023 期连号出号组数统计表如表 4-32 所示。

表 4-32　连号出号组数统计表

期号	2 连号组数	3 连号组数	4 连号组数	总组数
2020004	3	1	0	4
2020005	1	2	0	3
2020006	2	0	1	3
2020007	3	0	0	3
2020008	2	1	0	3
2020009	0	0	0	0
2020010	3	0	0	3
2020011	2	0	1	3
2020012	5	0	0	5
2020013	2	1	0	3
2020014	2	1	0	3
2020015	2	2	0	4
2020016	2	2	0	4
2020017	3	1	0	4
2020018	1	1	0	2
2020019	4	1	0	5
2020020	2	1	1	4
2020021	3	0	1	4
2020022	3	1	0	4
2020023	2	0	0	2

走势图中每期出现 2~5 组连号是常态。

如表 4–32 所示，2020020 期—2020022 期连续 3 期出现 4 组连号之后，在求均衡规律的作用下于 2020023 期开出 2 组连号进行调偏。本期不看好连号组数瞬间反转，所以判断本期会出现 2~3 组连号。

前面备选号码中已经选择了号码 11、12 和 49、50，而且这两组连号在历史上也出现过（见图 4–64），因此本期这两组连号“历史再现”的概率极高。

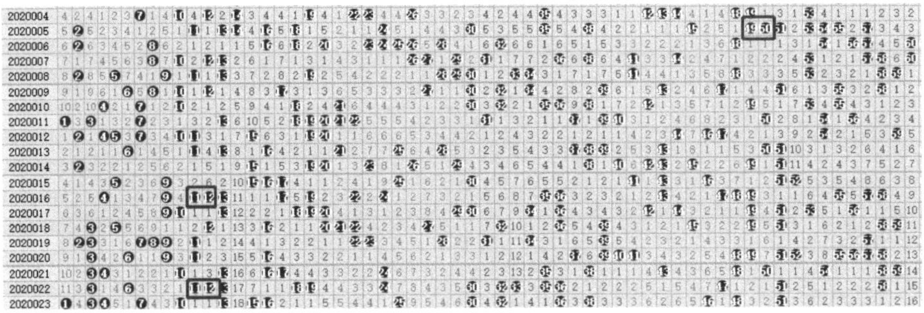

图 4–64　局部走势图（2020004 期—2020023 期）

6. 分级定胆

（1）数据汇总。

① 确定一区出号 4 个，二区出号 3 个，三区出号 5 个，四区出号 4 个。

② 精选热号 2 个：11、36。

③ 精选重号 3 个：15、36、80。

④ 精选斜连号 5 个：11、12、17、49、50。

⑤ 精选连号 2 组：11、12 和 49、50。

本期共获得 8 个备选号码，包括：11、12、15、17、36、49、50、80。

（2）号码分级和定胆。根据备选号码在选号中出现的次数进行分级，结果如下。

1 级备选号码：号码 11 出现 3 次，可作为本期唯一的胆码。

2级备选号码：号码12、36、49、50均出现2次。

3级备选号码：号码15、17、80均出现1次。

7. 投注方案

本着“以小博大”的投注原则，选择以下6个投入少、风险小的投注方案，只要中奖就能大奖小奖中一串。

“选八”单式：“选八”单式投注。投入2元，如中奖，奖金最高5万元。

“选七”复式：“选七”8码复式投注。投入16元，如中奖，奖金最高8万元。

“选七”胆拖：“选七”1胆7拖投注。投入14元，如中奖，奖金最高7万元。

“选六”复式：“选六”8码复式投注。投入56元，如中奖，奖金最高8.4万元。

“选六”胆拖：“选六”1胆7拖投注。投入42元，如中奖，奖金最高6.3万元。

“选五”复式：“选五”8码复式投注。投入112元，如中奖，奖金最高5.6万元。

8. 开奖号码

2020024期开奖号码：11、12、15、17、28、35、37、43、44、46、49、50、55、60、70、71、73、76、78、80。

五、2020025期实战案例分析

如图4–65所示，我们使用2020005期—2020024期走势图进行2020025期实战案例分析。

1. 确定区间范围

（1）确定一区出号个数。走势图一区如图4–66所示。一区出号个数统计表如表4–33所示。

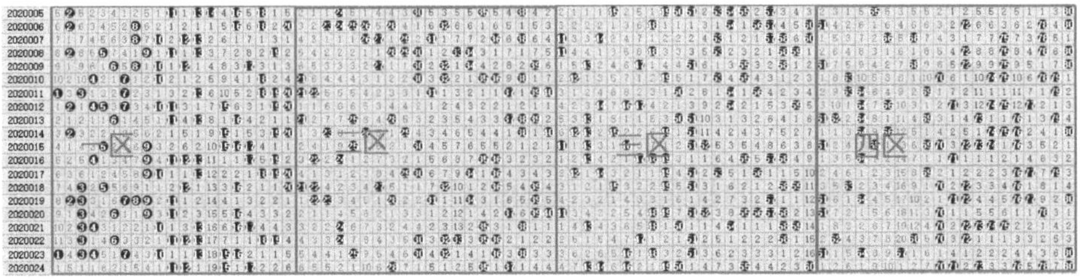

图 4-65　快乐 8 走势图（2020005 期—2020024 期）

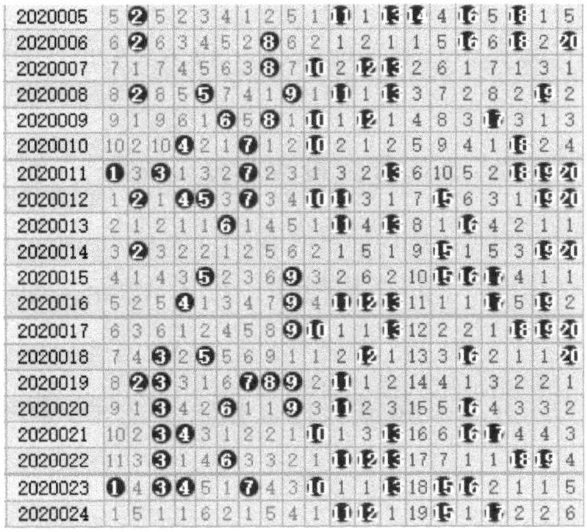

图 4-66　走势图一区

表 4-33　一区出号个数统计表

期号	一区出号个数	期号	一区出号个数
2020005	6	2020011	7
2020006	5	2020012	9
2020007	4	2020013	4
2020008	6	2020014	4
2020009	5	2020015	5
2020010	4	2020016	7

续表

期号	一区出号个数	期号	一区出号个数
2020017	6	2020021	6
2020018	5	2020022	7
2020019	6	2020023	8
2020020	5	2020024	4

根据区间出号规律，每个区间大概率会开出 4~6 个中奖号码。

如表 4-33 所示，2020022 期和 2020023 期一区出号个数均超出常见区间范围，在求均衡规律的作用下，2020024 期必然要调偏，回归到正常轨道。果然，2020024 期一区开出 4 个号码完成回归。在求均衡规律的作用下，2020025 期预计要继续调偏，降低出号数量，所以本期一区出号个数应该在常见范围的低位水平。

本着宁缺毋滥的保守原则，判断一区最多会开出 4 个号码。

（2）确定二区出号个数。走势图二区如图 4-67 所示。二区出号个数统计表如表 4-34 所示。

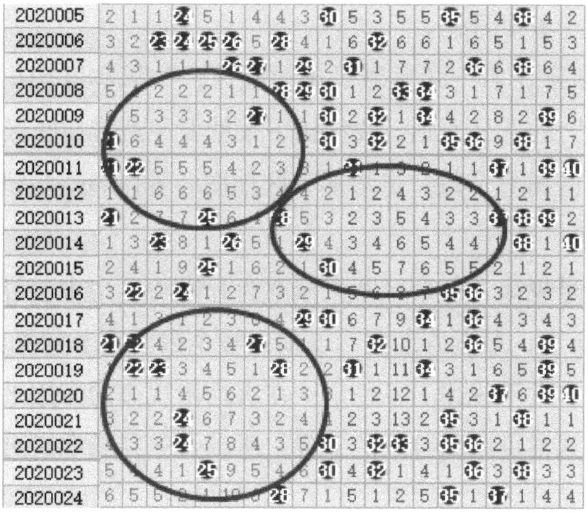

图 4-67　走势图二区

表 4-34　二区出号个数统计表

期号	二区出号个数	期号	二区出号个数
2020005	4	2020015	2
2020006	6	2020016	4
2020007	6	2020017	4
2020008	5	2020018	6
2020009	5	2020019	6
2020010	6	2020020	3
2020011	6	2020021	3
2020012	0	2020022	6
2020013	6	2020023	5
2020014	5	2020024	3

如表 4-34 所示，近 5 期内有 3 期（2020020 期、2020021 期和 2020024 期）出号个数低于常见区间范围的下限。这是不正常的，在求均衡规律的作用下，预计接下来二区出号个数大概率达到常见区间范围的上限。所以本期看好二区会开出 5~6 个号码。

如图 4-67 所示，右下角区域是出号旺区，如果本区会出号 5~6 个的话，按照“追热避冷”的选号原则，我们接下来就要注意多在旺区选号。

（3）确定三区出号个数。走势图三区如图 4-68 所示。三区出号个数统计表如表 4-35 所示。

根据区间出号规律，每个区间大概率会开出 4~6 个中奖号码。

如表 4-35 所示，最近 6 期内有 5 期出号个数脱离了常见区间范围，出号个数忽高忽低，非常不规律、不稳定。在求均衡规律的作用下，预计 2020025 期出号个数会达到常见区间范围的上限，所以保守判断本区出号 5 个。

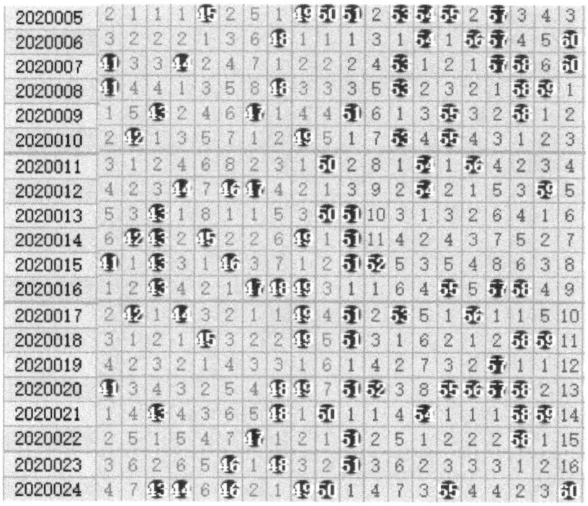

图 4-68　走势图三区

表 4-35　三区出号个数统计表

期号	三区出号个数	期号	三区出号个数
2020005	8	2020015	5
2020006	5	2020016	7
2020007	6	2020017	6
2020008	5	2020018	5
2020009	5	2020019	1
2020010	4	2020020	9
2020011	3	2020021	6
2020012	5	2020022	3
2020013	3	2020023	3
2020014	5	2020024	7

（4）确定四区出号个数。走势图四区如图 4-69 所示。四区出号个数统计表如表 4-36 所示。

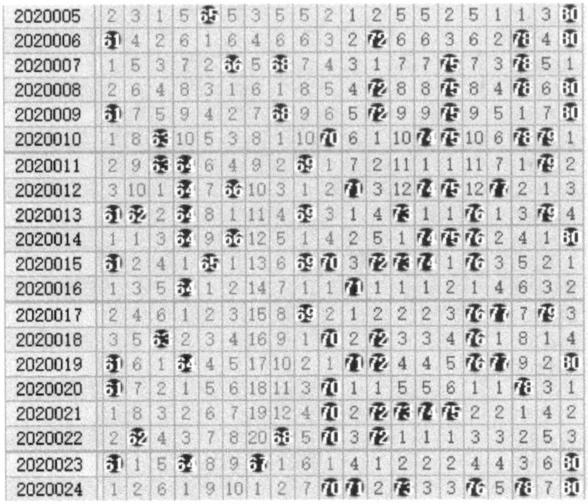

图 4-69　走势图四区

表 4-36　四区出号个数统计表

期号	四区出号个数	期号	四区出号个数
2020005	2	2020015	8
2020006	4	2020016	2
2020007	4	2020017	4
2020008	4	2020018	4
2020009	5	2020019	7
2020010	6	2020020	3
2020011	4	2020021	5
2020012	6	2020022	4
2020013	7	2020023	4
2020014	6	2020024	6

如表 4-36 所示，2020019 期和 2020020 期出号个数一直游离在常见区间范围之外，在求均衡规律的作用下，接下来 4 期的出号个数均回归到正常轨道。在常见区间范围内出号是大概率事件，因此继续看好本区出号个数在常

见区间范围内。本着宁缺毋滥的保守原则，判断本区会开出 5 个号码。

（5）汇总每区出号个数。经过分析确定了每个区的出号数量，汇总如下：一区出号个数为 4 个，二区出号个数为 5 个，三区出号个数为 5 个，四区出号个数为 5 个。

2. 精选热号

2020015 期—2020024 期热号出号个数统计表如表 4–37 所示。

每期热号中有 2~5 个号码成为中奖号码是常态。

如表 4–37 所示，2020022 期热号中开出了 7 个中奖号码，完全超出了常见范围，并达到了阶段内的最高值。在求均衡规律的作用下，2020023 期开出了 5 个中奖号码，回归到常见范围内，可依旧是常见范围的高点。2020024 期开出 3 个中奖号码完全符合求均衡规律，是对开出个数进行修正的结果。本期出号个数超出常见区间范围或达到范围内高点的概率不高，因此判断本期热号中会开出 3~4 个中奖号码。

表 4–37　热号出号个数统计表

期号	热号个数	中奖号码个数	期号	热号个数	中奖号码个数
2020015	14	2	2020020	18	5
2020016	15	4	2020021	15	3
2020017	10	3	2020022	14	7
2020018	13	4	2020023	18	5
2020019	16	2	2020024	18	3

本着宁缺毋滥的原则，在热号中精选号码 48、49 和 70 作为备选号码，分析研判过程如下。

（1）选择热号 48 和 49。如图 4–70 所示，号码 48 属于热号，在近 16 期的遗漏间隔越来越小，逐渐由冷转热，所以接下来号码 48 出现的概率极高。

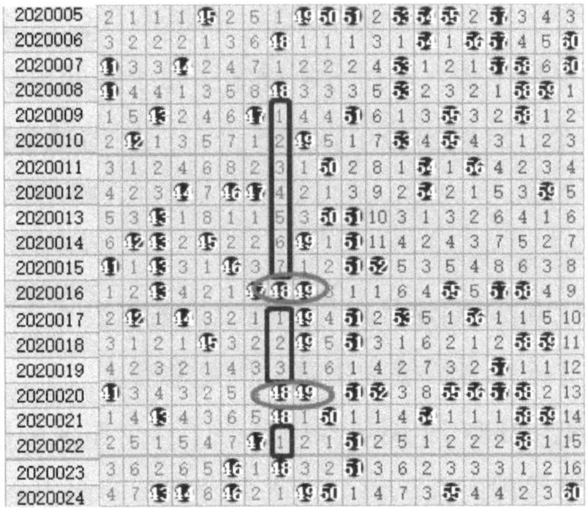

图 4–70　局部走势图（2020005 期—2020024 期）

假如号码 48 出现，那么热号 49 出现的概率也很大。如图 4–70 所示，号码 48 和 49 作为连号同出的情况已经出现了 2 次，根据相似规律，号码 48 和 49 再次同出的概率也较大。综合上述分析，本期在热号中精选 48 和 49 作为备选号码。

（2）选择热号 70。如图 4–71 所示，号码 70 属于热号，近期出现频繁，尤其是附近区域属于出号旺区，继续出号的概率极大，所以本期在热号中精选号码 70 作为备选号码。

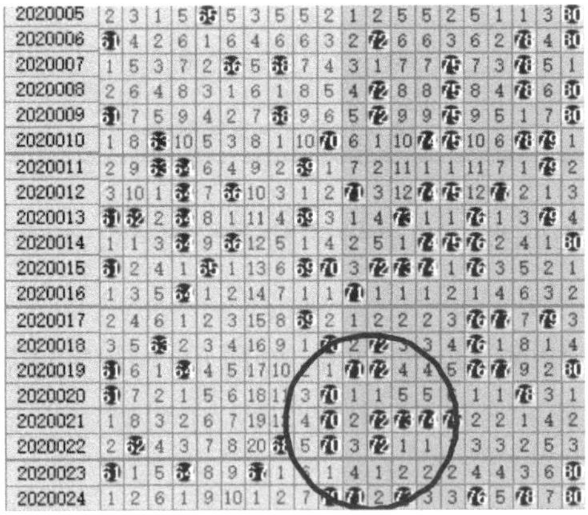

图 4–71　局部走势图（2020005 期—2020024 期）

3. 精选重号

2020005 期—2020024 期重号出号个数统计表如表 4–38 所示。

表 4–38　重号出号个数统计表

期号	重号个数	期号	重号个数
2020005	5	2020015	5
2020006	7	2020016	3
2020007	5	2020017	5
2020008	7	2020018	5
2020009	6	2020019	5
2020010	5	2020020	6
2020011	5	2020021	5
2020012	5	2020022	7
2020013	2	2020023	6
2020014	5	2020024	3

走势图中每期出现 3~8 个重号是常态。

如表 4–38 所示，近 8 期重号出号个数多为 5~7 个，一直占据重号出号范围的高位。根据均衡规律分析，接下来重号出号个数不会太多，保守判断本期会出现 3~5 个重号。

本着宁缺毋滥的原则，精选 49、70 和 80 共计 3 个重号作为本期备选号码，分析研判过程如下。

（1）根据热中“定”重和连中“选”重技巧，看好号码 49 和 70 会继续出现。如图 4–72 所示，号码 49 和 70 均属热号，根据热中“定”重技巧，判断号码 49 和 70 的出现概率很高。2020024 期出现连号 49、50 和 70、71，根据连中“选”重技巧，同样判断号码 49 和 70 的出现概率很大。综上分析，精选重号 49 和 70 作为本期备选号码。

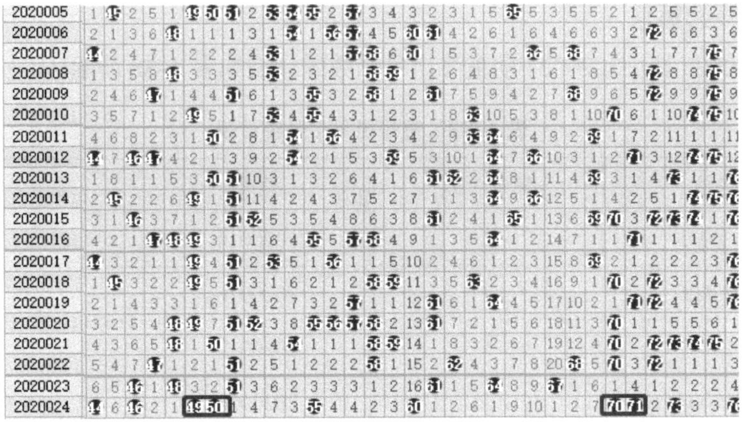

图 4-72　局部走势图（2020005 期—2020024 期）

（2）根据重中“寻”重技巧，判断号码 80 会继续出现。如图 4-73 所示，号码 80 经过 3 次阶段性遗漏后终于在 2020023 期和 2020024 期连续出现了 2 期，积累了走出低谷的信心和能量。号码 80 出现过 3 次 2 重号，也就是说，它具有成为重号的潜质。根据重中“寻”重技巧，判断本期号码 80 继续出现的概率很大，因此精选号码 80 作为备选号码。

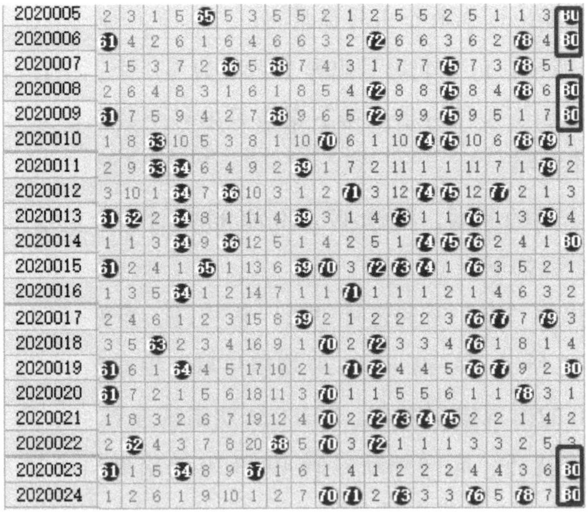

图 4-73　局部走势图（2020005 期—2020024 期）

4. 精选斜连号

2020005 期—2020024 期斜连号出号个数统计表如表 4–39 所示。

表 4–39　斜连号出号个数统计表

期号	斜连号个数	期号	斜连号个数
2020005	8	2020015	10
2020006	5	2020016	6
2020007	7	2020017	10
2020008	7	2020018	6
2020009	10	2020019	10
2020010	7	2020020	8
2020011	12	2020021	9
2020012	5	2020022	9
2020013	7	2020023	11
2020014	12	2020024	9

走势图中每期出现 5~10 个斜连号是常态。如表 4–39 所示，大多数情况下每期出现 7~11 个斜连号，非常稳定，所以本期继续看好斜连号出号 7~11 个。

本着宁缺毋滥的原则，本期精选 10、49、70 和 79 共计 4 个斜连号作为备选号码，分析研判过程如下。

（1）选择斜连号 10。如图 4–74 所示，号码 11 出现后，斜连号 10 在下期开出，这一情形“历史再现”多次。根据相似规律，2020024 期号码 11 出现后，2020025 期斜连号 10 出现的概率极高，因此精选号码 10 作为本期备选号码。

2020005	5	**2**	5	2	3	4	1	2	5	1	**11**	1	**13**	**14**	4	**16**	5	**18**	1	5
2020006	6	**2**	6	3	4	5	2	**8**	6	2	1	2	1	1	5	**16**	6	**18**	2	**20**
2020007	7	1	7	4	5	6	3	**8**	7	**10**	2	**12**	**13**	2	6	1	7	1	3	1
2020008	8	**2**	8	5	**5**	7	4	1	**9**	1	**11**	1	**13**	3	7	2	8	2	**19**	2
2020009	9	1	9	6	1	**6**	5	**8**	1	**10**	1	**12**	1	4	8	3	**17**	3	1	3
2020010	10	2	10	**4**	2	1	**7**	1	2	**10**	2	1	2	5	9	4	1	**18**	2	4
2020011	**1**	3	**3**	1	3	2	**7**	2	3	1	3	2	**13**	6	10	5	2	**18**	**19**	**20**
2020012	1	**2**	1	**4**	**5**	3	**7**	3	4	**10**	**11**	3	1	7	**15**	6	3	1	**19**	**20**
2020013	2	1	2	1	1	**6**	1	4	5	1	**11**	4	**13**	8	1	**16**	4	2	1	1
2020014	3	**2**	3	2	2	1	2	5	6	2	1	5	1	9	**15**	1	5	3	**19**	**20**
2020015	4	1	4	3	**5**	2	3	6	**9**	3	2	6	2	10	**15**	**16**	**17**	4	1	1
2020016	5	2	5	**4**	1	3	4	7	**9**	4	**11**	**12**	**13**	11	1	1	**17**	5	**19**	2
2020017	6	3	6	1	2	4	5	8	**9**	**10**	1	1	**13**	12	2	2	1	**18**	**19**	**20**
2020018	7	4	**3**	2	**5**	5	6	9	1	1	2	**12**	1	13	3	**16**	2	1	1	**20**
2020019	8	**2**	**3**	3	1	6	**7**	**8**	**9**	2	**11**	1	2	14	4	1	3	2	2	1
2020020	9	1	**3**	4	2	**6**	1	1	**9**	3	**11**	2	3	15	5	**16**	4	3	3	2
2020021	10	2	**3**	**4**	3	1	2	2	1	**10**	1	3	**13**	16	6	**16**	**17**	4	4	3
2020022	11	3	**3**	1	4	**6**	3	3	2	1	**11**	**12**	**13**	17	7	1	1	**18**	**19**	4
2020023	**1**	4	**3**	**4**	5	1	**7**	4	3	**10**	1	1	**13**	18	**15**	**16**	2	1	1	5
2020024	1	5	1	1	6	2	1	5	4	1	**11**	**12**	1	19	**15**	1	**17**	2	2	6

图 4-74　局部走势图（2020005 期—2020024 期）

（2）选择斜连号 49 和 70。如图 4-75 所示，号码 50 和斜连号 49 接连出现过，号码 71 和斜连号 70 也接连出现过。根据相似规律，本期斜连号 49 和 70 的出现概率比较大，尤其是号码 49 和 70 均属于热号，更增加了其出现的概率，因此本期精选斜连号 49 和 70 作为备选号码。

（3）选择斜连号 79。如图 4-76 所示，号码 78 和 80 出现后，斜连号 79 均出现过，根据相似规律，2020024 期号码 78 和 80 开出后，它们共同的斜连号 79 出现的概率极大，所以精选斜连号 79 作为本期备选号码。

2020005	**45**	2	5	1	**49**	**50**	**51**	2	**53**	**54**	**55**	2	**57**	3	4	3	2	3	1	5	**65**	5	3	5	5	2	1	2
2020006	1	3	6	**48**	1	1	1	3	1	**54**	1	**56**	**57**	4	5	**60**	**61**	4	2	6	1	6	4	6	6	3	2	**72**
2020007	2	4	7	1	2	2	2	4	**53**	1	2	1	**57**	**58**	6	**60**	1	5	3	7	2	**66**	5	**68**	7	4	3	1
2020008	3	5	8	**48**	3	3	3	5	**53**	2	3	2	1	**58**	**59**	1	2	6	4	8	3	1	6	1	8	5	4	**72**
2020009	4	6	**47**	1	4	4	**51**	6	1	3	**55**	3	2	**58**	1	2	**61**	7	5	9	4	2	7	**68**	9	6	5	**72**
2020010	5	7	1	2	**49**	5	1	7	**53**	4	**55**	4	3	1	2	3	1	8	**63**	10	5	3	8	1	10	**70**	6	1
2020011	6	8	2	3	1	**50**	2	8	1	**54**	1	**56**	4	2	3	4	2	9	**63**	**64**	6	4	9	2	**69**	1	7	2
2020012	7	**46**	**47**	4	2	1	3	9	2	**54**	2	1	5	3	**59**	5	3	10	1	**64**	7	**66**	10	3	1	2	**71**	3
2020013	8	1	1	5	3	**50**	**51**	10	3	1	3	2	6	4	1	6	**61**	**62**	2	**64**	8	1	11	4	**69**	3	1	4
2020014	**45**	2	2	6	**49**	1	**51**	11	4	2	4	3	7	5	2	7	1	1	3	**64**	9	**66**	12	5	1	4	2	5
2020015	1	**46**	3	7	1	2	**51**	**52**	5	3	5	4	8	6	3	8	**61**	2	4	1	**65**	1	13	6	**69**	**70**	3	**72**
2020016	2	1	**47**	**48**	**49**	3	1	1	6	4	**55**	5	**57**	**58**	4	9	1	3	5	**64**	1	2	14	7	1	1	**71**	1
2020017	3	2	1	1	**49**	4	**51**	2	**53**	5	1	**56**	1	1	5	10	2	4	6	1	2	3	15	8	**69**	2	1	2
2020018	**45**	3	2	2	**49**	5	**51**	3	1	6	2	1	2	**58**	**59**	11	3	5	**63**	2	3	4	16	9	1	**70**	2	**72**
2020019	1	4	3	3	1	6	1	4	2	7	3	2	**57**	1	1	12	**61**	6	1	**64**	4	5	17	10	2	1	**71**	**72**
2020020	2	5	4	**48**	**49**	7	**51**	**52**	3	8	**55**	**56**	**57**	**58**	2	13	**61**	7	2	1	5	6	18	11	3	**70**	1	1
2020021	3	6	5	**48**	1	**50**	1	1	4	**54**	1	1	1	**58**	**59**	14	1	8	3	2	6	7	19	12	4	**70**	2	**72**
2020022	4	7	**47**	1	2	1	**51**	2	5	1	2	2	2	**58**	1	15	2	**62**	4	3	7	8	20	**68**	5	**70**	3	**72**
2020023	5	**46**	1	**48**	3	2	**51**	3	6	2	3	3	3	1	2	16	**61**	1	5	**64**	8	9	**67**	1	6	1	4	1
2020024	6	**46**	2	1	**49**	**50**	1	4	7	3	**55**	4	4	2	3	**60**	1	2	6	1	9	10	1	2	7	**70**	**71**	2

图 4-75　局部走势图（2020005 期—2020024 期）

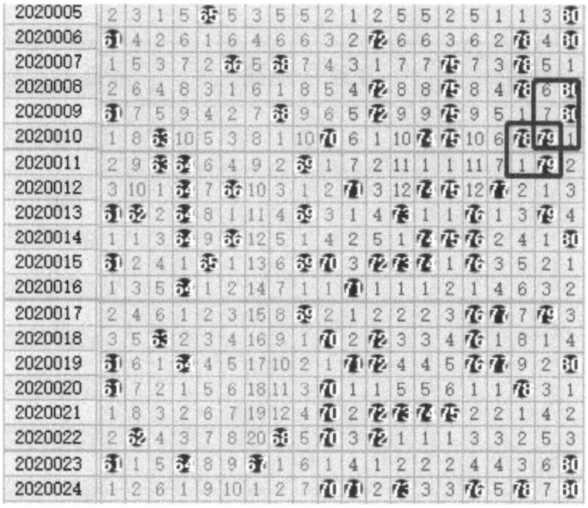

图 4-76　局部走势图（2020005 期—2020024 期）

5. 精选连号

2020005 期—2020024 期连号出号组数统计表如表 4-40 所示。

表 4-40　连号出号组数统计表

期号	2 连号组数	3 连号组数	4 连号组数	总组数
2020005	1	2	0	3
2020006	2	0	1	3
2020007	3	0	0	3
2020008	2	1	0	3
2020009	0	0	0	0
2020010	3	0	0	3
2020011	2	0	1	3
2020012	5	0	0	5
2020013	2	1	0	3
2020014	2	1	0	3
2020015	2	2	0	4

续表

期号	2 连号组数	3 连号组数	4 连号组数	总组数
2020016	2	2	0	4
2020017	3	1	0	4
2020018	1	1	0	2
2020019	4	1	0	5
2020020	2	1	1	4
2020021	3	0	1	4
2020022	3	1	0	4
2020023	2	0	0	2
2020024	4	0	0	4

走势图中每期出现 2~5 组连号是常态。

如表 4–40 所示，2020020 期—2020022 期连续 3 期出现 4 组连号之后，在求均衡规律的作用下，2020023 期开出 2 组连号进行调偏，从而达到一个短期平衡。2020024 期又开出 4 组连号，顺势而为，我们判断本期连号出现组数会在 3~5 组之间。

之前备选号码中已经选择了号码 48、49 和 79、80，所以看好这两组连号在本期出现。

6. 分级定胆

（1）数据汇总。

① 确定一区出号 4 个，二区出号 5 个，三区出号 5 个，四区出号 5 个。

② 精选热号 3 个：48、49、70。

③ 精选重号 3 个：49、70、80。

④ 精选斜连号 4 个：10、49、70、79

⑤ 精选连号 2 组：48、49 和 79、80。

本期一共精选 6 个备选号码，包括：10、48、49、70、79、80。

（2）号码分级和定胆。根据备选号码在选号中出现的次数进行分级，结果如下。

1 级备选号码：号码 49 出现 4 次，号码 70 出现 3 次，可以作为胆码使用。

2 级备选号码：号码 48、79、80 均出现 2 次。

3 级备选号码：号码 10 出现 1 次。

7. 投注方案

本着“以小博大”的投注原则，选择以下 4 个投入少、风险小的投注方案，只要中奖就能中一串小的奖项。如果想中一等奖，需要多选择 4~6 个号码与精选的备选号码组合，进行胆拖投注。

“选六”单式：“选六”6 码单式投注。投入 2 元，如中奖，奖金最高 3000 元。

“选五”复式：“选五”6 码复式投注。投入 12 元，如中奖，奖金最高 6000 元。

“选五”胆拖：“选五”6 码胆拖投注。投入 10 元，如中奖，奖金最高 5000 元。

“选四”复式：“选四”6 码复式投注。投入 30 元，如中奖，奖金最高 1500 元。

8. 开奖号码

2020025 期开奖号码：2、4、6、10、21、32、33、37、39、40、48、49、59、61、63、64、65、70、79、80。

六、2020026 期实战案例分析

通过前面五个实战案例的解析，相信读者朋友对整个选号、投注的流程已经轻车熟路了。接下来连续 3 期实战案例分析均采用快速分析模式，该模式更便于经常在福彩站选号投注的彩民朋友应用。

如图 4–77 所示，我们使用 2020006 期—2020025 期走势图进行 2020026 期实战案例分析。

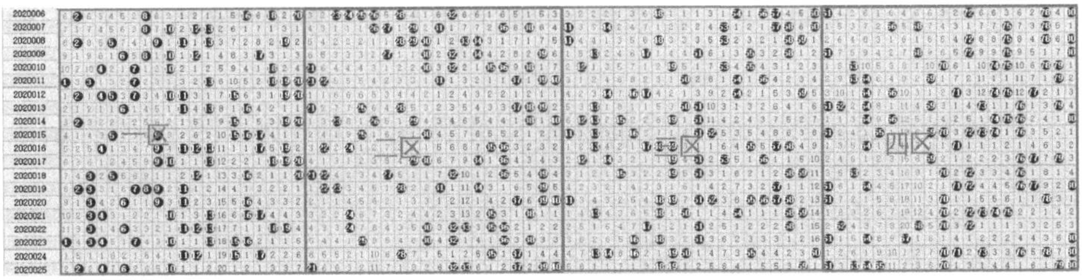

图 4-77　快乐 8 走势图（2020006 期—2020025 期）

1. 每个区间最多出号 5 个

根据区间出号规律可知，实战中在每个区间精选 4~6 个号码作为备选号码是最明智的做法。

如果某个区前几期出号个数高于常见区间范围的上限，那么根据均衡规律，接下来出号个数就会减少以求平衡；如果某个区前几期出号个数低于常见区间范围的下限，那么根据均衡规律，接下来出号个数就会增多以求平衡。求均衡的最终结果就是出号个数回归到常见范围之内。

为了达到快速选号的目的，每个区间出号个数以不超过 5 个为佳。要始终牢记该原则，少选防错、多选易错。

2. 最多精选 3 个热号

每期热号中均会有 2~5 个号码成为中奖号码。为了达到快速选号的目的，每期在热号中最多精选 3 个号码作为备选号码。

本期在热号中精选号码 3、11、48 作为备选号码，分析研判过程如下。

（1）精选热号 3。如图 4-78 所示，号码 3 在经历了遗漏 10 期、遗漏 6 期合计达 16 期之久的冷态后，在求均衡规律的作用下终于一口气“六连阳”，进行了连续强势回补，真正成为强者。

截至 2020025 期，号码 3 遗漏了 2 期没有出现。一个号码形成“强者恒强”的趋势之后，即使完成回补也不会骤然转冷，通常情况下会歇息 1~2 期后来个“强后之缓”。这个“缓”就是精准选号的大机会。

选号码就是抓机会，所以精选号码 3 作为本期备选号码。

（2）精选热号 11。如图 4-79 所示，号码 11 近期出现频繁，属于热号，尤其是附近区域属于出号旺区，更增加了它的出现概率。号码 11 遗漏 2 期就开出的情况出现了 3 次，遗漏 1 期就开出的情况出现了 2 次。号码 11 当前遗漏 1 期，根据相似规律，号码 11 再出现的概率极大。

根据以上分析，本期精选热号 11 作为备选号码。

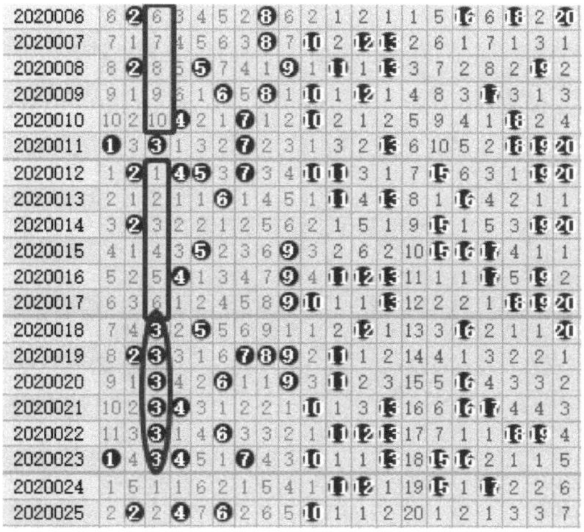

图 4-78　局部走势图（2020006 期—2020025 期）

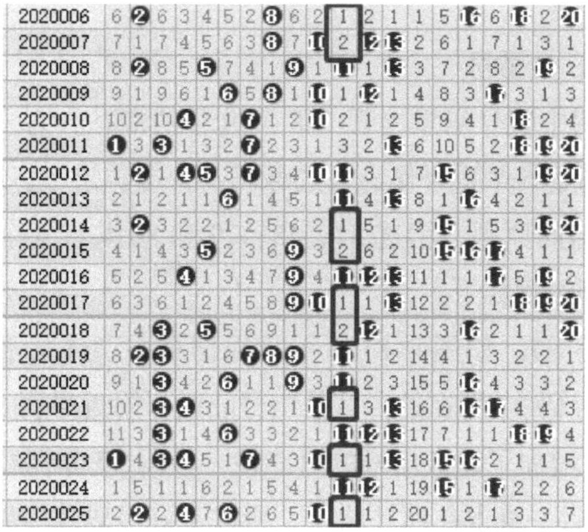

图 4-79　局部走势图（2020006 期—2020025 期）

（3）精选热号 48。如图 4–80 所示，号码 48 属于热号，尤其是附近区域属于出号旺区，增加了其出现概率。号码 48 由远及近分别遗漏了 7 期、3 期、1 期、1 期，遗漏间隔越来越小，预示着号码越来越热，接下来出现的概率极高。因此，顺势而为选择该号码是明智之举。

基于以上分析，本期精选热号 48 作为备选号码。

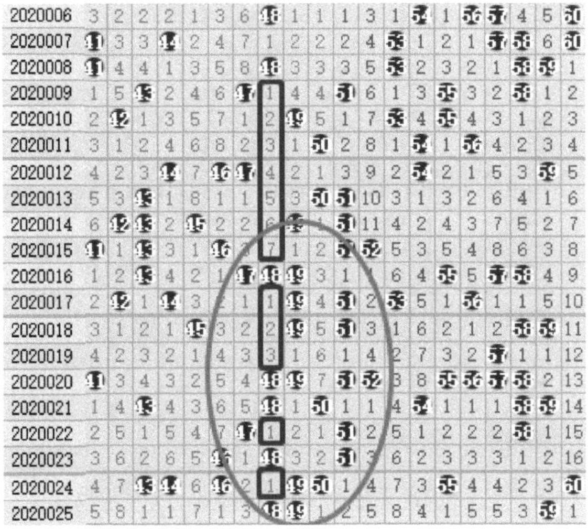

图 4–80　局部走势图（2020006 期—2020025 期）

3. 最多精选 5 个重号

走势图中每期中奖号码里出现 3~8 个重号是常态。为了达到快速选号的目的，每期最多精选 5 个重号作为备选号码，少选防错、多选易错。

本着宁缺毋滥的原则，精选 37、48、79 和 80 共计 4 个重号作为本期备选号码，分析研判过程如下。

（1）精选重号 37。如图 4–81 所示，根据重中“寻”重技巧，看好号码 37 会继续出现。号码 37 所在的二区是出号旺区，附近号码 36 和 39 均出现过 3 重号的情况，更增加了旺区出号的可能性。号码 37 分别经过了 9 期、1 期、6 期、3 期的遗漏后一直走在回补路上，所以看好号码 37 继续出现以求均衡。基于上述理由，判断本期号码 37 会继续出现。

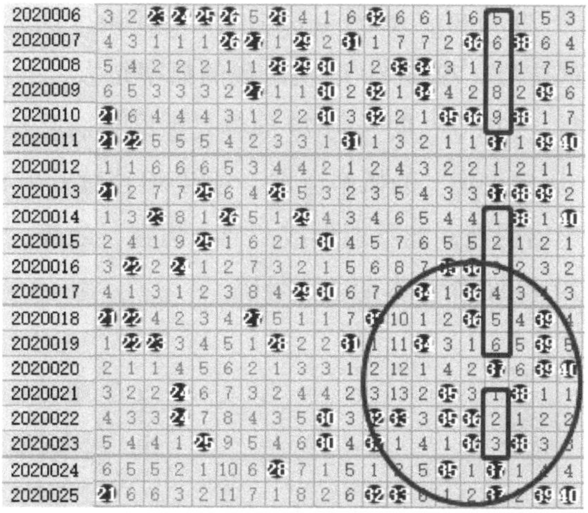

图 4-81　局部走势图（2020006 期—2020025 期）

（2）精选重号 48。如图 4-82 所示，号码 48 属于热号，根据热中“定”重技巧，判断号码 48 的出现概率很高。2020020 期连号 48、49 出现后，2020021 期开出重号 48，2020025 期又开出连号 48、49，根据连中“选”重技巧和相似规律，判断本期重号 48 出现的概率极大。综上分析，精选重号 48 作为本期备选号码。

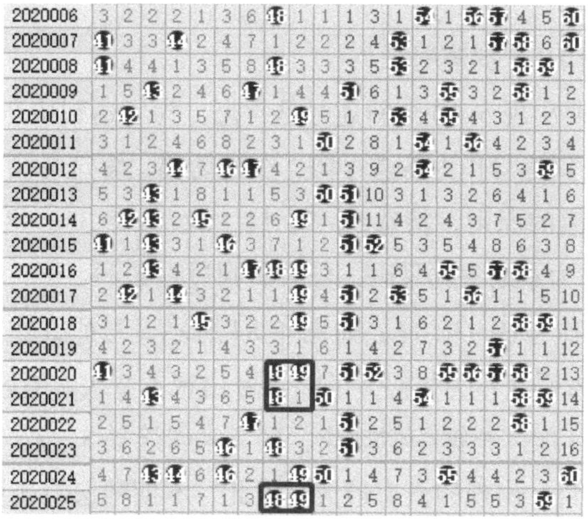

图 4-82　局部走势图（2020006 期—2020025 期）

（3）精选重号 79 和 80。如图 4–83 所示，2020025 期开出连号 79、80，根据连中“选”重技巧，79 或 80 继续出现的概率很大。号码 79 曾在遗漏 7 期后连续出现 2 期，2020025 期号码 79 同样是遗漏 7 期后开出，根据相似规律，本期重号 79“历史再现”的概率极大。号码 80 连续开出 3 期形成 3 重号，逐渐由冷转热，走出阴霾，能不能形成“强者恒强”之势，值得期待。综上分析，精选重号 79 和 80 作为本期备选号码。

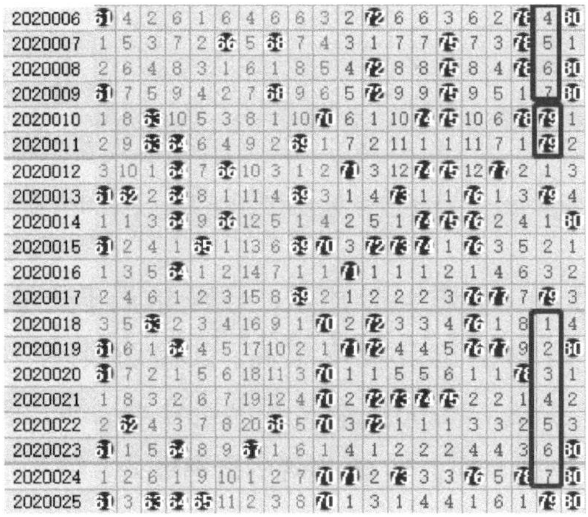

图 4–83　局部走势图（2020006 期—2020025 期）

4. 最多精选 10 个斜连号

走势图中每期出现 5~10 个斜连号是常态。为了达到快速选号的目的，每期最多精选 10 个斜连号作为备选号码，少选防错、多选易错。

本着宁缺毋滥的原则，精选 3、7、11、22、34、38、48、71、79、80 共计 10 个斜连号作为本期备选号码，分析研判过程如下。

（1）选择斜连号 3、7、11。如图 4–84 所示，号码 3 作为号码 4 的斜连号出现了 2 次，号码 7 作为号码 6 的斜连号出现了 2 次，号码 11 作为号码 10 的斜连号出现了 4 次。根据相似规律，接下来斜连号 3、7、11 的出现概率极高，尤其是号码 11，出现的概率最大。因此，本期精选斜连号 3、7、11 作为备选号码。

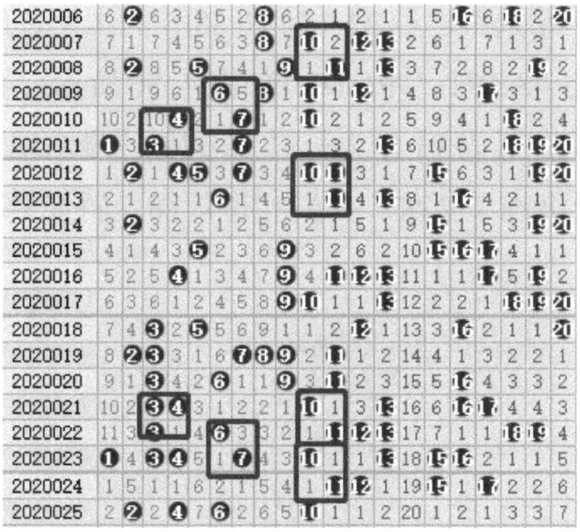

图 4–84　局部走势图（2020006 期—2020025 期）

（2）选择斜连号 22、34、38。如图 4–85 所示，号码 22 作为号码 21 的斜连号出现了 2 次，号码 34 作为号码 33 的斜连号出现了 1 次，号码 38 作为号码 37 的斜连号出现了 2 次，号码 38 作为号码 39 的斜连号出现了 3 次。根据相似规律，接下来斜连号 22、34、38 的出现概率极高。

如图 4–85 所示，2020025 期开出连号 32、33，下期连号附近斜连号出现的概率很大，尤其是圆圈区域是出号旺区，更增加了号码 34 的出现概率。

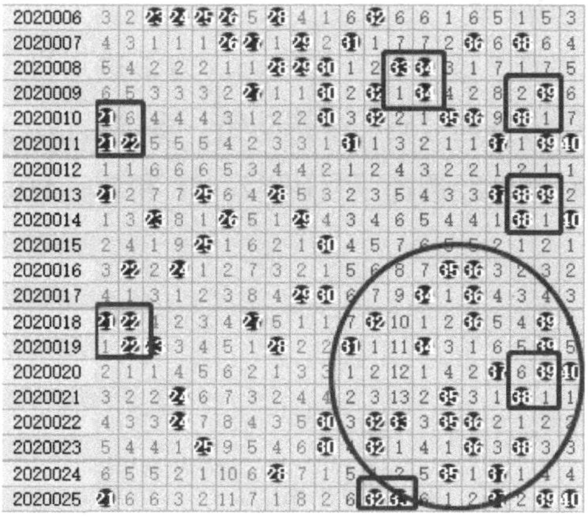

图 4–85　局部走势图（2020006 期—2020025 期）

基于以上分析，精选斜连号 22、34 和 38 作为本期备选号码。

（3）选择斜连号 48、71、79、80。如图 4-86 所示，号码 48 作为号码 49 的斜连号出现了 2 次，号码 71 作为号码 70 的斜连号出现了 2 次，号码 79 作为号码 80 的斜连号出现了 2 次。根据相似规律，斜连号 48、71、79、80 的出现概率很高。

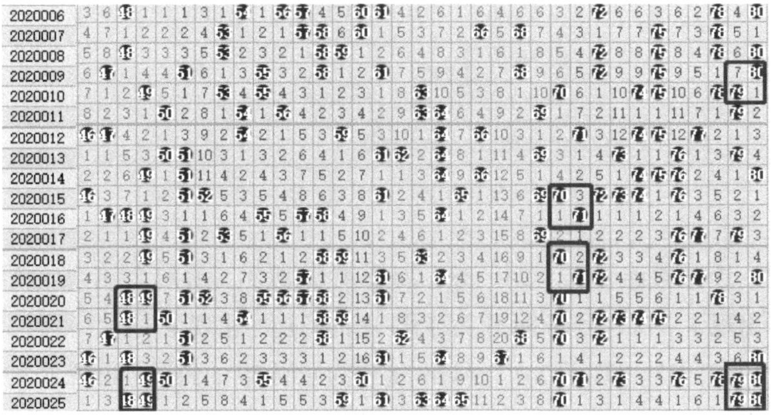

图 4-86　局部走势图（2020006 期—2020025 期）

号码 48、71、79、80 附近区域均是出号旺区，更增加了上述号码的出现概率。依据以上分析，精选上述 4 个斜连号作为本期备选号码。

5. 最多精选 3 组连号

走势图中每期出现 2~5 组连号是常态。为了达到快速选号的目的，每期最多精选 3 组连号作为备选号码，少选防错、多选易错。

前面的备选号码里已经选择了号码 37、38 和 79、80，所以看好这两组连号在本期出现。

6. 分级定胆

（1）数据汇总。

① 精选热号 3 个：3、11、48。

② 精选重号 4 个：37、48、79、80。

③ 精选斜连号 10 个：3、7、11、22、34、38、48、71、79、80。

④ 精选连号 2 组：37、38 和 79、80。

本期共精选 11 个备选号码，包括：3、7、11、22、34、37、38、48、71、79、80。

（2）号码分级和定胆。根据备选号码在选号中出现的次数进行分级，结果如下。

1 级备选号码：号码 48、79、80 均出现 3 次，可作为胆码使用。

2 级备选号码：号码 3、11、37、38 出现 2 次。

3 级备选号码：号码 7、22、34、71 出现 1 次。

7. 投注方案

本着“以小博大”的投注原则，以 1 级和 2 级备选号码为重点与 3 级备选号码的不同号码任意组合，采用如表 4–41 所示的“金字塔”投注方案进行组合式投注，只要中奖就能中一串奖项。

开奖后发现，号码 7、38 不在开奖号码内。即便这样，仔细对照一下便知，大奖小奖也中了一串。

表 4–41　“金字塔”投注方案及预期收益（2020026 期）

投注方案	投注号码	说明	投入金额
“选一”单式	80	“选一中一”固定奖，奖金 4.6 元	2 元
“选二”单式	80 48	“选二中二”固定奖，奖金 19 元	2 元
“选三”单式	80 48 79	“选三中二”就有奖，最高奖金 53 元	2 元
“选四”单式	80 48 79 3	“选四中二”就有奖，最高奖金 100 元	2 元
“选五”单式	80 48 79 3 11	“选五中三”就有奖，最高奖金 1000 元	2 元
“选六”单式	80 48 79 3 11 37	“选六中三”就有奖，最高奖金 3000 元	2 元

续表

投注方案	投注号码	说明	投入金额
“选七”单式	80 48 79 3 11 37 38	“选七中四”就有奖，最高奖金1万元，一个不中能保本	2元
“选八”单式	80 48 79 3 11 37 38 7	“选八中四”就有奖，最高奖金5万元，一个不中能保本	2元
“选九”单式	80 48 79 3 11 37 38 7 22	“选九中四”就有奖，最高奖金30万元，一个不中能保本	2元
“选十”单式	80 48 79 3 11 37 38 7 22 34	“选十中五”就有奖，最高奖金500万元（浮动），一个不中能保本	2元
“选十”11码复式	80 48 79 3 11 37 38 7 22 34 71	最高可中11注头奖，一个不中能保本	22元

8. 开奖号码

2020026期开奖号码：2、3、6、11、18、22、30、34、35、37、46、48、53、57、61、68、71、77、79、80。

七、2020027期实战案例分析

如图4-87所示，我们使用2020007期—2020026期走势图采用快速模式进行2020027期实战案例分析。

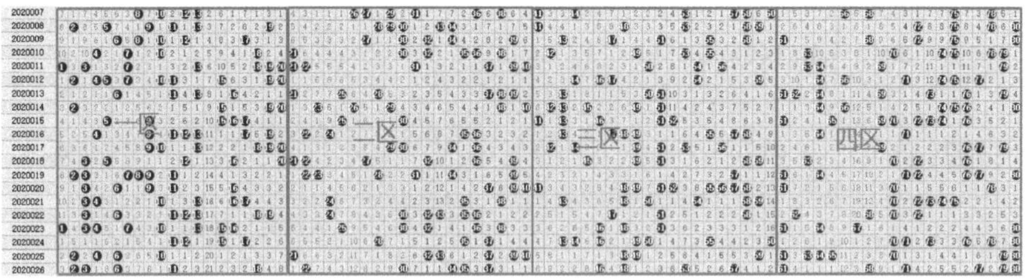

图4-87　快乐8走势图（2020007期—2020026期）

1. 每个区间最多出号 5 个

根据区间出号规律可知，实战中在每个区间精选 4~6 个号码作为备选号码是最明智的做法。为了达到快速选号的目的，每个区间出号个数以不超过 5 个为佳，少选防错、多选易错。

2. 最多精选 3 个热号

每期热号中均会有 2~5 个号码成为中奖号码。为了达到快速选号的目的，每期在热号中最多精选 3 个号码作为备选号码，少选防错、多选易错。

本期在热号中精选出号码 11、30 和 80 作为备选号码，分析研判过程如下。

（1）精选热号 11。如图 4–88 所示，号码 11 属于热号，近期出现频繁，尤其是附近区域属于出号旺区，更增加了其出现概率。号码 11 重号的情况出现了 2 次，根据相似规律，号码 11 再出现重号的概率极大。

基于以上分析，本期在热号中精选号码 11 作为备选号码。

（2）精选热号 30。如图 4–89 所示，号码 30 属于一般热号，但附近区域属于出号旺区，因此增加了其出现概率。

号码 30 分别出现过 1 次 3 重号、1 次 2 重号，具有明显的重号基因。根据相似规律，也判断号码 30 接下来出现的概率很高。

基于以上分析，本期在热号中精选号码 30 作为备选号码。

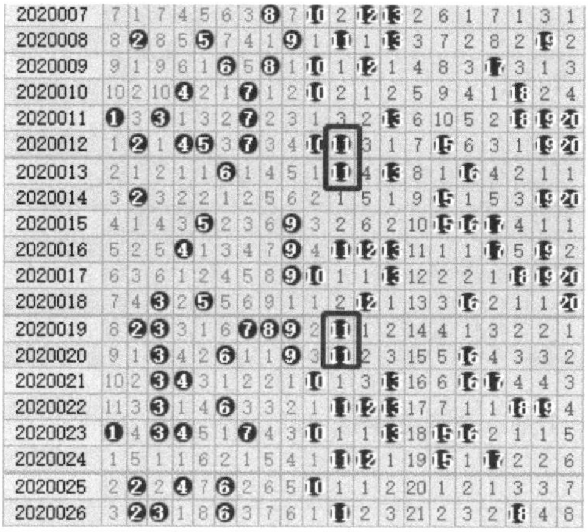

图 4–88　局部走势图（2020007 期—2020026 期）

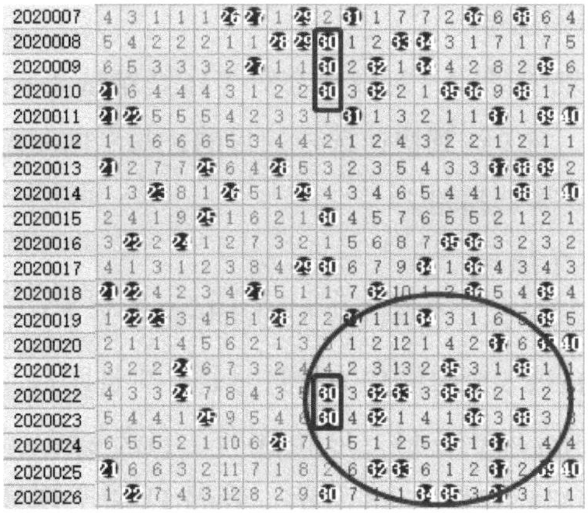

图 4-89　局部走势图（2020007 期—2020026 期）

（3）精选热号 80。如图 4-90 所示，号码 80 属于热号，近期频繁出现，具有“强者恒强”之势，尤其是附近区域有形成出号旺区的趋势，更增加了其继续出现的概率。“强者恒强”是精准选号的好机会，所以精选号码 80 作为本期重要的备选号码。

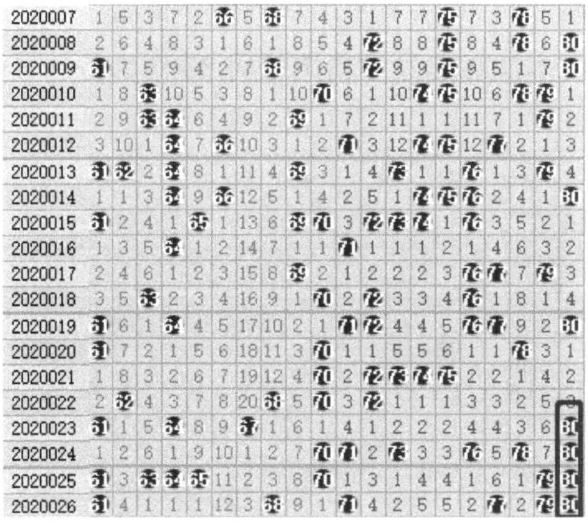

图 4-90　局部走势图（2020007 期—2020026 期）

3. 最多精选 5 个重号

走势图中每期中奖号码里出现 3~8 个重号是常态。为了达到快速选号的目的，每期最多精选 5 个重号作为备选号码，少选防错、多选易错。

本着宁缺毋滥的原则，精选 11、61、79、80 共 4 个重号作为本期备选号码，分析研判过程如下。

（1）精选重号 11。如图 4–91 所示，根据热中“定”重技巧，判断号码 11 出现的概率很大，尤其是号码 11 所在区域是出号旺区，更增加了它的出现概率。号码 11 重号的情况出现了 2 次，根据相似规律，号码 11 作为重号出现的概率极大。

基于上述分析，精选重号 11 作为本期备选号码。

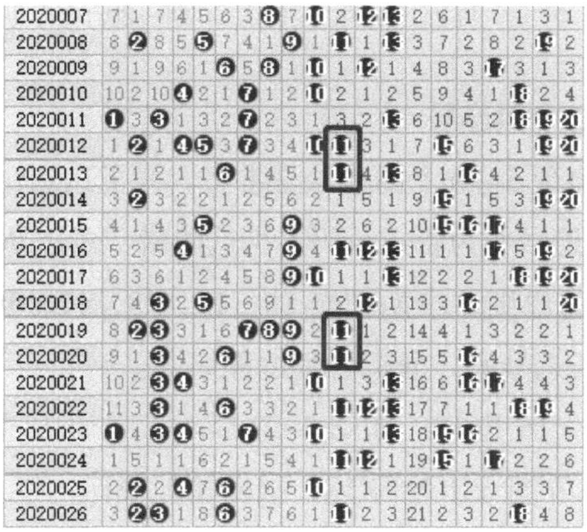

图 4–91 局部走势图（2020007 期—2020026 期）

（2）精选重号 61、79、80。如图 4–92 所示，根据重中“寻”重技巧，判断号码 61 大概率会继续出现。同时，号码 61 的遗漏间隔越来越小，其逐渐成为热号，根据热中“定”重技巧，也判断该号码大概率会继续出现。

号码 80 属于热号，呈“强者恒强”之势，根据热中“定”重技巧，判断号码 80 的出现概率极高。

根据重中“寻”重和连中“选”重技巧，判断号码 79 出现的概率很高。号码 79 出现过重号的情况，尤其是所在区域为出号旺区，因此综合判断号码 79 具有较高的出现概率。

综上分析，精选重号 61、79 和 80 作为本期备选号码。

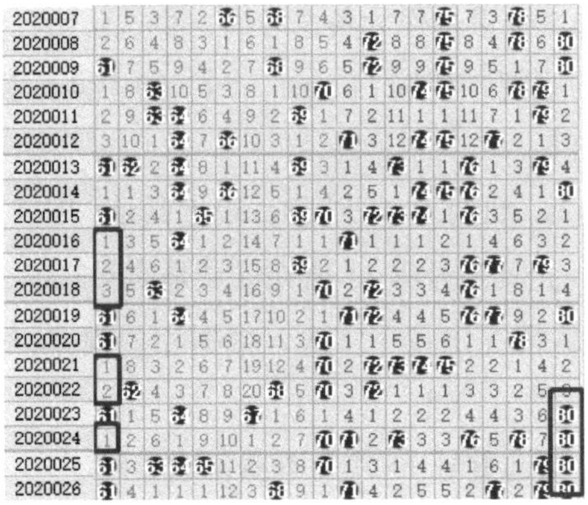

图 4-92　局部走势图（2020007 期—2020026 期）

4. 最多精选 10 个斜连号

走势图中每期出现 5~10 个斜连号是常态。为了达到快速选号的目的，每期最多精选 10 个斜连号作为备选号码，少选防错、多选易错。

本着宁缺毋滥的原则，本期精选 16、19、33、47、58、70、76、79、80 共 9 个斜连号作为备选号码，分析研判过程如下。

（1）选择斜连号 16 和 19。如图 4-93 所示，号码 18 和 16 上下期开出的情况有 2 次，2020026 期开出号码 18，根据相似规律，接下来号码 16 出现的概率较大。

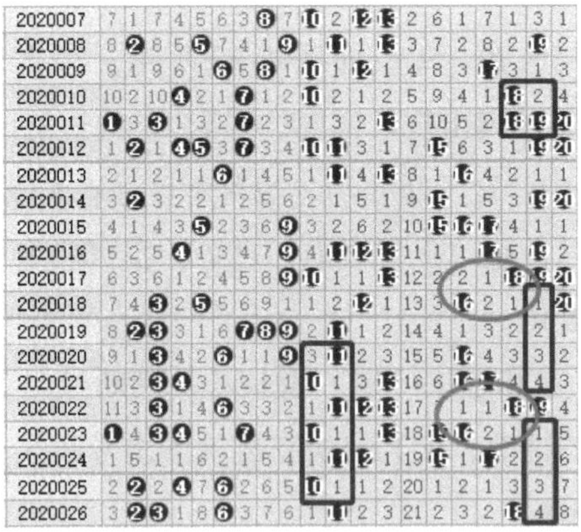

图 4-93　局部走势图（2020007 期—2020026 期）

号码 18 和 19 上下期开出的情况有 1 次，根据相似规律，号码 19 也具有一定的出现概率。号码 19 曾遗漏 4 期后开出，当前也是遗漏 4 期，同样根据相似规律，号码 19 出现的概率也极高。

基于以上分析，精选号码 16 和 19 作为本期备选号码。

号码 10 属于热号，而且作为号码 11 的斜连号开出了 5 次之多，根据相似规律，其继续出现的概率极高。可是最近号码 11 和 10 已经连续 3 次交替出现，接下来第 4 次出现的概率极低，所以最终未选择号码 10。

（2）选择斜连号 33。连号附近斜连号出现的概率较高。如图 4–94 所示，2020026 期开出连号 34、35，那么下期号码 33 和 36 的出现概率很大，尤其是附近区域属于出号旺区，更增加了其出现的可能性。

号码 33 在经历了 13 期冷态之后才出现 1 次，间隔 2 期又开出 1 次，呈现典型的“弱后之补”。号码 33 当前遗漏 1 期，研判号码 33 接下来大概率还会回补，因此精选号码 33 作为备选号码。

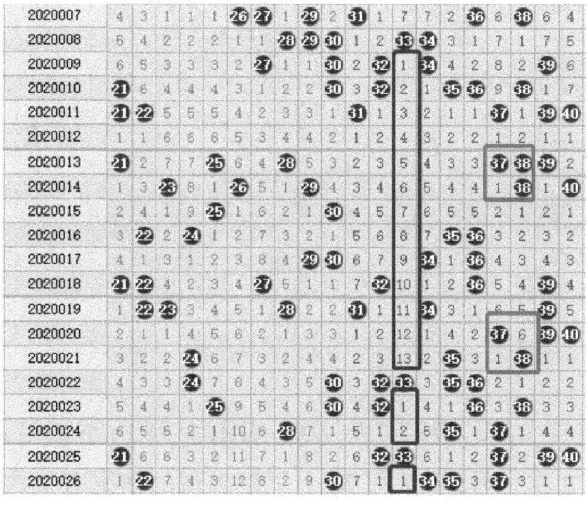

图 4–94　局部走势图（2020007 期—2020026 期）

号码 36 虽然在出号旺区和连号附近，具有一定的开出概率，可是通过历史数据能看到，号码 37 出现后斜连号 36 从未出现过，如果选择号码 36，则与相似规律相悖，因此本期不选择号码 36。

基于以上分析，精选号码 33 作为本期备选号码。

（3）选择斜连号 47、58。如图 4-95 所示，号码 46 和 47 上下期出现的情况有 1 次，号码 48 和 47 上下期出现的情况有 1 次。根据相似规律，号码 47 的出现概率比较高。另外，号码 47 所在区域是出号旺区，更增加了号码 47 的出现概率。

如图 4-95 所示，号码 57 和 58 上下期出现的情况有 3 次，根据相似规律，接下来斜连号 58 的出现概率极高。

基于以上分析，精选号码 47 和 58 作为本期备选号码。

2020007	**41**	3	3	**44**	2	4	7	1	2	2	2	4	**53**	1	2	1	**57**	**58**	6	**60**
2020008	**41**	4	4	1	3	5	8	**48**	3	3	3	5	**53**	2	3	2	1	**58**	**59**	1
2020009	1	5	**43**	2	4	6	**47**	1	4	4	**51**	6	1	3	**55**	3	2	**58**	1	2
2020010	2	**42**	1	3	5	7	1	2	**49**	5	1	7	**53**	4	**55**	4	3	1	2	3
2020011	3	1	2	4	6	8	2	3	1	**50**	2	8	1	**54**	1	**56**	4	2	3	4
2020012	4	2	3	**44**	7	**46**	**47**	4	2	1	3	9	2	**54**	2	1	5	3	**59**	5
2020013	5	3	**43**	1	8	1	1	5	3	**50**	**51**	10	3	1	3	2	6	4	1	6
2020014	6	**42**	**43**	2	**45**	2	2	6	**49**	1	**51**	11	4	2	4	3	7	5	2	7
2020015	**41**	1	**43**	3	1	**46**	3	7	1	2	**51**	**52**	5	3	5	4	8	6	3	8
2020016	1	2	**43**	4	2	1	**47**	**48**	**49**	3	1	1	6	4	**55**	5	**57**	**58**	4	9
2020017	2	**42**	1	**44**	3	2	1	1	**49**	4	**51**	2	**53**	5	1	**56**	1	1	5	10
2020018	3	1	2	1	**45**	3	2	2	**49**	5	**51**	3	1	6	2	1	2	**58**	**59**	11
2020019	4	2	3	2	1	4	3	3	1	6	1	4	2	7	3	2	**57**	1	1	12
2020020	**41**	3	4	3	2	5	4	**48**	**49**	7	**51**	**52**	3	8	**55**	**56**	**57**	**58**	2	13
2020021	1	4	**43**	4	3	6	5	**48**	1	**50**	1	1	4	**54**	1	1	1	**58**	**59**	14
2020022	2	5	1	5	4	7	**47**	1	2	1	**51**	2	5	1	2	2	2	**58**	1	15
2020023	3	6	2	6	5	**46**	1	**48**	3	2	**51**	3	6	2	3	3	3	1	2	16
2020024	4	7	**43**	**44**	6	**46**	2	1	**49**	**50**	1	4	7	3	**55**	4	4	2	3	**60**
2020025	5	8	1	1	7	1	3	**48**	**49**	1	2	5	8	4	1	5	5	3	**59**	1
2020026	6	9	2	2	8	**46**	4	**48**	1	2	3	6	**53**	5	2	6	**57**	4	1	2

图 4-95　局部走势图（2020007 期—2020026 期）

（4）选择斜连号 70、76、79、80。如图 4-96 所示，号码 71 和 70 上下期出现的情况有 2 次，号码 77 和 76 上下期出现的情况有 2 次，号码 79 和 80 上下期出现的情况有 2 次，号码 80 和 79 上下期出现的情况有 3 次，根据相似规律，斜连号 70、76、79、80 的出现概率均比较高。尤其是上述 4 个号码所在区域均是出号旺区，更增加了号码出现的概率。

基于上述分析，精选号码 70、76、79、80 作为本期备选号码。

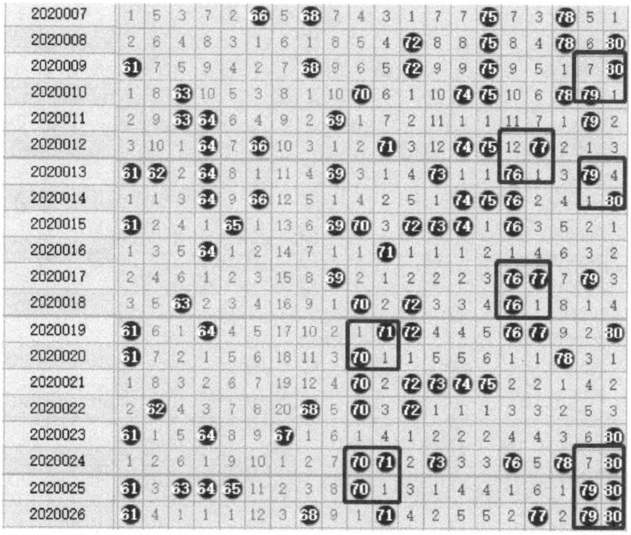

2020007	1	5	3	7	2	66	5	68	7	4	3	1	7	7	75	7	3	78	5	1
2020008	2	6	4	8	3	1	6	1	8	5	4	72	8	8	75	8	4	78	6	80
2020009	61	7	5	9	4	2	7	68	9	6	5	72	9	9	75	9	5	1	7	80
2020010	1	8	63	10	5	3	8	1	10	70	6	1	10	74	75	10	6	78	79	1
2020011	2	9	63	64	6	4	9	2	69	1	7	2	11	1	1	11	7	1	79	2
2020012	3	10	1	64	7	66	10	3	1	2	71	3	12	74	75	12	77	2	1	3
2020013	61	62	2	64	8	1	11	4	69	3	1	4	73	1	1	76	1	3	79	4
2020014	1	1	3	64	9	66	12	5	1	4	2	5	1	74	75	76	2	4	1	80
2020015	61	2	4	1	65	1	13	6	69	70	3	72	73	74	1	76	3	5	2	1
2020016	1	3	5	64	1	2	14	7	1	1	71	1	1	1	2	1	4	6	3	2
2020017	2	4	6	1	2	3	15	8	69	2	1	2	2	2	3	76	77	7	79	3
2020018	3	5	63	2	3	4	16	9	1	70	2	72	3	3	4	76	1	8	1	4
2020019	61	6	1	64	4	5	17	10	2	1	71	72	4	4	5	76	77	9	2	80
2020020	61	7	2	1	5	6	18	11	3	70	1	1	5	5	6	1	1	78	3	1
2020021	1	8	3	2	6	7	19	12	4	70	2	72	73	74	75	2	2	1	4	2
2020022	2	62	4	3	7	8	20	68	5	70	3	72	1	1	1	3	3	2	5	3
2020023	61	1	5	64	8	9	67	1	6	1	4	1	2	2	2	4	4	3	6	80
2020024	1	2	6	1	9	10	1	2	7	70	71	2	73	3	3	76	5	78	7	80
2020025	61	3	63	64	65	11	2	3	8	70	1	3	1	4	4	1	6	1	79	80
2020026	61	4	1	1	1	12	3	68	9	1	71	4	2	5	5	2	77	2	79	80

图 4–96　局部走势图（2020007 期—2020026 期）

5. 最多精选 3 组连号

走势图中每期出现 2~5 组连号是常态。为了达到快速选号的目的，每期最多精选 3 组连号作为备选号码，少选防错、多选易错。

如图 4–97 所示，号码 11 近期出现频繁，属于标准的热号，尤其是附近区域属于出号旺区，更增加了其出现概率。号码 11 重号的情况出现了 2 次，根据相似规律，号码 11 出现重号的概率极大。号码 11 和 12 作为连号已经出现了 3 次，根据相似规律，连号 11 和 12 出现的概率极高。基于上述分析，本期精选号码 11、12 作为第一组连号。

如图 4–98 所示，号码 57 和 58 上下期出现的情况有 3 次，根据相似规律，接下来斜连号 58 的出现概率极高。号码 58、59 作为连号出现了 3 次，如果号码 58 高概率出现，那么根据相似规律，连号 58、59 的出现概率极大。基于上述分析，本期选择号码 58、59 作为第二组连号。

本期共选择了 2 组出现概率极高的连号作为备选号码，在实战中可将任意一组连号作为 2 个胆码与其他备选号码组合后进行胆拖投注。

2020007	7	1	7	4	5	6	3	**8**	7	**10**	2	**12**	**13**	2	6	1	7	1	3	1
2020008	8	**2**	6	5	**5**	7	4	1	**9**	1	**11**	1	**13**	3	7	2	8	2	**19**	2
2020009	9	1	9	6	1	**6**	5	**8**	1	**10**	1	**12**	1	4	8	3	**17**	3	1	3
2020010	10	2	10	**4**	2	1	**7**	1	2	**10**	2	1	2	5	9	4	1	**18**	2	4
2020011	**1**	3	**3**	1	3	2	**7**	2	3	1	3	2	**13**	6	10	5	2	**18**	**19**	**20**
2020012	1	**2**	1	**4**	**5**	3	**7**	3	4	**10**	**11**	3	1	7	**15**	6	3	1	**19**	**20**
2020013	2	1	2	1	1	**6**	1	4	5	1	**11**	4	**13**	8	1	**16**	4	2	1	1
2020014	3	**2**	3	2	2	1	2	5	6	2	1	5	1	9	**15**	1	5	3	**19**	**20**
2020015	4	1	4	3	**5**	2	3	6	**9**	3	2	6	2	10	**15**	**16**	**17**	4	1	1
2020016	5	2	5	**4**	1	3	4	7	**9**	4	**11**	**12**	**13**	11	1	1	**17**	5	**19**	2
2020017	6	3	6	1	2	4	5	8	**9**	**10**	1	1	**13**	12	2	2	1	**18**	**19**	**20**
2020018	7	4	**3**	2	**5**	5	6	9	1	1	2	**12**	1	13	3	**16**	2	1	1	**20**
2020019	8	**2**	**3**	3	1	6	**7**	**8**	**9**	2	**11**	1	2	14	4	1	3	2	2	1
2020020	9	1	**3**	4	2	**6**	1	1	**9**	3	**11**	2	3	15	5	**16**	4	3	3	2
2020021	10	2	**3**	**4**	3	1	2	2	1	**10**	1	3	**13**	16	6	**16**	**17**	4	4	3
2020022	11	3	**3**	1	4	**6**	3	3	2	1	**11**	**12**	**13**	17	7	1	1	**18**	**19**	4
2020023	**1**	4	**3**	**4**	5	1	**7**	4	3	**10**	1	1	**13**	18	**15**	**16**	2	1	1	5
2020024	1	5	1	1	6	2	1	5	4	1	**11**	**12**	1	19	**15**	1	**17**	2	2	6
2020025	2	**2**	2	**4**	7	**6**	2	6	5	**10**	1	1	2	20	1	2	1	3	3	7
2020026	3	**2**	**3**	1	8	**6**	3	7	6	1	**11**	2	3	21	2	3	2	**18**	4	8

图 4-97　局部走势图（2020007 期—2020026 期）

2020007	**41**	3	3	**44**	2	4	7	1	2	2	2	4	**53**	1	2	1	**57**	**58**	6	**60**
2020008	**41**	4	4	1	3	5	8	**48**	3	3	3	5	**53**	2	3	2	1	**58**	**59**	1
2020009	1	5	**43**	2	4	6	**47**	1	4	4	**51**	6	1	3	**55**	3	2	**58**	1	2
2020010	2	**42**	1	3	5	7	1	2	**49**	5	1	7	**53**	4	**55**	4	3	1	2	3
2020011	3	1	2	4	6	8	2	3	1	**50**	2	8	1	**54**	1	**56**	4	2	3	4
2020012	4	2	3	**44**	7	**46**	**47**	4	2	1	3	9	2	**54**	2	1	5	3	**59**	5
2020013	5	3	**43**	1	8	1	1	5	3	**50**	**51**	10	3	1	3	2	6	4	1	6
2020014	6	**42**	**43**	2	**45**	2	2	6	**49**	1	**51**	11	4	2	4	3	7	5	2	7
2020015	**41**	1	**43**	3	1	**46**	3	7	1	2	**51**	**52**	5	3	5	4	8	6	3	8
2020016	1	2	**43**	4	2	1	**47**	**48**	**49**	3	1	1	6	4	**55**	5	**57**	**58**	4	9
2020017	2	**42**	1	**44**	3	2	1	1	**49**	4	**51**	2	**53**	5	1	**56**	1	1	5	10
2020018	3	1	2	1	**45**	3	2	2	**49**	5	**51**	3	1	6	2	1	2	**58**	**59**	11
2020019	4	2	3	2	1	4	3	3	1	6	1	4	2	7	3	2	**57**	1	1	12
2020020	**41**	3	4	3	2	5	4	**48**	**49**	7	**51**	**52**	3	8	**55**	**56**	**57**	**58**	2	13
2020021	1	4	**43**	4	3	6	5	**48**	1	**50**	1	1	4	**54**	1	1	1	**58**	**59**	14
2020022	2	5	1	5	4	7	**47**	1	2	1	**51**	2	5	1	2	2	2	**58**	1	15
2020023	3	6	2	6	5	**46**	1	**48**	3	2	**51**	3	6	2	3	3	3	1	2	16
2020024	4	7	**43**	**44**	6	**46**	2	1	**49**	**50**	1	4	7	3	**55**	4	4	2	3	**60**
2020025	5	8	1	1	7	1	3	**48**	**49**	1	2	5	8	4	1	5	5	3	**59**	1
2020026	6	9	2	2	8	**46**	4	**48**	1	2	3	6	**53**	5	2	6	**57**	4	1	2

图 4-98　局部走势图（2020007 期—2020026 期）

6. 分级定胆

（1）数据汇总。

① 精选热号 3 个：11、30、80。

② 精选重号 4 个：11、61、79、80。

③ 精选斜连号 9 个：16、19、33、47、58、70、76、79、80。

④ 精选连号 2 组：11、12 和 58、59。

本期精选了 14 个备选号码，包括：11、12、16、19、30、33、47、58、59、61、70、76、79、80。

（2）号码分级和定胆。根据备选号码在选号中出现的次数进行分级，结果如下。

1 级备选号码：号码 11、80 均出现 3 次，可作为胆码使用。

2 级备选号码：号码 58、79 均出现 2 次。

3 级备选号码：号码 12、16、19、30、33、47、59、61、70、76 均出现 1 次。

7. 投注方案

本着“以小博大”的投注原则，采用如表 4-42 所示的“金字塔”投注方案进行组合式投注。我们以 1 级和 2 级备选号码为重点与 3 级备选号码的不同号码任意组合，并把 3 级备选号码中出现概率更大的号码放在前面进行单式组号。

开奖后发现，14 个备选号码中只有号码 70 不在开奖号码内。即便如此，仔细对照一下便知，大奖小奖也中了一串。

表 4-42 “金字塔”投注方案及预期收益（2020027 期）

投注方案	投注号码	说明	投入金额
“选一”单式	11	“选一中一”固定奖，奖金 4.6 元	2 元
“选二”单式	11 80	“选二中二”固定奖，奖金 19 元	2 元

续表

投注方案	投注号码	说明	投入金额
“选三”单式	11 80 58	“选三中二”就有奖，最高奖金 53 元	2 元
“选四”单式	11 80 58 79	“选四中二”就有奖，最高奖金 100 元	2 元
“选五”单式	11 80 58 79 12	“选五中三”就有奖，最高奖金 1000 元	2 元
“选六”单式	11 80 58 79 12 59	“选六中三”就有奖，最高奖金 3000 元	2 元
“选七”单式	11 80 58 79 12 59 16	“选七中四”就有奖，最高奖金 1 万元，一个不中能保本	2 元
“选八”单式	11 80 58 79 12 59 16 19	“选八中四”就有奖，最高奖金 5 万元，一个不中能保本	2 元
“选九”单式	11 80 58 79 12 59 16 19 47	“选九中四”就有奖，最高奖金 30 万元，一个不中能保本	2 元
“选十”单式	11 80 58 79 12 59 16 19 47 76	“选十中五”就有奖，最高奖金 500 万元（浮动），一个不中能保本	2 元
“选十”11 码复式	11 80 58 79 12 59 16 19 47 76 30	最高可中 11 注头奖，一个不中能保本	22 元
“选十”12 码复式	11 80 58 79 12 59 16 19 47 76 30 33	最高可中 66 注头奖，一个不中能保本	132 元
“选十”13 码复式	11 80 58 79 12 59 16 19 47 76 30 33 61	最高可中 286 注头奖，一个不中能保本	572 元
“选十”14 码复式	11 80 58 79 12 59 16 19 47 76 30 33 61 70	最高可中 1001 注头奖，一个不中能保本	2002 元
“选十”2 胆 12 拖	11、12（或 11、80，58、59）做胆码，拖剩余 12 码	最高可中 495 注头奖，一个不中能保本	990 元

8. 开奖号码

2020027 期开奖号码：8、11、12、16、19、30、32、33、40、45、47、50、54、58、59、61、62、76、79、80。

八、2020028 期实战案例分析

如图 4-99 所示，我们使用 2020008 期—2020027 期走势图采用快速模式进行 2020028 期实战案例分析。

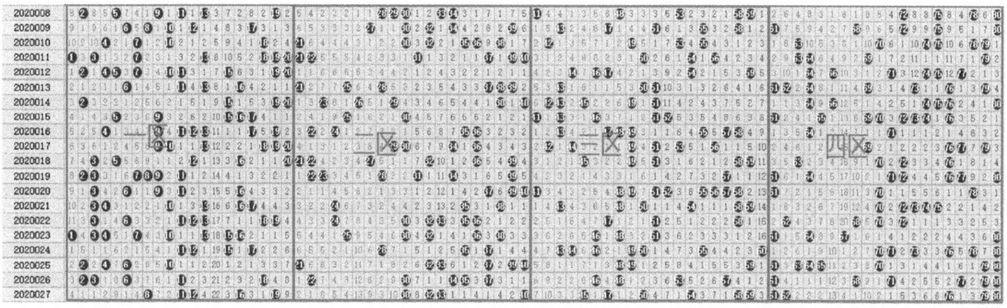

图 4-99　快乐 8 走势图（2020008 期—2020027 期）

1. 每个区间最多出号 5 个

根据区间出号规律可知，实战中在每个区间精选 4~6 个号码作为备选号码是最明智的做法。为了达到快速选号的目的，每个区间出号个数以不超过 5 个为佳，少选防错、多选易错。

2. 最多精选 3 个热号

每期热号中均会有 2~5 个号码成为中奖号码。为了达到快速选号的目的，每期在热号中最多精选 3 个号码作为备选号码，少选防错、多选易错。

本期在热号中精选出号码 30、32、61 作为备选号码，分析研判过程如下。

（1）精选热号 30 和 32。如图 4-100 所示，号码 30 和 32 近期出现频繁，均属热号，尤其是附近区域属于出号旺区，更增加了其出现概率。还能看到号码 30 和 32 连续出现和同时出现的情况有多次，根据相似规律，号码 30 和 32 再次同时出现的概率极大。

基于以上分析，本期选择号码 30 和 32 作为备选号码。

2020008	5	4	2	2	2	1	1	28	29	30	1	2	33	34	3	1	7	1	7	5
2020009	6	5	3	3	3	2	27	1	1	30	2	32	1	34	4	2	8	2	39	6
2020010	21	6	4	4	4	3	1	2	2	30	3	32	2	1	35	36	9	38	1	7
2020011	21	22	5	5	5	4	2	3	3	1	31	1	3	2	1	1	37	1	39	40
2020012	1	1	6	6	6	5	3	4	4	2	1	2	4	3	2	2	1	2	1	1
2020013	21	2	7	7	25	6	4	28	5	3	2	3	5	4	3	3	37	38	39	2
2020014	1	3	23	8	1	26	5	1	29	4	3	4	6	5	4	4	1	38	1	40
2020015	2	4	1	9	25	1	6	2	1	30	4	5	7	6	5	5	2	1	2	1
2020016	3	22	2	24	1	2	7	3	2	1	5	6	8	7	35	36	3	2	3	2
2020017	4	1	3	1	2	3	8	4	29	30	6	7	9	34	1	36	4	3	4	3
2020018	21	22	4	2	3	4	27	5	1	1	7	32	10	1	2	36	5	4	39	4
2020019	1	22	23	3	4	5	1	28	2	2	31	1	11	34	3	1	6	5	39	5
2020020	2	1	1	4	5	6	2	1	[illegible]	[illegible]	[illegible]	[illegible]	[illegible]	[illegible]	[illegible]	[illegible]	37	6	39	40
2020021	3	2	2	24	6	7	3	2	4	4	2	3	13	2	35	3	1	38	1	1
2020022	4	3	3	24	7	8	4	3	5	30	3	32	33	3	35	36	2	1	2	2
2020023	5	4	4	1	25	9	5	4	6	30	4	32	1	4	1	36	3	38	3	3
2020024	6	5	5	2	1	10	6	28	7	1	5	1	2	5	35	1	37	1	4	4
2020025	21	6	6	3	2	11	7	1	8	2	6	32	33	6	1	2	37	2	39	40
2020026	1	22	7	4	3	12	8	2	9	30	7	1	1	34	35	3	37	3	1	1
2020027	2	1	8	5	4	13	9	3	10	30	8	32	33	1	1	4	1	4	2	40

图 4-100　局部走势图（2020008 期—2020027 期）

（2）精选热号 61。如图 4-101 所示，号码 61 属于炙手可热的号码，具有“强者恒强”之势，尤其是附近区域属于出号旺区，更增加了其出现概率。

2020008	3	5	53	2	3	2	1	58	59	1	2	6	4	8	3	1	6	1	8	5
2020009	51	6	1	3	55	3	2	58	1	2	61	7	5	9	4	2	7	68	9	6
2020010	1	7	53	4	55	4	3	1	2	3	1	8	63	10	5	3	8	1	10	70
2020011	2	8	1	54	1	56	4	2	3	4	2	9	63	64	6	4	9	2	69	1
2020012	3	9	2	54	2	1	5	3	59	5	3	10	1	64	7	66	10	3	1	2
2020013	51	10	3	1	3	2	6	4	1	6	61	62	2	64	8	1	11	4	69	3
2020014	51	11	4	2	4	3	7	5	2	7	1	1	3	64	9	66	12	5	1	4
2020015	51	52	5	3	5	4	8	6	3	8	61	2	4	1	65	1	13	6	69	70
2020016	1	1	6	4	55	5	57	58	4	9	1	3	5	64	1	2	14	7	1	1
2020017	51	2	53	5	1	56	1	1	5	10	2	4	6	1	2	3	15	8	69	2
2020018	51	3	1	6	2	1	2	58	59	11	3	5	63	2	3	4	16	9	1	70
2020019	1	4	2	7	3	2	57	1	1	12	61	6	1	64	4	5	17	10	2	1
2020020	51	52	3	8	55	56	57	58	2	13	61	7	2	1	5	6	18	11	3	70
2020021	1	1	4	54	1	1	1	58	59	14	1	8	3	2	6	7	19	12	4	70
2020022	51	2	5	1	2	2	2	58	1	15	2	62	4	[illegible]	7	8	20	68	5	70
2020023	51	3	6	2	3	3	3	1	2	16	61	1	5	64	8	9	67	1	6	1
2020024	1	4	7	3	55	4	4	2	3	60	1	2	6	1	9	10	1	2	7	70
2020025	2	5	8	4	1	5	5	3	59	1	61	3	63	64	65	11	2	3	8	70
2020026	3	6	53	5	2	6	57	4	1	2	61	4	1	1	1	12	3	68	9	1
2020027	4	7	1	54	3	7	1	58	59	3	61	62	2	[illegible]	2	13	4	1	10	2

图 4-101　局部走势图（2020008 期—2020027 期）

当一个号码处于“强者恒强”的趋势时，必须顺势而为选择它，因为它有足够强大的理由让我们相信它会有上佳表现。选号码就是抓机会，“强者恒强”就是好机会。

基于以上分析，本期选择号码 61 作为备选号码。

3. 最多精选 5 个重号

走势图中每期中奖号码里出现 3~8 个重号是常态。为了达到快速选号的目的，每期最多精选 5 个重号作为备选号码，少选防错、多选易错。

本着宁缺毋滥的原则，本期精选 30、32、61、76 和 79 共计 5 个重号作为备选号码，分析研判过程如下。

（1）精选重号 30 和 32。如图 4–102 所示，号码 30 和 32 近期出现频繁，均属热号，尤其是附近区域属于出号旺区，更增加了其出现概率。号码 30 和 32 出现重号的情况较多，根据相似规律，号码 30 和 32 再出现重号的概率极大。基于以上分析，本期选择号码 30 和 32 作为备选号码。

2020008	5	4	2	2	2	1	1	28	29	30	1	2	33	34	3	1	7	1	7	5
2020009	6	5	3	3	3	2	27	1	1	30	2	32	1	34	4	2	8	2	39	6
2020010	21	6	4	4	4	3	1	2	2	30	3	32	2	1	35	36	9	38	1	7
2020011	21	22	5	5	5	4	2	3	3	1	31	1	3	2	1	1	37	1	39	40
2020012	1	1	6	6	6	5	3	4	4	2	1	2	4	3	2	2	1	2	1	1
2020013	21	2	7	7	25	6	4	28	5	3	2	3	5	4	3	3	37	38	39	2
2020014	1	3	23	8	1	26	5	1	29	4	3	4	6	5	4	4	1	38	1	40
2020015	2	4	1	9	25	1	6	2	1	30	4	5	7	6	5	5	2	1	2	1
2020016	3	22	2	24	1	2	7	3	2	1	5	6	8	7	35	36	3	2	3	2
2020017	4	1	3	1	2	3	8	4	29	30	6	7	9	34	1	36	4	3	4	3
2020018	21	22	4	2	3	4	27	5	1	1	7	32	10	1	2	36	5	4	39	4
2020019	1	22	23	3	4	5	1	28	2	2	31	1	11	34	3	1	6	5	39	5
2020020	2	1	1	4	5	6	2	1	[illegible]	3	1	2	12	1	4	2	37	6	39	40
2020021	3	2	2	24	6	7	3	2	4	4	2	3	13	2	35	3	1	38	1	1
2020022	4	3	3	24	7	8	4	3	5	30	3	32	33	3	35	36	2	1	2	2
2020023	5	4	4	1	25	9	5	4	6	30	4	32	1	4	1	36	3	38	3	3
2020024	6	5	5	2	1	10	6	28	7	1	5	1	2	5	35	1	37	1	4	4
2020025	21	6	6	3	2	11	7	1	8	2	6	32	33	6	1	2	37	2	39	40
2020026	1	22	7	4	3	12	8	2	9	30	7	1	1	34	35	3	37	3	1	1
2020027	2	1	8	5	4	13	9	3	[illegible]	30	8	32	33	1	1	4	[illegible]	4	2	40

图 4–102　局部走势图（2020008 期—2020027 期）

（2）精选重号 61、76、79。如图 4–103 所示，根据重中“寻”重和热中“定”重技巧，号码 61 和 79 大概率会继续出现。号码 76 出现过多次 3 重号，有极佳的重号基因，根据相似规律，号码 76 出现重号的概率极高。尤其是号码 76 在出号旺区，更增加了其出现的可能性。综上分析，精选重号 61、76 和 79 作为本期备选号码。

2020008	2	6	4	8	3	1	6	1	8	5	4	72	8	8	75	8	4	78	6	80
2020009	61	7	5	9	4	2	7	68	9	6	5	72	9	9	75	9	5	1	7	80
2020010	1	6	63	10	5	3	8	1	10	70	6	1	10	74	75	10	6	78	79	1
2020011	2	9	63	64	6	4	9	2	69	1	7	2	11	1	1	11	7	1	79	2
2020012	3	10	1	64	7	66	10	3	1	2	71	3	12	74	75	12	77	2	1	3
2020013	61	62	2	64	8	1	11	4	69	3	1	4	73	1	1	76	1	3	79	4
2020014	1	1	3	64	9	66	12	5	1	4	2	5	1	74	75	76	2	4	1	80
2020015	61	2	4	1	65	1	13	6	69	70	3	72	73	74	1	76	3	5	2	1
2020016	1	3	5	64	1	2	14	7	1	1	71	1	1	1	2	1	4	6	3	2
2020017	2	4	6	1	2	3	15	8	69	2	1	2	2	2	3	76	77	7	79	3
2020018	3	5	63	2	3	4	16	9	1	70	2	72	3	3	4	76	1	8	1	4
2020019	61	6	1	64	4	5	17	10	2	1	71	72	4	4	5	76	77	9	2	80
2020020	61	7	2	1	5	6	18	11	3	70	1	1	5	5	6	1	1	78	3	1
2020021	1	8	3	2	6	7	19	12	4	70	2	72	73	74	75	2	2	1	4	2
2020022	2	62	4	3	7	8	20	68	5	70	3	72	1	1	1	3	3	2	5	3
2020023	61	1	5	64	8	9	67	1	6	1	4	1	2	2	2	4	4	3	6	80
2020024	1	2	6	1	9	10	1	2	7	70	71	2	73	3	3	76	5	78	7	80
2020025	61	3	63	64	65	11	2	3	8	70	1	3	1	4	4	1	6	1	79	80
2020026	61	4	1	1	1	12	3	68	9	1	71	4	2	5	5	2	77	2	79	80
2020027	61	62	2	2	2	13	4	1	10	2	1	5	3	6	6	76	1	3	79	80

图 4-103　局部走势图（2020008 期—2020027 期）

4. 最多精选 10 个斜连号

走势图中每期出现 5~10 个斜连号是常态。为了达到快速选号的目的，每期最多精选 10 个斜连号作为备选号码，少选防错、多选易错。

本着宁缺毋滥的原则，本期精选 13、17、32、51、58、61、63、75 和 77 共计 9 个斜连号作为备选号码，分析研判过程如下。

（1）选择斜连号 13 和 17。如图 4-104 所示，号码 12 和 13 上下期出现的情况有 2 次，2020027 期开出号码 12，那么根据相似规律，接下来号码 13 出现的概率较大。号码 16 和 17 上下期出现的情况有 3 次，2020027 期开出号码 16，那么根据相似规律，接下来号码 17 具有极高的出现概率。基于以上分析，本期精选号码 13 和 17 作为备选号码。

（2）选择斜连号 32。如图 4-105 所示，号码 33 和 32 上下期出现的情况有 2 次，2020027 期开出号码 33，那么根据相似规律，接下来号码 32 出现的概率较大。

2020008	8	**2**	8	5	**5**	7	4	1	**9**	1	**11**	1	**13**	3	7	2	8	2	**19**	2
2020009	9	1	9	6	1	**6**	5	**8**	1	**10**	1	**12**	1	4	8	3	**17**	3	1	3
2020010	10	2	10	**4**	2	1	**7**	1	2	**10**	2	1	2	5	9	4	1	**18**	2	4
2020011	**1**	3	**3**	1	3	2	**7**	2	3	1	3	2	**13**	6	10	5	2	**18**	**19**	**20**
2020012	1	**2**	1	**4**	**5**	3	**7**	3	4	**10**	**11**	3	1	7	**15**	6	3	1	**19**	**20**
2020013	2	1	2	1	1	**6**	1	4	5	1	**11**	4	**13**	8	1	**16**	4	2	1	1
2020014	3	**2**	3	2	2	1	2	5	6	2	1	5	1	9	**15**	1	5	3	**19**	**20**
2020015	4	1	4	3	**5**	2	3	6	**9**	3	2	6	2	10	**15**	**16**	**17**	4	1	1
2020016	5	2	5	**4**	1	3	4	7	**9**	4	**11**	**12**	**13**	11	1	1	**17**	5	**19**	2
2020017	6	3	6	1	2	4	5	8	**9**	**10**	1	1	**13**	12	2	2	1	**18**	**19**	**20**
2020018	7	4	**3**	2	**5**	5	6	9	1	1	2	**12**	1	13	3	**16**	2	1	1	**20**
2020019	8	**2**	**3**	3	1	6	**7**	**8**	**9**	2	**11**	1	2	14	4	1	3	2	2	1
2020020	9	1	**3**	4	2	**6**	1	1	**9**	3	**11**	2	3	15	5	**16**	4	3	3	2
2020021	10	2	**3**	**4**	3	1	2	2	1	**10**	1	3	**13**	16	6	**16**	**17**	4	4	3
2020022	11	3	**3**	1	4	**6**	3	3	2	1	**11**	**12**	**13**	17	7	1	1	**18**	**19**	4
2020023	**1**	4	**3**	**4**	5	1	**7**	4	3	**10**	1	1	**13**	18	**15**	**16**	2	1	1	5
2020024	1	5	1	1	6	2	1	5	4	1	**11**	**12**	1	19	**15**	1	**17**	2	2	6
2020025	2	**2**	2	**4**	7	**6**	2	6	5	**10**	1	1	2	20	1	2	1	3	3	7
2020026	3	**2**	**3**	1	8	**6**	3	7	6	1	**11**	2	3	21	2	3	2	**18**	4	8
2020027	4	1	1	2	9	1	4	**8**	7	2	**11**	**12**	4	22	3	**16**	3	1	**19**	9

图 4-104　局部走势图（2020008 期—2020027 期）

2020008	5	4	2	2	2	1	1	**28**	**29**	**30**	1	2	**33**	**34**	3	1	7	1	7	5
2020009	6	5	3	3	3	2	**27**	1	1	**30**	2	**32**	1	**34**	4	2	8	2	**39**	6
2020010	**21**	6	4	4	4	3	1	2	2	**30**	3	**32**	2	1	**35**	**36**	9	**38**	1	7
2020011	**21**	**22**	5	5	5	4	2	3	3	1	**31**	1	3	2	1	1	**37**	1	**39**	**40**
2020012	1	1	6	6	6	5	3	4	4	2	1	2	4	3	2	2	1	2	1	1
2020013	**21**	2	7	7	**25**	6	4	**28**	5	3	2	3	5	4	3	3	**37**	**38**	**39**	2
2020014	1	3	**23**	8	1	**26**	5	1	**29**	4	3	4	6	5	4	4	1	**38**	1	**40**
2020015	2	4	1	9	**25**	1	6	2	1	**30**	4	5	7	6	5	5	2	1	2	1
2020016	3	**22**	2	**24**	1	2	7	3	2	1	5	6	8	7	**35**	**36**	3	2	3	2
2020017	4	1	3	1	2	3	8	4	**29**	**30**	6	7	9	**34**	1	**36**	4	3	4	3
2020018	**21**	**22**	4	2	3	4	**27**	5	1	1	7	**32**	10	1	2	**36**	5	4	**39**	4
2020019	1	**22**	**23**	3	4	5	1	**28**	2	2	**31**	1	11	**34**	3	1	6	5	**39**	5
2020020	2	1	1	4	5	6	2	1	3	3	1	2	12	1	4	2	**37**	6	**39**	**40**
2020021	3	2	2	**24**	6	7	3	2	4	4	2	3	13	2	**35**	3	1	**38**	1	1
2020022	4	3	3	**24**	7	8	4	3	5	**30**	3	**32**	**33**	3	**35**	**36**	2	1	2	2
2020023	5	4	4	1	**25**	9	5	4	6	**30**	4	**32**	1	4	1	**36**	3	**38**	3	3
2020024	6	5	5	2	1	10	6	**28**	7	1	5	1	2	5	**35**	1	**37**	1	4	4
2020025	**21**	6	6	3	2	11	7	1	8	2	6	**32**	**33**	6	1	2	**37**	2	**39**	**40**
2020026	1	**22**	7	4	3	12	8	2	9	**30**	7	1	1	**34**	**35**	3	**37**	3	1	1
2020027	2	1	8	5	4	13	9	3	10	**30**	8	**32**	**33**	1	1	4	1	4	2	**40**

图 4-105　局部走势图（2020008 期—2020027 期）

连号附近斜连号出现的概率比较高。2020027 期开出连号 32、33，那么下期号码 32 和 33 的出现概率很大，尤其是附近区域属于出号旺区，更增加了其出现的可能性。如图 4-105 所示，统计期内号码 33 从未作为重号出现过，作为斜连号仅出现 1 次，因此不看好号码 33 会继续出现。

基于以上分析，本期精选号码 32 作为备选号码。

（3）选择斜连号 51、58、61、63、75 和 77。如图 4-106 所示，号码 50 和 51 上下期出现的情况有 2 次，号码 59 和 58 上下期出现的情况有 2 次，号码 62 和 61 上下期出现的情况有 1 次，号码 76 出现重号后与号码 75 和 77 上下期出现的情况各有 1 次。根据相似规律，接下来号码 51、58、61、75 和 77 出现的概率比较高。

2020008	48	3	3	3	5	53	2	3	2	1	58	59	1	2	6	4	8	3	1	6	1	8	5	4	72	8	8	75	8	4	78	6	80
2020009	1	4	4	51	6	1	3	55	3	2	58	1	2	61	7	5	9	4	2	7	68	9	6	5	72	9	9	75	9	5	1	7	80
2020010	2	49	5	1	7	53	4	55	4	3	1	2	3	1	8	63	10	5	3	8	1	10	70	6	1	10	74	75	10	6	78	79	1
2020011	3	1	50	2	8	1	54	1	56	4	2	3	4	2	9	63	64	6	4	9	2	69	1	7	2	11	1	1	11	7	1	79	2
2020012	4	2	1	3	9	2	54	2	1	5	3	59	5	3	10	1	64	7	66	10	3	1	2	71	3	12	74	75	12	77	2	1	3
2020013	5	3	50	51	10	3	1	3	2	6	4	1	6	61	62	2	64	8	1	11	4	69	3	1	4	73	1	1	76	1	3	79	4
2020014	6	49	1	51	11	4	2	4	3	7	5	2	7	1	1	3	64	9	66	12	5	1	4	2	5	1	74	75	76	2	4	1	80
2020015	7	1	2	51	52	5	3	5	4	8	6	3	8	61	2	4	1	65	1	13	6	69	70	3	72	73	74	1	76	3	5	2	1
2020016	48	49	3	1	1	6	4	55	5	57	58	4	9	1	3	5	64	1	2	14	7	1	1	71	1	1	1	2	1	4	6	3	2
2020017	1	49	4	51	2	53	5	1	56	1	1	5	10	2	4	6	1	2	3	15	8	69	2	1	2	2	2	3	76	77	7	79	3
2020018	2	49	5	51	3	1	6	2	1	2	58	59	11	3	5	63	2	3	4	16	9	1	70	2	72	3	3	4	76	1	8	1	4
2020019	3	1	6	1	4	2	7	3	2	57	1	1	12	61	6	1	64	4	5	17	10	2	1	71	72	4	4	5	76	77	9	2	80
2020020	48	49	7	51	52	3	8	55	56	57	58	2	13	61	7	2	1	5	6	18	11	3	70	1	1	5	5	6	1	1	78	3	1
2020021	48	1	50	1	1	4	54	1	1	1	58	59	14	1	8	3	2	6	7	19	12	4	70	2	72	73	74	75	2	2	1	4	2
2020022	1	2	1	51	2	5	1	2	2	2	58	1	15	2	62	4	3	7	8	20	68	5	70	3	72	1	1	1	3	3	2	5	3
2020023	48	3	2	51	3	6	2	3	3	3	1	2	16	61	1	5	64	8	9	67	1	6	1	4	1	2	2	2	4	4	3	6	80
2020024	1	49	50	1	4	7	3	55	4	4	2	3	60	1	2	6	1	9	10	1	2	7	70	71	2	73	3	3	76	5	78	7	80
2020025	48	49	1	2	5	8	4	1	5	5	3	59	1	61	3	63	64	65	11	2	3	8	70	1	3	1	4	4	1	6	1	79	80
2020026	48	1	2	3	6	53	5	2	6	57	4	1	2	61	4	1	1	1	12	3	68	9	1	71	4	2	5	5	2	77	2	79	80
2020027	1	2	50	4	7	1	54	3	7	1	58	59	3	61	62	2	2	2	13	4	1	10	2	1	5	3	6	6	76	1	3	79	80

图 4-106　局部走势图（2020008 期—2020027 期）

连号附近斜连号出现的概率比较高，所以连号 61、62 出现后，号码 60 和 63 的出现概率比较高。号码 60 属于冷号，根据“追热避冷”的原则，不看好本期会出现，所以只看好号码 63 会出现。

基于上述分析，本期精选号码 51、58、61、63、75 和 77 作为备选号码。

5. 最多精选 3 组连号

走势图中每期出现 2~5 组连号是常态。为了达到快速选号的目的，每期最多精选 3 组连号作为备选号码，少选防错、多选易错。

我们在之前的分析中已经选择了号码 63 作为备选号码。如图 4–107 所示，号码 63、64 作为连号出现了 2 次，如果号码 63 能在本期出现，那么根据相似规律，号码 63、64 作为连号出现的概率极高。

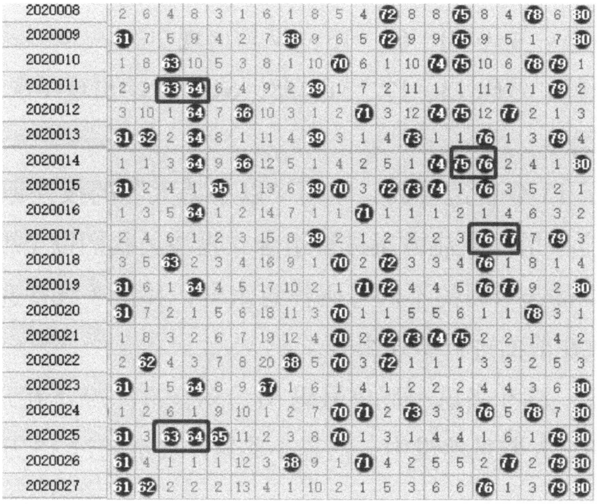

2020008	2	6	4	8	3	1	6	1	8	5	4	72	8	8	75	8	4	78	6	80
2020009	61	7	5	9	4	2	7	68	9	6	5	72	9	9	75	9	5	1	7	80
2020010	1	8	63	10	5	3	8	1	10	70	6	1	10	74	75	10	6	78	79	1
2020011	2	9	63	64	6	4	9	2	69	1	7	2	11	1	1	11	7	1	79	2
2020012	3	10	1	64	7	66	10	3	1	2	71	3	12	74	75	12	77	2	1	3
2020013	61	62	2	64	8	1	11	4	69	3	1	4	73	1	1	76	1	3	79	4
2020014	1	1	3	64	9	66	12	5	1	4	2	5	1	74	75	76	2	4	1	80
2020015	61	2	4	1	65	1	13	6	69	70	3	72	73	74	1	76	3	5	2	1
2020016	1	3	5	64	1	2	14	7	1	1	71	1	1	1	2	1	4	6	3	2
2020017	2	4	6	1	2	3	15	8	69	2	1	2	2	2	3	76	77	7	79	3
2020018	3	5	63	2	3	4	16	9	1	70	2	72	3	3	4	76	1	8	1	4
2020019	61	6	1	64	4	5	17	10	2	1	71	72	4	4	5	76	77	9	2	80
2020020	61	7	2	1	5	6	18	11	3	70	1	1	5	5	6	1	1	78	3	1
2020021	1	8	3	2	6	7	19	12	4	70	2	72	73	74	75	2	2	1	4	2
2020022	2	62	4	3	7	8	20	68	5	70	3	72	1	1	1	3	3	2	5	3
2020023	61	1	5	64	8	9	67	1	6	1	4	1	2	2	2	4	4	3	6	80
2020024	1	2	6	1	9	10	1	2	7	70	71	2	73	3	3	76	5	78	7	80
2020025	61	3	63	64	65	11	2	3	8	70	1	3	1	4	4	1	6	1	79	80
2020026	61	4	1	1	1	12	3	68	9	1	71	4	2	5	5	2	77	2	79	80
2020027	61	62	2	2	2	13	4	1	10	2	1	5	3	6	6	76	1	3	79	80

图 4–107　局部走势图（2020008 期—2020027 期）

之前分析中已经选择了号码 75、76、77 作为备选号码。如图 4–107 所示，号码 75、76 和 76、77 均作为连号出现过，根据相似规律，连号 75、76 和 76、77 出现的概率会比较高。

本期选择了 3 组出现概率高的连号作为备选号码，在实战中我们可将任意一组连号作为 2 个胆码与其他备选号码组合后进行胆拖投注。

6. 分级定胆

（1）数据汇总。

① 精选热号 3 个：30、32、61。

② 精选重号 5 个：30、32、61、76、79。

③ 精选斜连号 9 个：13、17、32、51、58、61、63、75、77。

④ 精选连号 3 组：63、64；75、76；76、77。

本期备选号码包括：13、17、30、32、51、58、61、63、64、75、76、77、79。

（2）号码分级和定胆。根据备选号码在选号中出现的次数进行分级，结果如下。

1 级备选号码：号码 32、61、76 均出现 3 次，可作为胆码使用。

2 级备选号码：号码 30、63、75、77 均出现 2 次。

3 级备选号码：号码 13、17、51、58、64、79 均出现 1 次。

7. 投注方案

本期精选了 13 个备选号码，本着“以小博大”的投注原则，采用如表 4–43 所示的“金字塔”投注方案进行组合式投注。我们以 1 级和 2 级备选号码为重点与 3 级备选号码的不同号码任意组合，并把 3 级备选号码中出现概率更大的号码放在前面进行单式组号。

开奖后发现，13 个备选号码中号码 51、58、77、79 不在开奖号码内。仔细对照一下可知，大奖虽然没中，但是小奖累计奖金超过 15 万元。

表 4–43 “金字塔”投注方案及预期收益（2020028 期）

投注方案	投注号码	说明	投入金额
“选一”单式	32	“选一中一”固定奖，奖金 4.6 元	2 元
“选二”单式	32 61	“选二中二”固定奖，奖金 19 元	2 元
“选三”单式	32 61 30	“选三中二”就有奖，最高奖金 53 元	2 元
“选四”单式	32 61 30 75	“选四中二”就有奖，最高奖金 100 元	2 元

续表

投注方案	投注号码	说明	投入金额
“选五”单式	32 61 30 75 76	“选五中三”就有奖，最高奖金 1000 元	2 元
“选六”单式	32 61 30 75 76 13	“选六中三”就有奖，最高奖金 3000 元	2 元
“选七”单式	32 61 30 75 76 13 17	“选七中四”就有奖，最高奖金 1 万元，一个不中能保本	2 元
“选八”单式	32 61 30 75 76 13 17 51	“选八中四”就有奖，最高奖金 5 万元，一个不中能保本	2 元
“选九”单式	32 61 30 75 76 13 17 51 58	“选九中四”就有奖，最高奖金 30 万元，一个不中能保本	2 元
“选十”单式	32 61 30 75 76 13 17 51 58 63	“选十中五”就有奖，最高奖金 500 万元（浮动），一个不中能保本	2 元
“选十”11 码复式	32 61 30 75 76 13 17 51 58 63 64	最高可中 11 注头奖，一个不中能保本	22 元
“选十”12 码复式	32 61 30 75 76 13 17 51 58 63 64 77	最高可中 66 注头奖，一个不中能保本	132 元
“选十”13 码复式	32 61 30 75 76 13 17 51 58 63 64 77 79	最高可中 286 注头奖，一个不中能保本	572 元

8. 开奖号码

2020028 期开奖号码：5、6、8、13、17、22、27、28、30、32、40、61、63、64、65、66、71、74、75、76。

第五章　非常实用的玩家经验

如何才能学好本书中的技术？如何做一个合格的彩民？作为一个玩家，在投注时有哪些注意事项？本章在一一回答这些问题的同时，还将针对彩票合买的优势、劣势以及如何规避风险进行详细的解读。

第一节　如何才能学好本书中的技术

想要学好、运用好本书中的技术，关键是必须做到以下两点：一是要不断地进行模拟训练；二是要经常地进行实战复盘。二者相辅相成，缺一不可。

一、模拟训练

模拟训练是根据历史开奖数据所进行的一种虚拟的训练，主要目的是提高选号能力和准确度。

号码的取舍是关键，直接关系到我们最后是否能够中奖。很多读者最初在学习和使用选号技术时，常常会感觉到有些难以把握。其实，解决这个问题的关键就是四个字：模拟训练。模拟训练对每个读者来说都至关重要，它与学棋时的“打棋谱”有着异曲同工之妙。

在模拟训练过程中，可以训练自己使用某个技巧对走势图内的某个号码进行分析研判，也可以训练自己对某一期的全盘号码进行研判取舍。我们通过不断的模拟训练，不但可以对某个号码不断变化的趋势有一个详细的了解，而且更重要的是，在训练的过程中可以更好地领悟走势图中趋势变化蕴含的均衡规律，从而在以后的实战中更好地、更精准地进行号码的选择。

我们在进行模拟训练时，可以任意选定某个期号，收集截至该期号的前20期、前30期、前50期或前80期数据，然后运用“六步中奖法”对所有数据进行综合分析，从而决定号码的取舍。

投注训练是指利用历史开奖数据进行的组号投注练习。我们可以任选一期为截止开奖期号，通过分析判断选择备选号码，然后组号投注。根据多年的训练经验，笔者认为初学者最好使用金字塔作号法进行投注训练。

金字塔作号法就是由下到上分为五层来使用由多到少的备选号码。根据训练经验，备选号码从第一层到第五层分别为30个号码、25个号码、20个号码、15个号码、10个号码。

每期利用金字塔作号法所得出的备选号码都应该记录存档，然后根据下期开奖号码对每层投注结果的中奖情况进行核对并进行统计。这样做可以逐层提高自己的中奖概率，提升自身的实战能力，逐渐减少备选号码的数量。

如果我们通过训练后，在第一层的30个备选号码范围内达到很高的中奖概率，那么接下来就做其他四层的投注训练，以此类推，递减到最后两层。如果我们通过不断努力能做到这个地步，并有一定的中奖概率，那就完全可以进行实战操作了。

我们无论做任何事情，要想成功，都要持之以恒，模拟训练也不例外。只有通过不断的训练，才能逐步提高我们自身的实战技能，也才能在实战中获得更大的收益。要相信有付出一定会有回报。

二、实战复盘

在学习过程中，模拟训练固然重要，可是实战复盘更是重中之重。实战复盘指的是每次进行模拟训练或者实战后，都要根据开奖结果核对之前对所有号码的分析和取舍是否正确。

如果我们对号码的分析判断都完全正确，我们就要自问在本期分析中为什么能够正确研判每个号码，有什么样的经验可以在以后的实战中借鉴。如果我们对号码的分析判断有错误，我们更要仔细分析失误的原因，吸取失败的教训，并在以后尽量杜绝类似的错误。

如果我们在每次模拟训练或实战后都能够进行细致的实战复盘，那么经过日积月累，我们的技术会有质的飞跃。

我们要记住，模拟训练和实战复盘是每个想中奖的彩民的必修课程。

第二节　如何做合格的彩民

彩民为什么购买彩票？抛开人所共知的公益性目的不说，吸引彩民“义无反顾”地投身彩票领域的一个巨大动力，就是获得高额奖金。

购买彩票是一个“以小博大”的行为，即期望用较小的投入获得巨大的回报。从某种意义上说，投注彩票可算是一种投资行为，因为它符合“将收入不用于消费，而是出于增值的目的去运作”的投资概念。

彩票投注具有范围性、灵活性和可操作性的优势，并不逊于历史悠久的股票投资，且越来越为广大彩民所看好，尤其是奖金几十万、几百万乃至几千万的超级大乐透、双色球、快乐 8 等大盘玩法，更为彩民朋友所追捧。

不论何种彩票玩法，掌握一种最佳的选号投注技术，是迈向成功的重要一步，同时好的博彩心态、好的风险控制意识、好的投注计划也是获得成功必不可少的关键要素。

在购买彩票之前，每个彩民首先要从心态、风险控制和投注计划三个方面进行自我评定，选择最适合自己的方法并长期坚持下去。

如果您做不到下面的第一点，您可能是个问题彩民，接下来要修正和调整自己的心态；如果您做不到第二点，您要十分小心您的资金链会断裂，并因此影响到您的正常生活；如果您做不到第三点，您只能算一个最普通的初级彩民。如果这三点您都做到了，那么恭喜您，您一定是一名合格的职业彩民。

一、心态最重要

买彩票，是在买快乐，也是一种投资理财的方式。既然是投资理财，就要遵循一定的原则。其中最重要的就是理智购彩并理智地看待彩票输赢。购买彩票，可能使你梦想成真，也可能让你血本无归，所以保持一个良好的心态，量力而行，理智地购买彩票是第一位的。输与赢辩证统一，相伴相生，彩民千万不能将输赢看得太重，功利心也不可太强，若一味贪图不劳而获，结果可能适得其反。

不想当将军的士兵不是好士兵，同样，不想中大奖的彩民不是一个标准的彩民。想中奖反映了彩民积极向上的心态，它是一种动力，支撑着每一位彩民继续朝自己既定的目标前进。但是，彩民千万要端正自己的心态，不能盲目、不顾一切地追求大奖而成为问题彩民。

问题彩民的心理处于应激性的不健康状态，我们称之为“彩票中奖综合征”。这些彩民平日里满脑子都是彩票号码，看到车牌号、房间号的瞬间都能将其与彩票号码联系起来，整天思考的也都是如何才能中大奖以及中了大奖后怎么办，严重的甚至影响了自己的工作和家庭。他们的共同特点就是：在每期选择投注号码时总是信心百倍，底气十足，认为自己选择的号码一定会中奖，赋予号码极高的期望值；等待开奖时心急如焚，坐立不安，患得患失；开奖后突然发现没有中奖，立即变得垂头丧气，心理受到很大的打击，特别是如果因为小小的失误与大奖失之交臂，更是捶胸顿足、自责不已。

想中奖固然是好的，但是把中奖看得太重乃至影响了正常的工作生活，那就说明心态已经转变了，已经往极端不健康的方向发展。此时因为心态的变化，大脑在分析问题时会变得顽固和偏执，从而严重影响思维和判断能力，进而影响技术的使用和发挥。

要成为一个合格的彩民，最重要的就是必须时刻保持头脑的冷静和思维的理性，而这些都建立在良好的、正确的心态之上。当具有了良好的心态，就可以用清醒的头脑、理性的思维，再结合最佳的选号技术去正确地分析判断当期号码的各种变化趋势，最后制订出周密的计划，从而高概率地达到中奖的目的。因此，拥有和保持良好的心态是保证中奖的重要基础。

这里强烈建议大家一定要以健康的心态去研究彩票号码、投注彩票号码，这样才会受益无穷。

二、风险要控制

“2 元可中 500 万”，高收益一定伴随着高风险，它们是孪生兄弟。高风险、高收益使彩票市场成为一个挑战与机遇共生的地方。这时，更需要理性的投资策略来进行指导。

投机是博彩者普遍具有的心态，这也无可厚非，毕竟不是每个人都能发现彩票的中奖规律。彩市复杂多变，既为投资者提供了盈利的机会，也给投机者带来了获利的可能性。投机者遵循的是风险原则，而投资者遵循安全大于风险的原则。投机的结果不可预知，而投资则要评估项目的风险和收益。投资是战略，投机是战术，赌博则是蛮干。因此，投资眼光远比投机心理好。

众所周知，买彩票是有风险的，而且风险还不小。彩票的风险在于如果你没有中奖，那么你的投资就会颗粒无收。既然有风险，那么我们就必须想办法控制风险，而控制风险的过程其实就是提高中奖概率的过程。只有中奖概率提高了，投注的风险才会降低。

从控制风险的角度来说，彩民要控制好投注资金。一般的工薪阶层每个月投入的购彩资金不超过月收入的 5% 为宜，这样，人们不会因购彩资金的支出而影响工作和生活，更不会引起心态上的连锁反应。有些人总想进行一次大的投入来实现翻本盈利，或总想投入所有资金达到中奖目的，进而改变目前的人生状态。然而，这样只会导致越陷越深，不能自拔。分散投资风险是控制风险最常用的手法。“不要把所有的鸡蛋都放在一个篮子里”，应该成为博彩者的格言。宁可收益少点，也要使资金安全一些。

三、计划要周密

购买彩票，必须行之有法。这个法就是购买彩票时使用的技法、战法。没有规矩，难成方圆；没有计划，难有成果。在购买彩票时，应通过好的选号技术分析历史中奖号码，判断近期或当期极有可能出现的号码，以此制订出投注计划，从而在有计划的投资过程中获得回报。

合买彩票是目前流行的一种由多个人合伙购买彩票的方式，不但降低了投注风险，而且使中奖概率得到了很大提高，值得我们在实战中推广使用。每个人完全可以根据自己的实际情况或资金的使用情况，制订出适合自己的计划并实施。

彩票是智者的游戏，不是愚者的赌局。通过以上分析可以清楚地知道，如果你掌握了一种好的选号技术，再配合好的心态、好的风险控制、好的投注计划，那么你一定是一个合格的彩民，会在以后的博彩游戏中获得更大的收益。

第三节　投注彩票“十不要”

一、不要过量投入

彩民在彩票上的资金投入不要影响了个人、家庭的经济状况，玩彩的投入在个人的经济收入中一定不能占据过高的比例，不超过5%为健康的支出。

二、不要过高期望

现实生活的经验告诉我们：希望越大，往往失望也就越大。玩彩也是同样的道理，如果我们总是对大奖抱有奢望，就会让自己身心俱疲，也就无法体验玩彩的乐趣。

三、不要失去希望

拥有希望的生活是美好的，拥有希望的日子是阳光灿烂的。尽管在玩彩的日子里，更多时候我们要面对投注失败的情况，但我们不能因此而失去希望。

四、不要自我责备

或许，你曾经距离大奖是那么近，只差一个数字就成为大奖得主，但切不可因此而自我责备，要从现在开始，放飞崭新的梦想。

五、不要盲目攀比

在彩民队伍中，不乏一掷千金的彩民，但我们不能盲目地与人家攀比，要充分考虑个人情况。说不定，你无意中投入的两元钱就能够为你带来大奖。

六、不要自我封闭

团结就是力量，彩民朋友一定不要自我封闭，可以考虑与周围的朋友联合起来进行投注，这样中奖会更容易些。

七、不要过多研究

对于号码的走势、开奖的情况我们需要关注，但不可每天占用过多的时间去研究，因为研究的时间越长，付出的精力越多，我们的期望值就会更高，而不中奖带来的失望也就越大。其实，玩彩需要一颗平常心。

八、不要沉迷其中

彩票是一种游戏，我们一定要本着玩的心态来面对，切不可沉迷其中，影响正常的工作与生活。

九、不要轻易放弃

如果自己选择好投注号码，则不要因为别人的一点建议就轻易改变，中途放弃只会给自己带来太多的遗憾。

十、不要陷入迷信

一些彩民在玩彩时相信迷信，为了中奖烧香拜佛，祈求幸运能够降临到自己的头上。事实上，这样只会使自己背上沉重的包袱。

第四节　彩票合买攻略

很多彩民在选号投注时往往会遇到这样一种尴尬的情况：通过技术的学习和运用，每期投注达到一定数量时中奖概率非常不错，可是因为投注资金的制约以及中取大奖的不确定性，不可能在长时间里每期进行一定数量的投入，于是当某一期选号后因为投注数量少而与大奖擦肩而过时，只能捶胸顿足，追悔莫及。

这种情况在彩民中间可以说时有发生，怎么办？

最佳的解决渠道只有一个——彩票合买。

彩票合买是由一个人或多个人选号后在投注站发单并由多个人共同出资投注，中奖后按照投入资金的比例分配收益的一种彩票购买方式。由几个人或几十个人组成的合买小组通常称为彩票合买联盟。彩票合买联盟中几个预测分析技术比较好的人每期选择号码并制订投注计划，联盟成员可以共同购买这个投注计划内包含的所有号码。每个彩民购买的金额可以根据自己的经济能力而定，如果中奖，那么在扣税后由发起人把剩余奖金按照每个人的资金投入比例分配到每个人的账户里。

一般彩票合买都是以联盟的形式进行，因为通过投注站彼此间熟悉了解，信任度比较好，沟通的效果也是最好的。

一、彩票合买的优势

彩票合买的最大优势就是经济实惠。

购买彩票时，只买一组或几组的话很难中奖，如果达到几十组、几百组或者上千组就不一样了，但是因为个人的资金有限，这时与别人合资购买，就自然成为众多彩民的首选，从而既可以提高中奖概率，又可以分担风险，一举两得。

合买优势之一：提高中奖概率。

“众人拾柴火焰高。”合买的资金比较充足，有了充足的资金就可以操作比较多的号码，每期就可以制作出周密的投注计划，高概率地捕捉中奖号码。因为操作的号码较多，所以极大地提高了中奖概率。

合买优势之二：降低投注风险。

合买的本质是大家共同出资按照同一个投注计划购买，从而分散了每个人的投注风险。例如，每期投注1000元，如果不参加合买，单独靠一个人每期投入是很难长期支撑下去的，因为谁也不能保证一次购买就可以100%中奖。但是大家进行合买的情况就完全不同了。假如有20个人参加合买，每期购买1000元，算下来每个人每期只要投入50元。这样，彩票合买的优势就显现出来了。

彩市有句流行语说得好，“投机十注，不如合买百注”。可以看出，合买经济实惠，既提高了中奖概率，又降低了投注风险，因此是未来大众博彩的主流形式。单打独斗的投注方式，在不久的将来只适合一些技艺高超的技术型彩民或资金比较雄厚的职业彩民了。

案例：快乐8风靡彩市，多人合买受追捧

2020年10月28日，快乐8游戏一上市，就凭借玩法丰富、中奖率高、天天开奖等特点，备受彩民朋友青睐，彩民纷纷采取合买的方式投注并成功中奖。

1. 快乐8首卖日四川彩民合买喜提56万元奖金

2020年10月28日，快乐8首期开奖，四川省德阳市100位彩民合买的一张“选九15码”复式票，中得1注“选九中九”、54注“选九中八”、540注“选九中七”、1680注“选九中六”、1896注“选九中五”和756注“选九中四”，获得奖金56万余元。据合买组织者介绍：“新游戏刚上市，我就是想让大家体验一下新游戏好玩易中奖的魅力，所以组织了合买，结果就中奖了，大伙儿高兴坏了。”

2. 快乐 8 第二期安徽彩民合买复式揽收 246 万元

2020 年 10 月 29 日，安徽省六安市 12 位彩民合买的一张“选八”复式票，中出 246 万元大奖。

据中奖站站主杨家兵介绍：“快乐 8 刚刚上市，我就在彩民群里向大家介绍了玩法，推荐了合买。这次 246 万元的大奖出自 12 人合买的一张‘选八’复式票，投注金额 990 元。虽然是合买，但由于总奖金高达 246 万元，所以每个参与者都收获不小。”

杨家兵还介绍了此次合买的选号趣事。28 日晚，快乐 8 上市第一期，合买团机选了 12 码“选八”复式，结果一个号码都没有中。由于快乐 8 游戏规则规定，在“选七”“选八”“选九”“选十”玩法中，若彩票号码与当期开奖号码全部不同，即中奖，单注中奖金额 2 元。合买团的彩民纷纷打趣说这是免费体验一把。29 日晚，杨家兵的合买团没有更换彩票号码，沿用了上一期的机选号码，没想到有 10 个号码与中奖号码相符，合买团的彩民们收获了幸运的喜悦。

3. 重庆彩民合买复式成时尚

在重庆，还出现了“扎堆”合买“选九”复式的热潮。快乐 8 游戏“选九”玩法设固定奖池，单注最高可中 30 万元。为了增加中奖概率，重庆彩民纷纷向站主建议组织合买。合买团大多为跨站合买，许多合买团更是在开售前几日就已做好准备，以至于首期合买票出票时间都特别早。

渝中区 40040005 站合买票出票时间为上午 8：08，距离快乐 8 首期开售时间仅过去 8 分钟。“10 月 26 日就已经准备好了，我们合买每股 50 元，大概 150 多人参加。”站主胡齐国说道。

2020 年 10 月 26 日，快乐 8 游戏上市前，渝北区 40130122 站站主邓小林联系 8 家站点组织合买，合买募集信息发出 5 个小时后，认购股数比计划多出三十四股。他顺势发起第二单合买，并在 10 月 27 日下午落实到位。

在彩民们的热情参与下，站主们凭借快乐 8 天天开奖的特点不断创新合买形式。彭水县 40410003 站站主黄中在号召 20 多家站点组织合买之余，还推出了“月合买”：彩民一次性投入660元，20人为一个合买团，募集成功后每天投注440元合买，连续投注30天。这种长周期、更容易中大奖的形式赢得了彩民的青睐。江津区40150051站站主林敏则推出“周合买”形式，以7天为一个周期，中途不加减股，彩民一次性投入280元。

资料来源：蔡培．快乐8风靡13省市 复式合买受追捧［EB/OL］．河北福彩资讯，2020-11-04.

二、彩票合买的劣势

彩票合买的劣势就是容易引发合买者之间的经济纠纷，主要体现在线下合买方面。

在具体的彩票合买中，彩民们经常会因为合买的相互约定不清而产生多方面的纠纷，甚至造成经济损失。尤其是中奖后在奖金分配上的纠纷，让彩民们对合买既喜爱又惧怕，长期处在苦恼和郁闷中。

不少律师事务所均有彩民因合买产生纠纷后寻求法律帮助的记录，但很多都没有有效的法律依据，给审理带来很大难度，只有极少数的案件能得到正式受理。

浙江省杭州市首例合买彩票纠纷案就是一个典型的例子。2007年9月，杭州彩民因合买第2007067期足彩中了500万元大奖，但持有彩票的周先生在领奖后拒绝与合买人王先生一起分红，原因是双方只是通过电话和QQ聊天简单约定，并没有签订有效的合购协议，最后只得走上法庭。为此，法院在审理和取证过程中也是颇费周折，最后从周先生发布的网络寻求合作购买足球彩票信息、周先生与王先生的QQ聊天记录和电话通话记录等得到证据，并依法判决周先生赔偿合买人王先生93.83万元。

为什么彩票合买会产生问题呢？关键在于彩票合买双方（多方）之间约定不全。

彩民因合伙购买彩票而产生纠纷的案件，很多都不能得到受理，因为这些案件在协议上都呈现出约定不全的问题，反映出彩民们对此缺少法律意识。

这些问题主要表现为：其一，普遍都是口头约定，没有书面协议，出现纠纷时无凭无据，造成利益受损；其二，即使有文字协议也是很简单的粗略约定，协议中对权利和义务的约定不明确，如对出资、分成、兑奖等关键问题没有做详细和具体的约定，容易产生歧义，造成纠纷；其三，在纠纷发生时不知道如何妥善处理，不懂得搜集证据并通过法律途径解决。

对彩民而言，保护好自身的利益，愉快合买是最重要的问题。这里建议彩民们注意以下几个方面：首先，不要因为都是熟人或朋友，为了图省事而只做一个口头约定，一定要形成书面协议，因为口头约定的内容不易确定，一旦出现争议，举证难度大；其次，在约定时一定要注意明确付款时间及方式、中奖后分成比例、违约责任，并且保存好协议的原件，这样在发生纠纷时才能避免因无据可查而导致律师无法受理；最后，如果发生纠纷，要先咨询律师，并在律师的指导下做好证据搜集和准备工作，最大限度地保护好自己的利益。

三、如何避免彩票合买产生的纠纷

彩票是智者的游戏，不是愚者的赌局。

彩票合买只可以在线下进行。目前国家禁止互联网销售彩票，在此警告大家不要相信并使用彩票网站或骗子网站提供的合买服务。要知道，双色球、大乐透、快乐 8 等中大盘玩法的奖金动辄都是几十万元、几百万元乃至上千万元，如果不是具有国家销售许可资质及信誉度极高的网站，即使中奖也极有可能领不到奖金。如果彩民在线下进行彩票合买，彩友之间必须以书面形式共同签署一份彩票合买协议，明确每一个人的权利和义务，以及号码的选择、每期的投入、奖金的分配等，以免中大奖之后产生不必要的纠纷。签署有效协议是避免纠纷的最好方式。由于协议是很正式的文件，所以它的内容最好是找律师代写，以保证措辞严谨、权利义务明确，从而最大限度地避免纠纷。

下面特附录一份彩票合买协议书，供彩民参考使用。由于每次的合买人数有多有少，因此使用时需要按照实际人数进行相应的调整。当遇到纠纷和有人违约时，协议是最有力的证据，这时要及时拿出以保护自身权益。

同时，彩民朋友也需要注意，合买协议应是在各方平等、协商、自愿的前提下签署的，且一旦签署就拥有了法律效力，任何一方出现违约行为都要按约定承担责任。协议签署后需人手一份，各自妥善保管。

彩票合买协议书

甲方：××× 身份证号码：×××

乙方：××× 身份证号码：×××

丙方：××× 身份证号码：×××

上述各方本着自愿平等、诚实信用的原则，经友好协商，就合买彩票事宜达成如下协议。

一、合作内容

各方共同出资×××元用于购买彩票，按×：×：×的比例进行出资，出资各方共同进行选号、购买及领奖，合作收益按本协议第三条约定的分成方式分配。

二、权利和义务

1. 协议各方确保各自出资比例的资金分四季度并于每季度第一个月的1号汇入账号为×××的账户内，卡/存折由×××持有。各方必须保证资金的及时到位，如逾期不出资，视为违约，由违约方支付应出资金额的百分之二十作为违约金赔偿其他方。

2. 每期彩票的购买必须经各方一致同意，擅自购买造成损失要向其他方赔偿。如有分歧协商不成，可以自行购买，若中奖视为个人所有，但必须提供其他方以书面形式做出的放弃购买该彩票的声明，否则视为共同购买。

3. 各方约定，彩票中奖之后，由各方共同到彩票兑奖机构领取奖金，除非有书面的委托，否则不得由一方或其中几方代领。如擅自领取奖金，视为违约，守约方除有权要求其支付收益分成部分外，还可要求违约方支付奖金数额的百分之二十作为赔偿金。

三、收益分成

各方约定，彩票中奖后，各方按×：×：×的比例进行分成。

四、协议的变更、解除

1. 本协议经各方签字盖章后即具有法律约束力，任何一方不得随意变更。如需变更，各方应共同协商并签订新的书面协议。

2. 若在本协议履行过程中发生争议，各方应协商解决。任何本协议未尽事宜，各方应本着互谅互让的精神协商解决，如果不能解决，可向当地法院提起诉讼。

3. 协议各方中任何一方未履行本协议条款，导致协议不能履行或不能完全履行时，其他方有权随时变更、解除协议，并有权追究其违约责任。

五、协议的生效及其他

本协议有效期为×年×月×日至×年×月×日。协议自各方签字盖章后生效。协议期满后如需继续合作，可以续签协议。

甲方：×××　　联系方式：×××　　×年×月×日

乙方：×××　　联系方式：×××　　×年×月×日

丙方：×××　　联系方式：×××　　×年×月×日

附　　录

一、常用复式投注及奖金对照表

附表 1　常用复式投注及奖金对照表

单位：元

"选一"玩法：

"选一"复式	投注金额	中 1 码	中 2 码	中 3 码	中 4 码	中 5 码	中 6 码
单注奖金	2	4.6					
2 码复式	4	4.6	9.2				
3 码复式	6	4.6	9.2	13.8			
4 码复式	8	4.6	9.2	13.8	18.4		
5 码复式	10	4.6	9.2	13.8	18.4	23	
6 码复式	12	4.6	9.2	13.8	18.4	23	27.6

"选二"玩法：

"选二"复式	投注金额	中 2 码	中 3 码	中 4 码	中 5 码	中 6 码	中 7 码
单注奖金	2	19					
3 码复式	6	19	57				
4 码复式	12	19	57	114			
5 码复式	20	19	57	114	190		
6 码复式	30	19	57	114	190	285	
7 码复式	42	19	57	114	190	285	399

"选三"玩法：

"选三"复式	投注金额	中2码	中3码	中4码	中5码	中6码	中7码	中8码
单注奖金	2	3	53					
4码复式	8	6	62	212				
5码复式	20	9	71	230	530			
6码复式	40	12	80	248	560	1060		
7码复式	70	15	89	266	590	1105	1855	
8码复式	112	18	98	284	620	1150	1918	2968

"选四"玩法：

"选四"复式	投注金额	中2码	中3码	中4码	中5码	中6码	中7码	中8码	中9码
单注奖金	2	3	5	100					
5码复式	10	9	19	120	500				
6码复式	30	18	42	158	550	1500			
7码复式	70	30	74	214	630	1600	3500		
8码复式	140	45	115	288	740	1745	3675	7000	
9码复式	252	63	165	380	880	1935	3913	7280	1.26万

"选五"玩法：

"选五"复式	投注金额	中3码	中4码	中5码	中6码	中7码	中8码	中9码	中10码
单注奖金	2	3	21	1000					
6码复式	12	9	54	1105	6000				
7码复式	42	18	99	1240	6315	2.1万			
8码复式	112	30	156	1405	6690	2.17万	5.6万		
9码复式	252	45	225	1600	7125	2.25万	5.74万	12.6万	
10码复式	504	63	306	1825	7620	2.35万	5.91万	12.86万	25.2万

"选六"玩法：

"选六"复式	投注金额	中3码	中4码	中5码	中6码	中7码	中8码	中9码	中10码	中11码
单注奖金	2	3	10	30	3000					
7码复式	14	12	42	110	3180	2.1万				
8码复式	56	30	108	270	3510	2.16万	8.4万			
9码复式	168	60	220	540	4050	2.26万	8.56万	25.2万		
10码复式	420	105	390	950	4860	2.4万	8.8万	25.57万	63万	
11码复式	924	168	630	1530	6000	2.6万	9.13万	26.08万	63.75万	138.6万

"选七"玩法：

"选七"复式	投注金额	中0码	中1码	中2码	中3码	中4码	中5码	中6研	中7码	中8码	中9码	中10码	中11码	中12码
单注奖金	2	2				2	4	288	1万					
8码复式	16	16	2			8	22	600	1.2万	8万				
9码复式	72	72	16	2		20	64	966	1.41万	8.8万	36万			
10码复式	240	240	72	16	2	40	140	1416	1.63万	9.63万	38.41万	120万		
11码复式	660	660	240	72	16	72	262	1982	1.88万	10.5万	40.88万	126.04万	330万	
12码复式	1584	1584	660	240	72	130	452	2706	2.16万	11.41万	43.43万	132.19万	343.3万	792万

"选八"玩法：

"选八"复式	投注金额	中0码	中1码	中2码	中3码	中4码	中5码	中6码	中7码	中8码	中9码	中10码	中11码	中12码	中13码
单注奖金	2	2				3	10	88	800	5万					
9码复式	18	18	2			15	55	324	2216	5.64万	45万				
10码复式	90	90	18	2		45	175	813	4458	6.52万	47.88万	225万			
11码复式	330	330	90	18	2	105	425	1705	7841	7.71万	51.49万	234.6万	825万		
12码复式	990	990	330	90	18	212	877	3197	1.27万	9.28万	55.98万	246.04万	851.4万	2475万	
13码复式	2574	2574	990	330	90	398	1630	5543	1.98万	11.33万	61.49万	259.59万	881.86万	2538.36万	6435万

“选九”玩法：

“选九”复式	投注金额	中0码	中1码	中2码	中3码	中4码	中5码	中6码	中7码	中8码	中9码	中10码	中11码	中12码	中13码	中14码
单注奖金	2	2				3	5	20	200	2000	30万					
10码复式	20	20	2			18	40	110	740	5600	31.8万	300万				
11码复式	110	110	20	2		63	165	395	1865	1.13万	34.32万	309万	1650万			
12码复式	440	440	110	20	2	168	490	1120	4030	2.01万	37.72万	320.4万	1683万	6600万		
13码复式	1430	1430	440	110	20	380	1192	2697	8007	3.32万	42.25万	334.62万	1722.6万	6699万	2.14亿	
14码复式	4004	4004	1430	440	110	778	2542	5762	1.5万	5.26万	48.23万	352.2万	1769.73万	6813.84万	2.17亿	6亿

“选十”玩法：

“选十”复式	投注金额	中0码	中1码	中2码	中3码	中4码	中5码	中6码	中7码	中8码	中9码	中10码	中11码	中12码	中13码	中14码	中15码
单注奖金	2	2					3	5	80	800	8000	500万					
11码复式	22	22	2				18	43	355	3040	2.32万	1A+80000	11A				
12码复式	132	132	22	2			63	183	1038	7500	4.84万	1A+196000	5544万	3.3亿			
13码复式	572	572	132	22	2		168	553	2503	1.52万	8.71万	1A+357600	5601.2万	3.31亿	14.3亿		
14码复式	2002	2002	572	132	22	2	378	1358	5348	2.79万	14.32万	1A+575450	5674.24万	3.33亿	14.35亿	50.05亿	
15码复式	6006	6006	2002	572	132	22	758	2900	1.04万	4.76万	22.21万	1A+862006	5765.99万	3.36亿	14.42亿	50.21亿	150.15亿

注：A为一等奖浮动奖奖金。

本表仅供参考，实际金额以福彩兑奖为准。

二、常用胆拖投注金额对照表

附表 2　常用胆拖投注金额对照表

单位：元

玩法	胆码数量	拖码数量 2	3	4	5	6	7	8	9	10	11	12	13	14	15	16	17	18	19	20
“选三”	1		6	12	20	30	42	56	72	90	110	132	156	182	210	240	272	306	342	380
	2	4	6	8	10	12	14	16	18	20	22	24	26	28	30	32	34	36	38	40
“选四”	1			8	20	40	70	112	168	240	330	440	572	728	910	1120	1360	1632	1938	2280
	2		6	12	20	30	42	56	72	90	110	132	156	182	210	240	272	306	342	380
	3	4	6	8	10	12	14	16	18	20	22	24	26	28	30	32	34	36	38	40
“选五”	1				10	30	70	140	252	420	660	990	1430	2002	2730	3640	4760	6120	7752	9690
	2			8	20	40	70	112	168	240	330	440	572	728	910	1120	1360	1632	1938	2280
	3		6	12	20	30	42	56	72	90	110	132	156	182	210	240	272	306	342	380
	4	4	6	8	10	12	14	16	18	20	22	24	26	28	30	32	34	36	38	40
“选六”	1					12	42	112	252	504	924	1584	2574	4004	6006	8736	12376	17136		
	2				10	30	70	140	252	420	660	990	1430	2002	2730	3640	4760	6120	7752	9690
	3			8	20	40	70	112	168	240	330	440	572	728	910	1120	1360	1632	1938	2280
	4		6	12	20	30	42	56	72	90	110	132	156	182	210	240	272	306	342	380
	5	4	6	8	10	12	14	16	18	20	22	24	26	28	30	32	34	36	38	40

续表

玩法	胆码数量	拖码数量																		
		2	3	4	5	6	7	8	9	10	11	12	13	14	15	16	17	18	19	20
“选七”	1						14	56	168	420	924	1848	3432	6006	10010	16016				
	2					12	42	112	252	504	924	1584	2574	4004	6006	8736	12376	17136		
	3				10	30	70	140	252	420	660	990	1430	2002	2730	3640	4760	6120	7752	9690
	4			8	20	40	70	112	168	240	330	440	572	728	910	1120	1360	1632	1938	2280
	5		6	12	20	30	42	56	72	90	110	132	156	182	210	240	272	306	342	380
	6	4	6	8	10	12	14	16	18	20	22	24	26	28	30	32	34	36	38	40
“选八”	1							16	72	240	660	1584	3432	6864	12870					
	2						14	56	168	420	924	1848	3432	6006	10010	16016				
	3					12	42	112	252	504	924	1584	2574	4004	6006	8736	12376	17136		
	4				10	30	70	140	252	420	660	990	1430	2002	2730	3640	4760	6120	7752	9690
	5			8	20	40	70	112	168	240	330	440	572	728	910	1120	1360	1632	1938	2280
	6		6	12	20	30	42	56	72	90	110	132	156	182	210	240	272	306	342	380
	7	4	6	8	10	12	14	16	18	20	22	24	26	28	30	32	34	36	38	40
“选九”	1								18	90	330	990	2574	6006	12870					
	2							16	72	240	660	1584	3432	6864	12870					
	3						14	56	168	420	924	1848	3432	6006	10010	16016				
	4					12	42	112	252	504	924	1584	2574	4004	6006	8736	12376	17136		
	5				10	30	70	140	252	420	660	990	1430	2002	2730	3640	4760	6120	7752	9690
	6			8	20	40	70	112	168	240	330	440	572	728	910	1120	1360	1632	1938	2280
	7		6	12	20	30	42	56	72	90	110	132	156	182	210	240	272	306	342	380
	8	4	6	8	10	12	14	16	18	20	22	24	26	28	30	32	34	36	38	40

续表

玩法	胆码数量	拖码数量 2	3	4	5	6	7	8	9	10	11	12	13	14	15	16	17	18	19	20
“选十”	1									20	110	440	1430	4004	10010					
	2								18	90	330	990	2574	6006	12870					
	3							16	72	240	660	1584	3432	6864	12870					
	4						14	56	168	420	924	1848	3432	6006	10010	16016				
	5					12	42	112	252	504	924	1584	2574	4004	6006	8736	12376	17136		
	6				10	30	70	140	252	420	660	990	1430	2002	2730	3640	4760	6120	7752	9690
	7			8	20	40	70	112	168	240	330	440	572	728	910	1120	1360	1632	1938	2280
	8		6	12	20	30	42	56	72	90	110	132	156	182	210	240	272	306	342	380
	9	4	6	8	10	12	14	16	18	20	22	24	26	28	30	32	34	36	38	40

三、胆拖全拖投注及奖金对照表

附表 3　胆拖全拖投注及奖金对照表

胆拖投注方式	投注金额	中奖金额
“选二”：1 胆全拖	158 元	中 1 胆 361 元
“选三”：2 胆全拖	156 元	中 1 胆 57 元 中 2 胆 1134 元
“选四”：3 胆全拖	154 元	中 1 胆 57 元 中 2 胆 267 元 中 3 胆 2000 元
“选五”：4 胆全拖	152 元	中 2 胆 54 元 中 3 胆 534 元 中 4 胆 17260 元
“选六”：5 胆全拖	150 元	中 2 胆 54 元 中 3 胆 344 元 中 4 胆 1070 元 中 5 胆 46800 元（不缴税）
“选七”：6 胆全拖	148 元	中 0 胆 108 元 中 3 胆 68 元 中 4 胆 680 元 中 5 胆 5972 元 中 6 胆 157280 元（不缴税）
“选八”：7 胆全拖	146 元	中 0 胆 106 元 中 3 胆 51 元 中 4 胆 331 元 中 5 胆 1900 元 中 6 胆 16392 元（不缴税） 中 7 胆 698000 元
“选九”：8 胆全拖	144 元	中 0 胆 104 元 中 3 胆 51 元 中 4 胆 248 元 中 5 胆 585 元 中 6 胆 3960 元 中 7 胆 37800 元（不缴税） 中 8 胆 372 万元

续表

胆拖投注方式	投注金额	中奖金额
“选十”：9 胆全拖	142 元	中 0 胆 102 元 中 4 胆 48 元 中 5 胆 243 元 中 6 胆 1405 元 中 7 胆 15040 元（不缴税） 中 8 胆 143200 元（不缴税） 中 9 胆 5548 万元

注：1 胆全拖就是 1 拖 79，一共 80 个号码，可以把号码全买一遍。其他以此类推。

四、中国福利彩票快乐 8 游戏规则

中国福利彩票快乐 8 游戏规则

第一章　总则

第一条　根据《彩票管理条例》、《彩票管理条例实施细则》、《彩票发行销售管理办法》等相关规定，制定本规则。

第二条　中国福利彩票快乐 8 游戏（以下简称快乐 8 游戏）由中国福利彩票发行管理中心（以下简称中福彩中心）发行和组织销售，由各省、自治区、直辖市福利彩票销售机构（以下简称各省福彩中心）在所辖区域内销售。

第三条　快乐 8 游戏采用计算机网络系统发行，在各省福彩中心设置的福利彩票（视频型彩票除外）销售场所销售，定期开奖。

第四条　快乐 8 游戏实行自愿购买，凡购买者均被视为同意并遵守本规则。

第五条　不得向未成年人出售彩票或兑付奖金。

第二章　投注

第六条　快乐 8 游戏是指从 1 至 80 共八十个号码中任意选择一至十个号码进行投注，每一组一个至十个号码的组合称为一注彩票，每注金额人民币 2 元。

第七条　购买者可在各省福彩中心设置的福利彩票（视频型彩票除外）销售场所投注。投注号码经投注机打印出对奖凭证，交购买者保存，此对奖

凭证即为快乐 8 游戏彩票。

第八条　快乐 8 游戏共包括“选一”、“选二”、“选三”、“选四”、“选五”、“选六”、“选七”、“选八”、“选九”和“选十”十种玩法。

第九条　投注号码可以自选也可以机选。自选号码投注是指由购买者指定投注号码的投注；机选号码投注是指由投注机随机产生投注号码的投注。

第十条　快乐 8 游戏各玩法均支持单式投注。“选一”至“选十”单式投注的号码个数分别为一个至十个。投注时从八十个号码中选出对应玩法要求的号码个数作为一注彩票。

第十一条　快乐 8 游戏各玩法均支持复式投注和胆拖投注。

复式投注是指所选号码个数超过单式投注的号码个数，所选号码可组合为每一种单式投注方式的多注彩票的投注。

胆拖投注指先选取少于单式投注号码个数的号码作为每注都有的胆码，再选取除胆码以外的号码作为拖码，胆码与拖码个数之和必须多于单式投注号码个数，由胆码与拖码的每一种组合按单式投注方式组成多注彩票的投注。

第十二条　购买者可对其选定的投注号码进行多倍投注，投注倍数范围为 2-15 倍。单张彩票的投注注数不得超过 10000 注。

第十三条　快乐 8 游戏按期销售，每天销售一期，期号以开奖日界定，销售期号按日历年度编排。

第十四条　若因销售终端故障、通讯线路故障、销售场所信用额度受限和不可抗力等原因造成投注不成功的，应退还购买者投注金额。

第三章　设奖

第十五条　快乐 8 游戏按当期实际销售额的 58%、30% 和 12% 分别计提彩票奖金、彩票公益金和彩票发行费。彩票奖金分为当期奖金和调节基金，其中，57.5% 为当期奖金，0.5% 为调节基金。

第十六条　快乐 8 游戏按不同玩法设奖，“选十”玩法中“选十中十”奖等采用浮动奖金设奖，其他玩法及奖等均采用固定奖金设奖，单注奖金规定如下：

选一至选十奖金设置结构表										
	玩法									
匹配开奖号码个数	选十	选九	选八	选七	选六	选五	选四	选三	选二	选一
10	浮动									
9	8000	300000								
8	800	2000	50000							
7	80	200	800	10000						
6	5	20	88	288	3000					
5	3	5	10	28	30	1000				
4		3	3	4	10	21	100			
3					3	3	5	53		
2							3	3	19	
1										4.6
0	2	2	2	2						

第十七条　快乐 8 游戏采取全国统一奖池计奖，针对不同玩法设立两个奖池，分别为“选一”至“选九”玩法的共用奖池和“选十”玩法奖池。

第十八条　共用奖池的资金由“选一”至“选九”玩法当期计提奖金与“选一”至“选九”玩法当期实际中出奖金的差额组成。当期实际中出奖金小于当期计提奖金时，余额进入奖池；当期实际中出奖金超过当期计提奖金时，差额由奖池资金补足。当奖池资金总额不足时，由调节基金补足，调节基金不足时，用彩票兑奖周转金垫支。在出现彩票兑奖周转金垫支的情况下，当调节基金有资金滚入时优先偿还垫支的彩票兑奖周转金。当奖池资金超过 3000 万元时，超出部分转入调节基金。

第十九条　“选十”玩法奖池的资金由“选十中十”奖等未中出奖金和超出单注奖金封顶限额部分的奖金组成，“选十”玩法奖池资金仅用于支付“选十中十”奖等奖金。当“选十”玩法的当期奖金和“选十”玩法奖池资金不足以兑付当期“选十”玩法中奖奖金时，由调节基金补足，调节基金不足时，用彩票兑奖周转金垫支。在出现彩票兑奖周转金垫支的情况下，当调节基金有资金滚入时优先偿还垫支的彩票兑奖周转金。

第二十条　“选十”玩法中，当期“选十中十”奖等的奖金总额为“选十”玩法销售额计提的当期奖金减去“选十”玩法当期实际中出的固定奖奖金总额后，与“选十”玩法奖池资金之和，单注奖金按注均分，并以元为单位取整计算，单注奖金最高封顶500万元。

第二十一条　快乐8游戏设置调节基金。调节基金包括按销售总额0.5%提取部分、浮动奖奖金按元取整后的余额。调节基金用于支付不可预见的奖金支出风险以及设立特别奖。

第二十二条　当期“选十中十”奖等作如下特别规定：若当期“选十中十”奖等总奖金不足50万元时，由调节基金补足至50万元，并按当期“选十中十”奖等的中奖注数均分50万元奖金。若“选十中十”奖等单注奖金低于“选十中九”奖等单注奖金的两倍时，由调节基金将“选十中十”奖等单注奖金补足为“选十中九”奖等单注奖金的两倍。调节基金不足时，用彩票兑奖周转金垫支。

第二十三条　快乐8游戏每期全部投注号码的可投注数量实行限量销售，由中福彩中心根据实际情况确定限量销售办法，并及时向社会公布。若投注号码受限，则不能投注。

第二十四条　快乐8游戏每期采取最大返奖总额限额风险控制，若当期应付奖金超过最大返奖总额，则各奖级单注奖金相应调整，具体调整办法由中福彩中心根据实际情况确定，并及时向社会公布。

第四章　开奖

第二十五条　快乐8游戏由中福彩中心统一开奖，每天开奖一次。

第二十六条　快乐8游戏开奖采用专用摇奖设备摇奖，每期开奖时，从1至80共八十个号码中随机摇出二十个号码作为当期开奖号码。

第二十七条　每期开奖后，中福彩中心和各省福彩中心应向社会公布开奖号码、当期销售总额、各玩法奖级中奖情况及奖池资金余额等信息，并将开奖结果通知彩票销售场所。

第五章　中奖

第二十八条　快乐 8 游戏根据购买者所选玩法的单式投注号码（复式和胆拖投注按其包含的每一注单式投注计）与当期开奖号码的相符情况（顺序不限），确定相应的中奖资格及中奖奖金，具体中奖规定如下：

（一）“选十”玩法。

若投注号码与当期开奖号码中的任意十个号码相同，中得浮动奖；若投注号码与当期开奖号码中的任意九个号码相同，即中奖，单注中奖金额 8000 元；若投注号码与当期开奖号码中的任意八个号码相同，即中奖，单注中奖金额 800 元；若投注号码与当期开奖号码中的任意七个号码相同，即中奖，单注中奖金额 80 元；若投注号码与当期开奖号码中的任意六个号码相同，即中奖，单注中奖金额 5 元；若投注号码与当期开奖号码中的任意五个号码相同，即中奖，单注中奖金额 3 元；若投注号码与当期开奖号码全部不同，即中奖，单注中奖金额 2 元。

（二）“选九”玩法。

若投注号码与当期开奖号码中的任意九个号码相同，即中奖，单注中奖金额 300000 元；若投注号码与当期开奖号码中的任意八个号码相同，即中奖，单注中奖金额 2000 元；若投注号码与当期开奖号码中的任意七个号码相同，即中奖，单注中奖金额 200 元；若投注号码与当期开奖号码中的任意六个号码相同，即中奖，单注中奖金额 20 元；若投注号码与当期开奖号码中的任意五个号码相同，即中奖，单注中奖金额 5 元；若投注号码与当期开奖号码中的任意四个号码相同，即中奖，单注中奖金额 3 元；若投注号码与当期开奖号码全部不同，即中奖，单注中奖金额 2 元。

（三）“选八”玩法。

若投注号码与当期开奖号码中的任意八个号码相同，即中奖，单注中奖金额 50000 元；若投注号码与当期开奖号码中的任意七个号码相同，即中奖，单注中奖金额 800 元；若投注号码与当期开奖号码中的任意六个号码相同，即中奖，单注中奖金额 88 元；若投注号码与当期开奖号码中的任意五个号码相同，即中奖，单注中奖金额 10 元；若投注号码与当期开奖号码中的任意四个号码相同，即中奖，单注中奖金额 3 元；若投注号码与当期开奖号码全部不同，即中奖，单注中奖金额 2 元。

（四）“选七”玩法。

若投注号码与当期开奖号码中的任意七个号码相同，即中奖，单注中奖金额 10000 元；若投注号码与当期开奖号码中的任意六个号码相同，即中奖，单注中奖金额 288 元；若投注号码与当期开奖号码中的任意五个号码相同，即中奖，单注中奖金额 28 元；若投注号码与当期开奖号码中的任意四个号码相同，即中奖，单注中奖金额 4 元；若投注号码与当期开奖号码全部不同，即中奖，单注中奖金额 2 元。

（五）“选六”玩法。

若投注号码与当期开奖号码中的任意六个号码相同，即中奖，单注中奖金额 3000 元；若投注号码与当期开奖号码中的任意五个号码相同，即中奖，单注中奖金额 30 元；若投注号码与当期开奖号码中的任意四个号码相同，即中奖，单注中奖金额 10 元；若投注号码与当期开奖号码中的任意三个号码相同，即中奖，单注中奖金额 3 元。

（六）“选五”玩法。

若投注号码与当期开奖号码中的任意五个号码相同，即中奖，单注中奖金额 1000 元；若投注号码与当期开奖号码中的任意四个号码相同，即中奖，单注中奖金额 21 元；若投注号码与当期开奖号码中的任意三个号码相同，即中奖，单注中奖金额 3 元。

（七）“选四”玩法。

若投注号码与当期开奖号码中的任意四个号码相同，即中奖，单注中奖金额 100 元；若投注号码与当期开奖号码中的任意三个号码相同，即中奖，单注中奖金额 5 元；若投注号码与当期开奖号码中的任意两个号码相同，即中奖，单注中奖金额 3 元。

（八）“选三”玩法。

若投注号码与当期开奖号码中的任意三个号码相同，即中奖，单注中奖金额 53 元；若投注号码与当期开奖号码中的任意两个号码相同，即中奖，单注中奖金额 3 元。

（九）“选二”玩法。

若投注号码与当期开奖号码中的任意两个号码相同，即中奖，单注中奖金额 19 元。

（十）“选一”玩法。

若投注号码与当期开奖号码中的任意一个号码相同，即中奖，单注中奖金额 4.6 元。

第二十九条 “选十”玩法浮动奖中奖者按浮动奖中奖注数均分浮动奖奖金，并以元为单位取整计算；固定奖中奖者按各奖级的单注固定奖金获得相应奖金。

第三十条 当期每注投注号码只有一次中奖机会，不能兼中兼得。特别设奖除外。

第六章 兑奖

第三十一条 中奖彩票是兑奖的唯一凭证，中奖彩票因玷污、损坏等原因而不能正确识别的，不能兑奖。

第三十二条 快乐 8 游戏兑奖当期有效。中奖者应当自开奖之日起 60 个自然日内，持中奖彩票到指定的地点兑奖。逾期未兑奖视为弃奖，弃奖奖金纳入彩票公益金。

第三十三条 单注中奖金额在一万元（不含）以上的中奖者须依法缴纳个人所得税，由兑奖机构依法代扣代缴。兑奖机构有权查验中奖者的中奖彩票及有效身份证件，兑奖者应予配合。

第三十四条 凡使用伪造、变造彩票兑奖者，送交司法机关追究其法律责任。

第七章 附则

第三十五条 本规则由中福彩中心解释。

第三十六条 本规则自批准之日起执行。